大夏书系·教育艺术

教师要懂的心理学

朱永新 何源 主编

华东师范大学出版社
全国百佳图书出版单位
·上海·

教育是心灵的艺术（代序）

2018 年，大夏书系《教师月刊》的主编林茶居曾经问我这样的问题：

记得一九八一年您还在上海师范大学读书的时候，就参加了《中国大百科全书》（心理学卷）的编撰工作，还一度被认为是"朱老先生"。在心理学方面，您做了很多基础性的工作，著述颇丰，尤其是推动了心理咨询理论与实践方法在国内的"落地"与发展。时间已经过去了数十年。如果现在请您来给中小学和幼儿园的老师们写（编写）一本普及性质的心理学图书，从人类已有的心理学研究和实践成果当中，您会抽取哪些心理学的思想、理论、方法、工具？

我在回信中说：

的确，我是从心理学转向教育学的。上个世纪八十年代初，我们在上海师范大学读书的班级叫"教心班"，顾名思义，就是读的教育学和心理学专业。那个时候，我们就非常清晰地认识到，教育是人的科学，要全面地了解人，才能真正学好教育学，做好教育工作。教育是心灵的艺术，人的心理是极为复杂的存在，关于人的心理的科学是极为复杂的科学，需要哲学、生理学、心理学、社会学科的支撑。我们的老师，既有教育学方面的教授，如陈科美、陈桂生等，也有心理学方面的教授，如李伯黍、燕国材等，除此还有生理学、哲学、统计学方面的课程。

当时，我用力最多的是心理学。之所以用力最多，一方面的确是因为通过学习教育理论，更清晰地认识到，教育的对象是人，了解人应该从心理学入手，心理学是教育工作中最实用的基础学科；另一方面是因为受燕国材教授的影响，在大学期间就开始系统研究中国心理学史。要研究中国心理学史，就必须全面了解西方心理学发展史，了解心理学的流派与体系，了解心理学的主要分支领域。当时一边学习，一边做了大量笔记，还写了一本科普小书《心理世界窥探》。这是我的第一本著作。后来虽然以中国心理学史为主攻方向，但是在教育心理学、管理心理学、咨询心理学等领域也做了大量研究，到现在为止，高等教育出版社出版的国家级重点教材《管理心理学》仍然是我主编的教材。

从上个世纪九十年代初期开始，随着先后担任苏州大学教务处处长、苏州市政府副市长等职务，尤其是本世纪初我发起新教育实验以后，我把研究的重点转向与工作关系更为直接更为紧密的教育学，从高等学校教学管理研究到区域教育发展研究，再到新教育实验的理论研究，我与心理学界渐行渐远。但是，我一直关注着心理学科的最新进展。

如果让我来给中小学和幼儿园的老师们编写一本普及性质的心理学图书，应该把哪些心理学的思想、理论、方法和工具介绍给大家，这的确是一个具有挑战性的问题。

用一本书的篇幅，来为教师全面讲述心理学，是有很大难度的。在我主持研究推出的《中国中小学教师基础阅读书目》中，就至少收录了十五本经典的心理学著作：《教学勇气：漫步教师心灵》（帕克·帕尔默）、《积极心理学：探索人类优势的科学与实践》（斯奈德、沙恩·洛佩斯）、《儿童心理学》（皮亚杰、英海尔德）、《思维与语言》（列夫·维果茨基）、《儿童的人格教育》（阿尔弗雷德·阿德勒）、《道德发展心理学：道德阶段的本质与确证》（科尔伯格）、《儿童发展》（贝克）、《动机与人格》（亚伯拉罕·马斯洛）、《同一性：青少年与危机》（埃里克·埃里克森）、《爱的艺术》（艾里希·弗洛姆）、《教育心理学精要：指导有效教学的主要理念》（简妮·爱丽丝·奥姆罗德）、《多元智能新视野》（霍华德·加德纳）、《课堂中的皮格马利翁——教师期望与学生智力发展》（罗森塔尔，雅各布森）、《人是如何学习的：大脑、心理、经验及学校》（约翰·布兰思福特等）、《奖励的惩罚》（埃尔菲·艾恩）。这个书目，是我们从数以千计的心理学著作中反复精选出来的，包括了与教师生活相关的主要著作和主要领域。而且，这些心理学方面的经典图书，是在假设教师已经受过系统的师范教育，学习过心理学史、普通心理学、教育心理学、儿童心理学、生理心理学、心理测量与统计等主要课程的情况下提出来的。如果想真正了解心理学的相关情况，建议老师用一到三年的时间，把上述著作细读一遍。

当然，有难度并不意味着不可能。编写一本教师用的心理学基础读物，关键还是要关注教师的实际需要。所以，如果我来主编一本面向中小学和幼儿园老师的心理学作品，会有以下几个方面的主要内容。

一是关于心理学的历史发展。任何科学归根到底都是历史的科学，心理学的历史告诉我们，人类认识自己的历程漫长而缓慢，作为研究人自身的学问，远远落后于其他科学。但是，已有的心理学研究成果，对于改进我们的教育教学，已经被证明是卓有成效的。前面我们推出的书目中选取的基本是西方的经典心理学著作，但在心理学的历史发展部分，我会介绍中国的心理学研究成果，介绍中国人对于世界心理学的贡献。同时，通过对不同心理学派如行为主义心理学、精神分析心理学、人本主义心理学、结构主义心理学等流派及其在教育上的主张的介绍，帮助教师了解心理学是如何深刻地影响教育实践的。

二是关于普通心理学或者心理学基础。普通心理学是研究人的心理的一般活动及其规律的学科，包括人的感觉、知觉、思维等认知过程，情绪、情操等情感过程，动机、决定、执行等意志过程，以及兴趣、性格、自我意识等个性心理特点。普通心理学是所有应用心理学的基础，它有助于教师更好地学习发展心理学和教育心理学，更好地理解人性与教育。

三是关于儿童与青少年心理。幼儿园和中小学的教育对象，是儿童与青少年。不了解儿童与青少年，就不可能有真正的好的教育。无论是皮亚杰的认知发展阶段理论，还是科尔伯格的道德发展阶段理论，对我们了解儿童发展的阶段性都非常有益。这个部分主要介绍儿童与青少年心理成长的特点与规律，如七岁前儿童大脑的快速发育期、儿童的生理断乳期与青少年的心理断乳期等。

四是关于教育心理学。教育心理学主要研究关于学习过程与方法的学习心理、关于道德形成发展的特点与规律的品德心理、关于不同个性不同潜能的学生的差异心理、关于教师职业发展与心理健康的教师心理、关于如何了解与评价学生和学业成绩的心理测量与评价等。关于教育心理学的研究成果非常丰富，有许多著名的实验，如遗忘曲线、皮格马利翁效应等，在教育上有非常广泛的应用，可以介绍给老师们。在这个部分，还要特别介绍如何观察和研究学生，如何科学地评价学生等。

总之，如果我编写这样一本心理学书籍，我希望它是一幅心理学世界地图。通过这张地图，能够知道最美的风景在哪里，有哪些交通工具可以抵达那里，等等。教师，应该学一点心理学。具备心理学常识的教师，才能更顺畅地走进学生的心灵。只有真正走进学生的心灵，教育才能真正取得好的效果，教师才能真正进入教育的自由王国，才能享受到教育的幸福。

现在摆在大家面前的这本书，也算是我三年前回信的承诺。感谢何源和我的学生团队以及华东师范大学出版社帮助我圆了这个梦想。除了限于篇幅，这本书没有包括心理学历史，其他的内容，在这本书中基本包括了。如果有可能，以后也可以编写一本《教师要懂的心理学史》。

朱永新

2021 年 5 月 14 日写于上海

目录

认识自我篇

第一章　教师应知的自我认知理论　　　　　　**003**

第一节　我是谁?　　　　　　003

第二节　我想成为谁?　　　　　　010

第三节　如何遇见更好的自己?　　　　　　015

第二章　教师应知的情绪管理策略　　　　　　**024**

第一节　情绪,让我欢喜让我忧

　　　　——正确认识情绪　　　　　　024

第二节　与情绪相处之道

　　　　——如何进行情绪管理　　　　　　029

第三节　提升情绪的耐受性

　　　　——积极心态提升快乐竞争力　　　　　　033

第三章　教师应知的幸福感提升路径　　　　　　**038**

第一节　什么是幸福?　　　　　　038

第二节　如何提升幸福感之一:积极情绪　　　　　　045

第三节　如何提升幸福感之二:意义感　　　　　　051

第四章　教师应知的心理韧性培养　　　　　　**057**

第一节　教师心理韧性初探　　　　　　057

第二节　城市教师心理韧性特征与提升策略　　　　　　062

第三节　农村教师心理韧性特征与提升策略　　　　　　068

了解学生篇

第五章　教师应知的人格发展理论　　　　　　**077**

第一节　教师应该知道的弗洛伊德　　　　　　077

第二节　教师应该知道的埃里克森（一）　　　086

第三节　教师应该知道的埃里克森（二）　　　092

第六章　教师应知的学生情绪和情感　　　　　**099**

第一节　无忧无虑多快乐

　　　　——试做情绪小主人（小学低年级）　　099

第二节　青涩小荷多烦忧

　　　　——积极情绪伴我行（小学高年级）　　101

第三节　风雨过后有彩虹

　　　　——多事的季节（初中）　　104

第四节　雏燕试飞多险阻

　　　　——积极情绪体验（高中）　　109

第七章　教师应知的智力理论及智力观　　　　**115**

第一节　智力是什么？　　　　　　115

第二节　智力与遗传　　　　　　120

第三节　智力：学校教育的作用　　　124

第四节　智力理论的新进展及创造力　　128

第八章　教师应知的学生异常心理　　　　　　**136**

第一节　异常心理概述　　　　　　136

第二节　考试焦虑症　　　　　　139

第三节　抑郁症　　　　　　144

第四节　网络成瘾　　　　　　149

第五节　精神分裂症　　　　　　153

教育与教学篇

第九章　教师应知的德育心理　　　　　　　　　**161**

　　第一节　认知：道德发展的水平与阶段　　　　161

　　第二节　体验：道德情感认同　　　　　　　　164

　　第三节　践行：道德目标落实　　　　　　　　169

　　第四节　启示：典型德育问题心理分析　　　　173

第十章　教师应知的激励心理　　　　　　　　　**179**

　　第一节　明确激励的目标　　　　　　　　　　179

　　第二节　遵循激励的学习机制　　　　　　　　185

　　第三节　选择有效的激励方法　　　　　　　　190

第十一章　教师应知的学习心理　　　　　　　　**195**

　　第一节　脑与学习　　　　　　　　　　　　　195

　　第二节　行为与习惯塑造　　　　　　　　　　200

　　第三节　认知与知识学习　　　　　　　　　　208

第十二章　教师应知的课堂心理　　　　　　　　**213**

　　第一节　教师应知的心理学效应　　　　　　　213

　　第二节　创设良好的课堂心理环境　　　　　　219

　　第三节　有效的课堂管理策略　　　　　　　　224

管理与沟通篇

第十三章　教师应知的管理心理学　　　　　　　　**233**

　　第一节　教师应该知道的领导心理　　　　　　　233

　　第二节　教师应该知道的工作群体理论　　　　　238

　　第三节　教师应该知道的工作应激理论　　　　　244

第十四章　教师应知的沟通艺术　　　　　　　　　**250**

　　第一节　与学生的沟通　　　　　　　　　　　　250

　　第二节　与家长的沟通　　　　　　　　　　　　256

　　第三节　与同事的沟通　　　　　　　　　　　　261

第十五章　教师应知的社会心理　　　　　　　　　**267**

　　第一节　洞察我们的世界：社会认知的原理　　　267

　　第二节　爱上我们的世界：态度的形成与改变　　273

　　第三节　拥抱我们的世界：群体心理与行为　　　279

第十六章　教师应知的网络心理　　　　　　　　　**283**

　　第一节　网络交往心理　　　　　　　　　　　　283

　　第二节　网络欺凌心理　　　　　　　　　　　　287

　　第三节　网络教育心理　　　　　　　　　　　　291

后　记　　　　　　　　　　　　　　　　　　　　**299**

认识自我篇

第一章
教师应知的自我认知理论

作者：于国庆

　　老子说："知人者智，自知者明。"苏格拉底说："认识你自己。"中外圣贤都强调认识自己的重要性。师者，传道、授业、解惑，了解自我、了解学生尤为重要。本章就从三个层面的认知来探讨：我是谁？我想成为谁？如何遇见更好的自己？

第一节　我是谁？

一、案例导入

诗意的苏静 [①]

　　2000 年中师毕业后，我进入了青岛嘉峪关学校。初为人师的日子里，我很焦虑也很茫然。孩子们的精神世界被各种各样的"明星"充斥着，唯独没有经典的一席之地。

　　德国诗人荷尔德林说："人，诗意地栖居在大地上。"我在心底对自己

[①] 案例主要资料来源：陶继新．她教的学生富有诗才［N］．中国教育报，2001-09-11．

说:"我要让自己和孩子们都成为诗意的存在者。"在校长郭青伟和家长们的支持下,我开始了诗教的探索。

营造诗意的教育情境。每周我都会安排一节课的时间,对本周所学课文进行诗意的延伸,补充新鲜知识,让孩子们"带着耳朵去旅行",领略经典的非凡魅力。

游戏激发孩子背诗。我把男女生组成两个棋逢对手的诗社,"青云斋"和"兰若轩"。每周四中午的"诗词大擂台"成了青云、兰若的"主战场"。

帮助孩子赏诗。不作要求先倾听孩子的"欣赏",在孩子们的灵感火花碰撞后,再总结提升。

鼓励孩子自创诗词。有一天,受学生自创诗的启发,我布置作业,让他们任选一篇最喜欢的课文作一首课文感怀诗。"青兰论剑"成为学生自创诗词的"梦幻工厂"。我和孩子们共同制作了特色自创诗网页"五一传奇""新新诗集"和"青若集"。

进行限时作诗训练。从起初的一节课到最后的两分钟。为了激发孩子们的创作灵感,大自然成了大课堂,两分钟的现场诗作率性天成。

2001年5月11日青岛市新教师比武课上,我上了一节融诵诗、赏诗与作诗于一体的古诗展示课——《古诗长廊》。听课的老师当场出了两个题目:未来、小草。听课者300多人济济一堂,每个人都在静静地拭目以待。时间一到,我即令小诗人停笔,诵读自己的大作,并出示实物投影。神奇出现了,一首首诗作纷涌而出。

十六字令·草

郑伟伟

草,

春气芬芳满天飘。

绿如碧,

衬饰春光好。

孩子们两分钟即兴作诗的消息很快不胫而走。《中国教育报》资深记者、山东教育社总编审陶继新先生，对我进行了长达一周的现场和电话采访后，先后在《现代教育导报》上发表《腹有诗书气自华——苏静老师与青云斋、兰若轩的诗词情结》的专题报道，在《中国教育报》上又以整版篇幅刊发了《她教的学生富有诗才》，在全国教育界引起了强烈反响。中央电视台科教频道特派记者来青岛，对我和孩子们进行了为期两周的实地专访，又以《美丽的精神家园》为题，以半个小时的专栏报道了我的诗教历程。

我爱孩子。相信他们的天赋，相信他们的灵气，相信他们的能力，相信他们的爱。孩子们背诗、赏诗、作诗，正像花丛中的蝴蝶自由自在地飞转、树林间的小鸟婉转地歌唱一样，是一种生命的快乐。当人们惊诧于我特殊的诗教时，我却简单地认为，这只不过是将学生还归生命本位的自然之举。

经常有人问我，"诗教"的真谛是什么？我说，诗教的真谛就是把学生培养成一个真正意义上的"诗人"，不是单纯的写诗之人，而是诗意之人：有才华，有勇气，有创意，有良知，有激情，有理想。不人云亦云，能够听从自己内心的召唤，终极目标就是"过一种幸福完整的教育生活"。

2003 年是我人生的转折点。我的"诗教"经历得到了全国著名教育家、新教育实验发起人、苏州大学博士生导师朱永新教授的真情关注，我荣幸地进入苏州大学攻读教育学硕士。硕士毕业后，成为青岛大学师范学院小学教育系的老师。后又到湖南师范大学学习，获教育学博士学位。

在朱老师的指导下，我有幸走进新教育实验，独创了"魅力诗词"全经典短期特色培训课程，在全国的数十所学校进行骨干教师和学生的培训。

我先后出版了《苏静魅力诗词》《中华儿童诗意课》《不一样的诗词课》等多本诗教专著。

柏拉图说："亮光在我们身后，生命期待着我们的蓦然回首。"我想，诗教或许就是那抹亮光，期待着我们在黑夜中擦亮黑的眼睛，去寻找生命的意义、教育的光明。

二、原理与分析

苏静老师的诗教探索、诗教传播、诗教硕果、诗意人生，每位读者可能都有自己的不同感悟。她的案例，也为老师们了解自我、思考自我、发展自我提供了鲜活的参考。

（一）生理自我、心理自我、社会自我

人具有生理、心理和社会三种属性，可以从生理自我、心理自我、社会自我三个方面来了解自我。

生理自我，包括身高体重、外貌长相、健康状况、精力能量等。师者的仪容仪表及精气神，也会对学生产生潜移默化的影响。

心理自我，从知、情、意和个性的内涵来讲，可以包括多方面的内容。比如，知的方面，智商（IQ），包括注意力、观察力、感知力、记忆力、想象力、思维力、创新力等。案例中孩子们的背诗、赏诗、作诗，无不反映出孩子们的记忆力、想象力和创造力。情的方面，情商（EQ），可以分情绪、情感、情操多层次。苏静老师对经典诗词的爱、对学生的爱、对教育的倾情投入，都是一种情感表现。意的方面，逆商（AQ），可以从信心、决心和恒心来理解。苏静老师初为人师时，也碰到学生迷恋明星、不爱经典的挑战，她虽有迷茫，但没有逃避，而是暗下决心，进行诗教探索，一路克服困难和享受创造，成为教育的奇迹。

个性又包括两个方面：一个是个性特征，包括气质、性格、能力；另一个是个性心理倾向，包括需要、动机、兴趣、理想、信念、信仰、价值观、人生观、世界观。

社会自我，主要是对自己各种社会角色的认知。每个人都在学习、生活、工作、交往等不同领域担当不同角色，每种角色都有规范和责任，权利和义务。一个人对自己的角色的使命和期望了解越清晰，就越有可能扮演好各种角色，并能和谐平衡各种角色的需求。就像案例中的苏静老师，她是一位老师、一位妻子、一位母亲、一位研究生等，她说一切尊重角色的本位，每种角色都在学习，都在适应，该有的都有，无需平衡，做自己即可。

（二）兴趣、性格、能力、价值观

兴趣、性格、能力和价值观是一个人个性的重要内容，会影响我们工作、生活和交往的方方面面，这里主要从生涯角度来介绍。

兴趣——我喜欢做什么。兴趣，是对事物喜好或关切的情绪。兴趣是最好的老师。霍兰德职业兴趣理论把兴趣分成实践型、研究型、艺术型、社会型、企业型和常规型六种类型，每个人可能以其中的一种或几种为主导的兴趣。苏静老师喜欢文学诗词、研究写作等，可见其艺术型和研究型兴趣。

性格——我适合做什么。性格，主要指一个人的知、情、意及态度特征、偏好和行为方式。常见的性格评测有：四种分类（DISC），即支配型（dominance）、影响型(influence)、稳健型(steadiness)与服从型(compliance)；大五人格（OCEAN），即开放性（openness）、责任心（conscientiousness）、外倾性（extraversion）、宜人性（agreeableness）、神经质性（neuroticism）；还有职业性格测试（MBTI），分成16种类型。不同的性格类型，适合从事不同的职业。比如，稳健型，做老师就能很好地发挥其有爱心、有耐心、善于聆听和帮助他人的性格优势。

能力——我擅长做什么。能力有天赋的能力和后天习得的技能。对自己的天赋能力优势的了解，非常重要。加德纳的多元智力理论，在教育上极具参考性。每个人都可拥有言语智力、逻辑－数理智力、音乐－节奏智力、视觉－空间智力、身体－动觉智力、人际智力、自省智力、自然观察智力，但不同的人在多元智力中的结构和水平不一样，所以要尊重能力天赋。由苏静老师对文学和古典诗词的喜爱和悟性，可见其语言智能的天赋优势。

价值观——我做什么值得。价值观，反映一个人对世界和人生的看法和选择，就是认为什么是重要的，排出价值优先次序。施普兰格尔（E.Spranger）区分了六种理想价值观：理论的（重经验、理性）、政治的（重权力、影响）、经济的（重实用、功利）、审美的（重形式、和谐）、社会的（重利他、情爱）及宗教的（重宇宙奥秘）。罗基奇（Milton Rokeach）提出了18种终极性价值系统和18种工具性价值系统。价值观具有底层的影响。一个人根据兴趣、性格、能力，可以做多种工作，但若与价值观不符，可能内心矛盾纠结，也难以坚持。反之，则乐在其中。"我爱孩子""我要让自己和孩子们都成为诗意的存在者"，这就是苏静老师的价值追求。

（三）本我、自我、超我

弗洛伊德提出人格理论，把内在的我分成本我、自我和超我三个部分，它们各自按照不同的原则行事。本我代表人的本能和欲望；超我代表良知或内在的道德判断，由社会规范、伦理道德内化而成；自我在本我和超我之间，负责处理现实世界的事情，调节着本我，响应着超我。本我，快乐原则；自我，现实原则；超我，至善原则。以《西游记》中的师徒四人为例，可以更好地理解其特点：猪八戒，以本我为主；唐僧，以超我为主；孙悟空，以自我为主。人生是一场修行，在旅程中，观照好自己内在的三个我，也是自我认知的重要方面。

三、对策与建议

（一）了解自我：镜中的我

如何来了解自我呢？"以铜为镜，可以正衣冠；以史为镜，可以知兴替；以人为镜，可以明得失。"可以用四种"镜子"隐喻来说明。

平面镜：通过他人对自己的评价和态度来了解自己。他人的反馈，让我们更加客观地认识自我，看到长处和短处。课堂中孩子与老师的互动，媒体对苏静老师的采访和报道，都是一种平面镜。

望远镜：通过过往的事实和成果来了解自己。因为每个人都有潜能，但有时候自己也不知道自己的潜能是什么，潜能有多大。案例中，苏静老师让孩子们限时两分钟作诗，极大地激发了孩子们的潜能，也让他们发现了自己作诗的天分。

显微镜：通过自我反思和总结了解自己。古人说："吾日三省吾身：为人谋而不忠乎？与朋友交而不信乎？传不习乎？"多年来，苏静老师一直记录自己诗教的心路历程，总结其中的得失、经验和感悟，并出版多本专著。这是在不断地反思自我。

多棱镜：一束白光，通过多棱镜，会折射出"赤橙黄绿青蓝紫"七彩。每个人对自己都有一定的了解，但如果通过一些专门的心理测评工具，可以了解自我更多的维度。有关自我发展方面，特别重视兴趣、性格、能力和价值观的测评，即我喜欢做什么，我适合做什么，我能做什么，我做什么值得。

（二）悦纳自我：乔哈里视窗

在了解自我中，人们常常会发现，对自己某些方面感到满意，对某些方面感到不满意甚至不能接受，还有自己和他人对自己的评价不一致，都会产生烦恼。乔瑟夫（Joseph Luft）和哈里（Harry Ingham）提出的乔哈里视窗（Johari Window）是一个很好的心理工具。不一致有可能是信息不对称，有隐私不为他知，他看到我不知的盲点。要降低不一致性，就要增加公开我的区域，即更多分享自己的所知，更开放寻求他人的反馈。另一方面，也要相信还有很多潜能，有发展的空间。

	他知	他不知
我知	公开我	隐藏我（面具）
我不知	遮蔽我（盲点）	潜在我（潜能）

图1　乔哈里视窗

悦纳自我，需要承认差异，尊重差异，利用差异。每一个人都是独一无二的，尺有所短，寸有所长，每个人都有不一样的生理自我、心理自我和社会自我，有自己不同的优势和劣势，可以选择不同的价值观和人生，成为最好的自己。而且因为不同，才需要合作，优势互补，团队共赢。这样既可以悦纳自己，又可以欣赏他人。

（三）反思自我：我的小传

了解自我是一个不断探索、不断反思的过程。可以通过写日记的方式，或不定期记录所行所思所学所悟。一方面，通过记录自己的生命故事，可以分享和出版，给他人展示自我成长的酸甜苦辣，启发和温暖他人。另一方面，可以把大脑清空，腾出空间，应对新生活、新体验和新创造，让自己身心更健康。

第二节　我想成为谁？

一、案例导入

苏霍姆林斯基式教师李镇西 [1]

1982 年的一个星期天，我在书店买了一本《要相信孩子》。晚上，一气呵成读完。读到书中苏霍姆林斯基的一个观点：

"我们的教育对象的心灵绝不是一块不毛之地，而是一片已经生长着美好思想道德萌芽的肥沃的田地，因此，教师的责任首先在于发现并扶正学生心灵土壤中的每一株幼苗，让他不断壮大，最后排挤掉自己缺点的杂草。"

我激动万分，竟情不自禁地从书桌前猛地站了起来，脑袋一下撞着了悬在上方的一盏 25 瓦的白炽灯，灯盏剧烈地摇晃起来，昏黄灯光下所有的影子都在摇晃，整个屋子仿佛都在旋转……，而我却有一种"陶醉"的感觉。

全书的灵魂——对孩子的爱和信任，使我第一次开始从人性的角度来审视我的学生和我的教育。"人性，这才是教育的本质所在。"苏霍姆林斯基的思想，是在我教育生涯的早晨投下的第一缕金色的霞光。

从此，我如饥似渴地阅读我所能买到或借到的苏霍姆林斯基的著作：《给教师的一百条建议》《育人三部曲》《把整个心灵献给孩子》等几十本。

我用整个心灵拥抱苏霍姆林斯基。苏霍姆林斯基的魅力就是教育的魅力，思想的魅力，情感的魅力，文学的魅力……而这些都源于苏霍姆林斯基的人格魅力。正是被这种魅力倾倒，从参加工作开始，我就追随苏霍姆林斯基，一直走到今天。

在我接触苏霍姆林斯基的著作之初，我就有意识地学习他：学习他对学生的挚爱，学习他对教育的执着，包括学习他坚持不懈地写"教育手记"，后来我在写有关教育论文或著作时，行文风格也散发出一股浓浓的"苏霍姆林斯基味儿"——夹叙夹议，以情动人，将自己对教育的思考融会于一个个

---

[1]　案例主要资料来源：李镇西.追随苏霍姆林斯基 [M].上海：华东师范大学出版社，2009.

教育故事之中；甚至我的第一部专著《给中学生的一百封信》，在体例和书名上都是在模仿苏霍姆林斯基的《给教师的一百条建议》。

2008年秋天，我有幸前往苏霍姆林斯基的故乡，走进帕夫雷什中学，这是一次令人难忘的"神圣之旅"。那天我离开苏霍姆林斯基的墓地的时候，回头望去，原野之上，蓝天之下，苏霍姆林斯基的雕像顶天立地。是的，苏霍姆林斯基是真正的大地之子！少年马克思在作文中曾这样写道："我们的事业并不显赫一时，但将永远存在。面对我们的骨灰，后世高尚的人们将洒下热泪。"这也可以作为苏霍姆林斯基和他事业的写照，因为苏霍姆林斯基做到了。

我们究竟应该向苏霍姆林斯基学什么？对孩子、对教育真诚而持之以恒的爱，这是最最根本的；独立思考，勇于坚持真理的高尚品格；"目中有人"的教育观；实事求是的科研精神。今天，我们最应该向苏霍姆林斯基学的是——怀有一颗纯净朴素的心，从事纯净朴素的教育！

把每一个孩子放在心上，才是真教育，才有价值。这么多年过去了，我对苏霍姆林斯基的爱，依然没变。我常常想起那本薄薄的《要相信孩子》。

二、原理与分析

从案例中可以看到，人生榜样苏霍姆林斯基对李镇西老师的从教之路和职业发展有多重要！寻找、结缘、了解、追随、模仿、传承苏霍姆林斯基的为师之道，从价值观、思维、行为、作品、成就，都具有苏霍姆林斯基的爱的味道，成为中国苏霍姆林斯基式的、深受学生爱戴和同行敬重的良师益友。

（一）自我决定理论

我想成为谁？每个人有自己的思考和选择，自我决定理论让我们知道不同选择有不同的结果，特别是对职业认同和幸福感。

德西（Deci Edward L.）和瑞安（Ryan Richard M.）等人提出的自我决定理论认为，人有天生的发展需要，包括三种基本心理需要：自主、胜任、关系。自主，就是渴望自己能根据自己的意愿作选择和决定。胜任，就是渴望有能力去掌控和完成相关活动或任务。关系，就是渴望得到周围环境和人际的关爱、理解、支持，体验到归属感。

如果一项活动能让人体验到行为的自主决定、对活动能胜任、获得人际的认同，即满足三种基本心理需要，就会激发内在动机。内在动机对人的幸福感、创造性、行为的坚持性、困难的应对性都有重要作用。当一个人过度追求外在动机时，如权力、名利等，会倍感压力、焦虑等。过多的外在动机的激励，会抑制内在动机的驱动。

案例中的李镇西老师，享受自主学习、写作和分享，享受与学生之间的亲密朋友般的情谊，在学习苏霍姆林斯基后，能够以爱心对待每一个孩子，包括顽劣难教的孩子，通过各种办法去感化和引导，最终能帮助孩子走上正道，享受胜任良师益友的成就感。

（二）胜任素质模型

我想成为谁？我们可以选择，但还存在被选择。这就需要了解不同职业或岗位的胜任素质要求。

麦克利兰（D.C. McClelland）提出胜任素质的概念，认为决定一个人在工作上能否取得好的成就，除了拥有工作所必需的知识、技能外，更重要的取决于其深藏在大脑中的人格特质、动机及价值观等。

有关教师的胜任素质模型，古有"师者，传道、授业、解惑"，今有《中华人民共和国教师法》中的法律规定的准入素质要求。

2014年教师节前，习近平总书记在北师大同广大师生说：好老师没有统一的模式，可以各有千秋、各显身手，但有一些共同的、必不可少的特质。好老师要有理想信念、道德情操、扎实学识、仁爱之心四点共同特质。

朱永新教授在《新教育之梦》中提出理想的教师的素质内涵：应该是一个胸怀理想、充满激情和诗意的教师；应该是一个自信、自强、不断挑战自我的教师；应该是一个善于合作、具有人格魅力的教师；应该是一个充满爱心、受学生尊敬的教师；应该是一个追求卓越、富有创新精神的教师；应该是一个勤于学习、不断充实自我的教师；应该是一个关注人类命运、具有社会责任感的教师；应该是一个坚韧、刚毅、不向挫折弯腰的教师。

李镇西老师，从苏霍姆林斯基为师之道，感悟教育的本质和好老师的素质。

要了解不同职业胜任素质，也可以通过网站 www.onetonline.org 查询。

（三）目标设定理论

目标设定理论认为，目标本身就具有激励作用，目标能把人的需要转变为动机，使人们的行为朝着一定的方向努力，并将自己的行为结果与既定的目标相对照，及时进行调整和修正，从而实现目标。

哈佛大学有一个关于目标对人生影响的跟踪调查。对象是一群智力、学历、环境等各方面都差不多的人。调查结果发现，27% 的人没有目标，60% 的人有较模糊的目标，10% 的人有清晰而短期的目标，只有 3% 的人有清晰而长期的目标。25 年的跟踪结果显示：

3% 的人 25 年来都不曾更改过目标，他们朝着目标不懈努力，25 年后他们几乎都成为了社会各界的顶尖人士。10% 的人，生活在社会的中上层，短期的目标不断地被达成，生活状态稳步上升。60% 的人，几乎都生活在社会的中下层，他们能够安稳地生活与工作，但似乎都没什么特别的成就。27% 的人，几乎都生活在社会的最底层，25 年来生活过得不如意，常常失业，靠社会救济，并常常抱怨他人、抱怨社会。

目标具有启动、定向、凝聚、激励、控制的功能。没有目标，就会随波逐流。李老师自从追随苏霍姆林斯基，想成为像苏霍姆林斯基一样的老师，就开始模仿苏霍姆林斯基的价值追求、工作方式、科研取向、阅读写作等，把孩子放在心上，从某种意义上讲，就是目标化和行动化，落地执行。

三、对策与建议

（一）寻找自己的榜样典范

人是有自我意识的存在，可以去构建和实现自己未来理想的人生。在这个过程中，会有兴奋和激情，也会碰到多种挑战和挫折，难免自我迷茫：我的选择对吗？值得吗？能实现吗？一旦在人生旅程中，有缘遇到榜样典范，寻找到一位现实的理想同道者、生命的原型，会有找到家的感觉，从此人生有了方向，温暖不孤独，而且从榜样身上看到其成长的轨迹和关键的转折，其人格追求、思维模式、行为方式、成就评价等，都可以给自己引领、启发、信心、智慧和力量，激发自己自觉不自觉地模仿榜样，进而成为榜样，甚至超越榜样，再次培养下一代的榜样。

从李镇西老师看到《要相信孩子》，兴奋地头撞明灯，陶醉地遇见苏霍姆林斯基这一良师榜样，到最后成为中国苏霍姆林斯基式的良师，又影响和培养了很多中国的基础教育的老师，足见寻找榜样典范的重要性和价值。

你的人生榜样是谁？可以从现实世界中寻找，也可以从传记报道中寻找。

（二）明晰自己的人生使命

人生使命，就是活着的意义。从目标设定理论来看，人生使命是人生旅程的指南针，可以帮助我们追随自己的内心，坚守价值，抵制诱惑，克服懒惰，享受过程，评估结果，不断精进。

人生使命可以参考："我是……享受……为了（让）……"，包括身份、路径、目的。比如："我是一位爱心教育者，享受学习分享和教学相长，让更多人过一种幸福完整的生活！"

（三）评估自己的SWOT

SWOT（Strengths，Weaknesses，Opportunities，Threats）的分析工具，可以帮助我们透视现状和理想（见下页表）。比如成为一名理想的老师，可以分析自己的内在能力或资源有什么优势，有什么弱势，也可以分析外在环境（教育行业、所在学校、教学科目、学生对象等），有什么机会，有什么威胁。由此清晰地看到朝着自己的理想前进，可以采取哪些策略，发展长板，挖掘潜能，通过行动精进，心想事成。

SWOT分析需要结合具体的人来分析，表中所列只是示例。当事人可以进行家校合作，发挥优势，把如何帮助问题孩子成长的过程和经验记录、总结出来，结集出版，既可以促进自己的研究，解决实际问题，又可以促进职称晋升和增加收入。还可以尝试借力专业的培训机构和人工智能，更有效地利用自己的时间。

表 1　SWOT 分析表

外在环境＼内在能力	优势（Strengths） 1. 爱学生和有教育情怀 2. 多年丰富的教学经验 3. 善于与学生谈心沟通 4. 文字表达能力强 ……	弱势（Weaknesses） 1. 薪酬福利低，养家的压力 2. 论文发表难，职称晋升慢 3. 忙碌，时间精力有限 ……
机会（Opportunities） 1. 国家强调教育立德树人 2. 学校领导重视教育质量 3. 家长对孩子教育重视和投入 4. 人工智能促进教育手段进步 ……	SO 优势＋机会 利用机会，发挥优势	WO 劣势＋机会 利用机会，克服劣势
威胁（Threats） 1. 教育评价仍然离不开分数 2. "双减"下的教培机构转型求存 3. 问题家庭带来问题孩子 4. 智能手机诱惑多多 ……	ST 利用优势，避免威胁	WT 缩小劣势，避免威胁

第三节　如何遇见更好的自己？

一、案例导入

大西洋来的飓风郭明晓 [①]

2008 年 11 月，我到成都参加"新教育儿童阶梯阅读"活动。那次活动，在能容纳三千多人的成都空军礼堂里举行，座无虚席。对三年来没外出学习

---

① 案例主要资料来源：郭明晓. 我是大西洋来的飓风［J］. 未来教育家，2015（6）.

的我来说，这样的阵势和内容让我感到震撼。无论是名师执教的公开课、接地气的讲座，还是大家津津乐道的诗歌、书籍，我竟然都没有读过！在绝望与沮丧中，我熬到了活动结束，也是在这个过程中，我突然明白：我的困惑，源于自身阅读积累的浅薄与教学努力不够。

我相信我可以改变！

2009年3月23日，我在新教育的"教育在线"论坛建立了班级主题帖，第一次走进了新教育，承诺"过一种幸福完整的教育生活"。我更新了自己的网名"大西洋来的飓风"的注解：希望用飓风一般的威力扫除生命中所有陈旧的东西，扫除教育教学中所有陈旧的观点，让自己不断更新教育观念，不断成长，追求幸福完整的教育生活。

阅读教育经典，让我的课堂、家校联系及"师带徒"的方式也在悄然发生改变。阅读心理学，让我站在孩子的角度来理解孩子。阅读哲学，让我不断地思考人生的意义。我知道了自己的天命就在教室里。阅读科学，让我从人体结构来理解孩子的行为。

共读课程是我在继开展晨诵课程后坚持做了近六年的课程。六年来，我们从讲绘本故事开始，到讲格林童话故事，到班级共读，到挑战海量阅读，再到主题探讨式阅读。我们不仅积累了丰厚的知识，更重要的是我们由此热爱阅读，用名著点亮了心灯。

要不断地提升专业素养，除了阅读，还要进行反思性的专业写作。我的专业写作从五方面进行：坚持写教育教学案例反思分析；给父母们"贩卖"自己读到的理论；每读完一部经典著作，都努力写一篇总结性论文；在写课程总结中综合运用教育学理论；坚持写文本解读。

共写共同生活。我们共写日记与班级日志，共写诗歌，共写书信，共写生命叙事。共写也成了我们师生共同生活的一种方式。

我在带领学生共读《特别的女生撒哈拉》时，随着共读讨论怎样让自己成为生活的主角，怎样让自己不断地变化成长。我真正体会到"教学相长"这四个字的魅力，我突然明白：追求自己的理想，追求自己的生命价值是没有时间期限的。就这样，临近退休的我，真正快乐起来，真我又强大起来。我在继续完成班级晨诵、共读、生命叙事剧课程后，开始专注于指导年轻老师开展新教育课程。

二、原理与分析

从郭老师的案例中，我们可以看到一个老师临近退休，职业生涯功成名就，也有点职业倦怠，然而，在遇见新教育后，重新焕发青春的光彩。在50岁，她醒悟教师的天命在教室，退休不是生涯的终点，而是生命的转折点，因此不断自我改变，自我突破，自我超越，在行动中享受和强大真我，从优秀走向卓越，遇见更好的自己。

（一）自我意象心理学

自我意象心理学认为，一个人对自我的观念、自我期望或自我意象，会潜移默化地影响人的行为和结果。他人对一个人的期望，也能够改变一个人的行为和结果。经典的研究有"罗森塔尔效应"。

罗森塔尔等进行了一项有趣的研究。在学期开始时，他们给儿童进行智力测试，在每个班级中随机选择儿童并称其为"智力成熟者"。"我们告诉每个老师这些学生的名字，并解释根据他们的测验分数，这些学生能够在未来一年里取得显著的进步。事实上，这些实验组儿童和控制组儿童之间的差异仅仅是在教师的心里。"8个月后，他们发现在IQ分数上的"成熟者"与其他人相比取得了更大的进步。在这项研究及其他许多研究的基础上，罗森塔尔对此现象给出了四种解释。那些受诱导而对他们的学生产生良好期望的人们可能会：给他们的"特殊"学生创造一种更温暖的社会情绪心境（气氛）；给予这些学生更多成绩反馈（反馈）；教这些特殊学生更多、更难的东西（输入）；给他们的特殊学生更多回答或提问的机会（输出）。

从郭老师的成长案例和心理学原理可以感受到，一个人要成长突破，内在对自我的观念和期许是多么重要！郭老师说："我相信我可以改变！"自我期望成为"大西洋来的飓风"，追求幸福完整的教育生活，开启了一系列的行动和改变，结果就成了新教育完美教室的缔造者、榜样老师、2017 年度人物，而且培养了很多学生和种子老师。

（二）自我效能理论

班杜拉提出自我效能，指人们对自己有能力去实现特定领域行为目标的信念，简单来说就是个体对自己能够取得成功的信念，即"我能行"。班杜拉认为：这样的信念调节人们选择干什么；在他们所从事的事业中投入多少努力；在面对困难和失败时，他们能坚持多久；他们的思想模式是自我抑制的或是自我提高的；在应付困难情景时，他们经受多大压力和沮丧以及从逆境恢复的活力。

班杜拉总结众多研究发现，构建自我效能主要有四个来源：直接经验，替代经验，言语说服，身心状态。

直接经验：郭老师从多年教书育人中获得经验成为优秀教师，以及在新教育的实践中，充分感受到学生、种子教师和自己一起教学相长，积累了丰富的直接经验，强化了自我效能。

替代经验：结缘新教育后，郭老师参加网师学习，开始阅读经典，看到常丽华等榜样老师，自己大胆实践，这也让郭老师觉得，她们能行，我也能行！

言语说服：郭老师听了很多新教育课程、讲座，参加新教育年会，不断有新的教育理念和行动方案，还有新教育实验发起人朱永新教授的鼓励……，这也给了郭老师很大的信心和动力。

身心状态：郭老师为了强身健体，坚持冬泳近十年，多次横渡金沙江。遇见新教育，找到生命的意义，过上一种幸福完整的教育生活，虽然身体辛苦，但心情开心喜悦，焕发出第二青春。

（三）NLP 逻辑层次

NLP 逻辑层次由格雷戈里·贝特森（Gregory Bateson）和罗伯特·迪尔茨（Robert Dilts）提出（见下页图）。

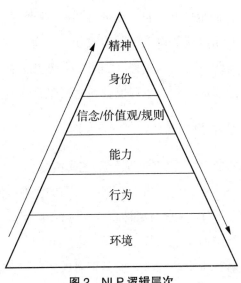

图 2　NLP 逻辑层次

1. 环境（Environment）：时、地、人、事、物等。"我生活在一个什么样的环境里？"

2. 行为（Behavior）：做什么？"我每天都在忙什么？"

3. 能力（Capability）：怎么做？"我擅长什么？"

4. 信念、价值观、规则（Beliefs，Values，Rules，简称 BVR）：为什么？信念，就是我相信什么。价值观，就是我追寻什么，即正向价值观；我逃避什么，即离向价值观。规则，就是发生什么，就让我感受到我的正向价值观，或离向价值观。

5. 身份（Identity）：我是谁？"我是一个什么样的人？"

6. 精神（Spirituality）：我与世界的关系。"我能为这个世界贡献什么？我的人生使命和意义是什么？"

人在朝着自己的梦想努力时，需要自我改变突破，如何改变呢？NLP逻辑层次给了我们一个参考框架，即同一层次去改变比较困难，需要上到上一个层次、上上一个层次。比如，要改变你的工作或生活环境，就需要调整你的行为；要改变行为，就需要提升自己的能力；一个人愿不愿意去学，取决于内在的信念、价值观和规则；价值观又取决于一个人的人生定位，期望做一个什么样的人；而定位又来自一个人想明白自己的人生意义。如果精神改变，定位改变，价值观优先改变，能力改变，行为改变，最后也可以改变环境。这是一个系统螺旋上升的过程。如图 2 中两边的箭头示意。

由郭老师自我改变的案例，也可以看到此原理的轨迹。

三、对策与建议

（一）拓展生命的长宽高，书写自己的生命传奇

肉身的诞生，是生命的自然事实；交往关系的存在，则是生命的社会事实；自我意识的觉醒，是生命的精神事实。人的生命有三个向度：自然生命、社会生命和精神生命。

人的成长，或者说教育的意义，就是拓展生命的长宽高。集自然生命之长、社会生命之宽、精神生命之高，才能够形成一个立体的人。

生命因独特而弥足珍贵。生命因自主而积极发展。生命因超越而幸福完整。每个老师在拓展生命的长宽高的过程中，肯定不是一帆风顺的，必然遭遇挑战和困惑、反思和探索、成长和收获，一方面用心和行书写自己生命的过程和体验，另一方面用文字记录生命的感悟和价值，这就是在书写自己的生命传奇。

郭老师的生命成长和她出版的《各就各位准备飞》《我是大西洋来的飓风：一个新教育教师的生命叙事》《教师的天命在教室》，就是她的生命传奇。

（二）专业阅读、专业写作、专业发展共同体

专业阅读是一种吸纳，专业写作是一种梳理表达，专业发展共同体是一种境域能量。专业阅读是站在大师的肩膀上前行，专业写作是站在自己的肩膀上攀升，专业发展共同体则是站在集体的肩膀上飞翔。

专业阅读。为什么读？朱永新老师提出："一个人的精神发育史就是他的阅读史；一个民族的精神境界取决于这个民族的阅读水平；一个没有阅读的学校永远不可能有真正的教育；一个书香充盈的城市才会是一个美丽的城市；共读共写共同生活；改变，从阅读开始。"读什么？强调根本书籍，那些奠定师道精神、专业思维、学术方法、生命气质根基的经典书籍。读者可

参考《造就中国人：阅读与国民教育》，其中有教师阅读书目100本。如何读？知性阅读，带有咀嚼性质的研读，让老师提升从根本出发思考和解决当下问题的能力。

专业写作。在专业阅读的基础上，有效地对经验进行反思，从碎片中提取有意义的东西，并加以理解洞察和融会贯通，就像把散落的珍珠串成美丽的项链。专业写作需要注意以下特点：强调理解与反思，反对表现主义；强调与实践相关联；强调客观呈现，反对追求修辞；主张师生共写随笔；注重案例研究。

专业发展共同体。孔子早就讲过"独学而无友，则孤陋而寡闻""三人行，必有我师"的道理。一个渴望成长的老师，如果孤军奋战，受制于个人的思维定势和理论功底，难以看清问题的本质和突破思维的定势，则事倍功半。所以需要借助专业发展共同体，对话交流，头脑风暴，榜样引领，共同进步，事半功倍。

从郭老师自身的成长和她对种子老师的培养，可以看到"三专模式"的科学性、可行性和有效性。

（三）人生是一场修行，遇见更好的自己

人生是一场修行，春夏秋冬，各种风景，人来人往，喜怒哀乐。作为老师，也是现实中的人，面对自己和家人、学生和家长、领导和同事，也会有矛盾冲突和上下起伏，如何应对呢？

21世纪以来，积极心理学兴起，其有些理论和方法，也借鉴了佛学的智慧，如正念等。这里分享一个达摩祖师的智慧。弟子问达摩："如何才能变成一个自己愉快，也带给别人快乐的人？"达摩笑答："有四种境界，你可体会其中妙趣。首先，要把自己当成别人，此是'无我'；再之，要把别人当成自己，这是'慈悲'；而后，要把别人当成别人，此是'智慧'；最后，要把自己当成自己，这是'自在'。"

以不够上进的学生为例，"无我"，就是老师要走近学生，带着无私的爱，去了解他的成长经历、家庭情况、个人梦想、优缺点等，看看前因后果是什么，想想如何能帮到他。"慈悲"，就是把他当成自己的孩子一样，担当他的苦难，如果是离异家庭，给他更多的关心和爱，或更多的时间补习指导。"智慧"，就是你可能费了九牛二虎之力，对方不领情、不珍惜、不进步，那就暂时放下，放下不是放弃，允许他保持现在的样子，做他自己，也许机缘不到，也许自己功力方法不够，要等待他的成长，同时自己去探索有没有更好的方法和契机。"自在"，就是要不伤心，自己做自己，做自己应该做的工作，过自己的生活等。对学生如此，对生命中其他重要的人也是一样。

自强不息，厚德载物，遇见更好的自己。从优秀到卓越，"我"到"我们"，让更多的人遇见更好的自己。

第二章
教师应知的情绪管理策略

作者：叶海玲

教师不仅传道授业解惑，更是人类灵魂的工程师。教师稳定的情绪是培养学生心理健康的温润土壤。由于职业的特殊性，教师所承受的情绪困扰往往要比其他群体高。因此，这一职业对教师情绪管理能力的要求更高。如果教师的情绪管理不好，如果教师缺乏愉快和幸福的情绪体验，那么学生就会失去生活的色彩，教育就很难达成教书育人的使命与愿景。学生的师源性焦虑便是最好的证明。此外，教师在生活中常常会遇到困难和挫折，难免会有情绪低谷和心情不愉快的时候，甚至会有受到心理疾病困扰的时候。那么，帮助教师掌握一套行之有效的情绪管理方法便是对教师最好的支持，也是本章的初衷。让我们一起通过本章的学习，来探究情绪管理的策略吧！

第一节 情绪，让我欢喜让我忧
——正确认识情绪

一、案例导入

如往常一般，李老师先送女儿去学校，然后再去上班，眼看着快要迟到了，她三步并作两步冲进了学校。回头一望，校长和值日的学生一起站在校门口。她气喘吁吁地在办公桌旁整理上课的教具，想到刚刚被校长撞见的样子，真是狼狈啊！她翻出一会儿准备给学生讲解的试卷，看到试卷上圈圈点点的错误，心想，究竟要讲多少遍学生们才不会错呢！随后又想起早晨孩子磨磨蹭蹭地洗漱、吃饭，临出门时丢三落四……如果不是因为孩子，如果有人能帮她一下，刚刚也不会被校长在门口撞个正着。她越想越生气，觉得自己有些疲惫和孤独。又想到今年的优秀教师落选了，明明自己兢兢业业。想着想着，心里越来越委屈，眼眶也有些湿润了。她晃了晃脑袋，提醒自己别再想了，要去上课了。走到教室门口，同学们还在教室里跑来跑去。她走进教室，站在讲台上，同学们就像没有看见她一样，依然沉浸在他们自己的世界里。她提醒同学们上课了。有的同学磨磨蹭蹭地往自己的座位上走，就像没有听见一样。她站在讲台上，看到这些，内心如同翻江倒海般地升起了很多的情绪：她很生气，甚至有些愤怒，感觉委屈、无助和孤独，同时，她感觉身体有些微颤，呼吸也变得急促了……她不想让自己有这样的情绪，希望可以平静如初，但是她发现根本做不到。那么，李老师该如何看待自己的情绪呢？情绪究竟是什么呢？情绪让人这么难以忍受，它的存在究竟有何意义呢？

二、原理与分析

情绪是什么？情绪是如何产生的？让我们先从一个经典的心理学实验开始，来揭开情绪的神秘面纱。

1962年，史丹利·沙赫特（S.Schachter）和杰罗姆·辛格（J.E.Singer）

为了探究情绪之源，共同设计了一个实验。他们招募大学生作为实验被试，告诉被试实验的目的是要考察一种新维生素化合物对视敏度的影响效果。在被试同意的前提下，为他们注射药物并记录药物注射后的反应。他们将被试分为四组，一组是控制组，另外三组是实验组。实际上，他们给控制组的被试注射的是生理盐水，给实验组的被试注射的是肾上腺素。肾上腺素会使被试出现心悸、颤抖、灼热、血压升高、呼吸加快等生理反应，这些生理反应和在一种强烈的情绪状态下的生理反应是一样的。药物注射后，将实验组的被试随机分成三组并告知不同的内容。对 A 组的被试说：药物会导致心悸、颤抖、兴奋等反应；对 B 组的被试说：药物是温和的，不会有副作用；对 C 组的被试说：药物会导致全身麻木、发痒和头痛。然后，人为地设计两种不同的环境，即"欣快"情境与"愤怒"情境。控制组和三个实验组的被试中各有一半进入"欣快"情境，另一半进入"愤怒"情境。当被试进入"欣快"情境时，他们会看见一个人（实验助手）在室内唱歌、跳舞、玩耍，表现得十分快乐，并邀请被试一同玩耍。而进入"愤怒"情境的被试，则看见一个人（实验助手）正对填写的一张调查表发怒、咒骂、踩脚，并最后撕毁调查表；要求被试填写同样的调查表，调查表里的内容带有人身攻击和侮辱性，会引起人极大的愤怒。

实验假设：如果仅是生理唤醒决定情绪，那么三组被试应该产生同样的情绪；如果仅是环境因素决定情绪，那么所有进入"欣快"情境的被试应该产生欣快，所有进入"愤怒"情境的被试应该产生愤怒。

实验结果显示：控制组和实验 A 组的被试，不论是在"欣快"情境下，还是在"愤怒"情境下，都不会受到环境的影响而安静地等待并镇静地完成他们的工作，毫不理会同伴的古怪行为；而实验 B 组和实验 C 组的被试则倾向于追随室内同伴的行为，在"欣快"的情境下变得欣快，在"愤怒"的情境下变得愤怒。也就是说，控制组被试注射的是生理盐水，他们没有经受生理唤醒；实验 A 组的被试被正确告知了注射后的反应，能够正确解释自身的生理唤醒，他们都不被环境中同伴的情绪影响，因此没有任何情绪反应；而实验 B 组和实验 C 组的被试没有被如实告知注射药物后会产生的生理反应，他们对自身的生理反应没有明确的解释线索，从而在受到环境中同伴行为的暗示后，他们把生理唤醒与"欣快"或"愤怒"情境联系起来并表现出相应的情绪反应和行为。

实验结果证明了沙赫特和辛格的假设，即情绪是由环境、认知和生理唤醒三个因素共同决定的。无论生理唤醒还是环境都不能单独地决定情绪，情绪发生的关键取决于认知。

从这个实验我们可以看到，情绪是一种内在的体验或者感受，是由我们感知到的外界的人、事、物诱发的。当任何情绪发生时，都会伴随相应的生理唤醒，而任何生理反应都有自己的时间进程，比如我们的皮肤电流、血压、血流、心跳，都有自己的节律。我们会体验到一次公开课成功时的喜悦，一场恋爱的甜美，一家人欢聚时的幸福；也会体验到失去亲人的悲痛、被不公正对待时的愤怒、被误解时的委屈等。这些都是我们的情绪。如果我们注意体会，会发现伴随着这些情绪，常常会有相应的躯体感受和外显的行为。比如喜悦时，我们会觉得全身充满力量、心跳加快、血流加速，同时也会面露微笑，甚至振臂挥舞。比如悲痛时，我们会觉得胸闷气短、如鲠在喉，会唉声叹气、泪流满面。这些事件之所以能让我们有情绪体验，是因为我们的认知参与了有意识或者无意识的加工，比如，一次公开课成功的喜悦，那是因为我们意识到我们是有能力的人；一场恋爱的甜美和一家人欢聚时的幸福，那是因为我们意识到我们是被爱和被接纳的个体；失去亲人的悲痛，那是因为我们意识到我们丧失了一段永远无法失而复得的重要关系；被不公正对待时的愤怒，那是因为我们意识到我们的人权被侵犯了。

让我们带着对情绪的理解，来帮助李老师认识她的情绪起源。李老师的情绪是由环境、认识和生理唤醒三个因素共同决定的，是由她感知到的外部事件诱发的内在体验与感受，如"被校长发现迟到"时的羞愧与自责，"照顾孩子"时的疲惫与孤独，"学生不遵守课堂秩序"时的愤怒与失望，"无数次讲解仍有错误发生"时的无奈与沮丧，这种感受伴随着呼吸急促、身体颤抖等躯体感受。

三、对策与建议

李老师面对自己的情绪，究竟应该怎么做呢？

正确认识情绪，是李老师学会情绪管理的第一步。那么，情绪到底有多少种呢？从字典中的记载来看，一共有超过 500 种情绪术语（Averill，1980）。然而，大部分专家都认为基本情绪的数量是有限的。近代研究中，常把快乐、愤怒、悲哀和恐惧列为情绪的基本形式。这些情绪也被称作是初级情绪，其他情绪是在这些基本情绪的基础上发展出来的，又被称作次级情绪。一般来说，喜悦、甜美、幸福是我们渴望接近的情绪，我们称之为正性情绪。正性情绪可以让一个人、物体或者情景更加有吸引力。正性情绪都与多巴胺、内啡肽、血清素和催产素的分泌有关系。而悲伤、愤怒和委屈是我们期待可以远离的情绪，我们称之为负性情绪。负性情绪受杏仁核控制，与肾上腺素分泌有关。因为负性情绪给我们带来的体验是难以忍受的。因此，一说到情绪管理，很多人都希望可以减少负性情绪，甚至是消灭负性情绪。很多人都认为负性情绪是坏的，正性情绪是好的。每次在情绪管理的培训课程中，我常常会问学员：您认为情绪有好坏之分吗？超过 80% 的人都会回答情绪有好坏之分，那些让我们觉得不舒服的负性情绪都是坏的。您也这样认为吗？情绪究竟有没有好坏之分呢？情绪管理就是减少或者消灭负性情绪吗？在回答这个问题之前，让我们先一起穿越到古代，体验一下靠打猎和采摘为生的生活吧！

当我们饥肠辘辘地寻找食物时，突然发现在不远处有一片丛林，苍翠茂密的树丛中，依稀可见星星点点的红色。我们猜想那里可能有果园，于是三步并作两步地朝那片树林跑去。跑到树林边上，我们驻足一看，原来真的是一片果园，树上结满了红彤彤的李子，李子上还覆盖着早晨的露珠，晶莹剔透。我们瞬间感觉口腔里充满了口水，迫不及待地想跑过去摘下来饱餐一顿。当我们正准备上前去摘的时候，发现树丛下有一只老虎，正虎视眈眈地盯着我们。此刻的我们会怎么做呢？大部分人可能会说，当然是转身就跑了。让我们把看到老虎到转身就跑的心理过程放慢来看看，当我们看到老虎，大脑识别判断后告诉我们它会威胁我们的生命，随后产生恐惧，大脑中枢再次发出信号：跑！逃命！紧接着肾上腺素飙升，呼吸急促，血液里携带着大量的氧气和营养元素供给我们的四肢，然后我们转身就跑，迅速逃离。当然也有一些武士，比如武松，会去和老虎搏斗。但不论用什么方法，至少可以证明的是，我们之所以能够活到今天，是祖先们无数次成功地虎口脱险，然后代代相传地把生命传递给了我们。通过这个例子，我们不难看出，恐惧这个让我们不舒服的负性情绪其实是保护我们的。恐惧之外的其他负性情绪，都有相应的功能。比如愤怒，它会激发我们为自己的权利而战；比如悲伤，它会提醒我们关注失去的，珍惜仍然拥有的；比如厌恶，它会激发我们远离有害的、恶劣的事物。情绪是一种内在的体验或者感受，是由我们感知到的外界的人、事、物诱发的。当任何情绪发生时，都伴随着明显的生理唤醒，而任何生理反应都有自己的时间进程，比如我们的皮肤电流、血压、血流、心跳，都有自己的节律。如果我们要管理情绪，就必须尊重生理唤醒的进程，一味地压抑或者拒绝都是不可行的，只会让情绪像滚雪球般越滚越大。所以说，情绪无好坏，自然选择已经塑造了我们的情绪，那些让我们觉得不舒服的负性情绪，具有进化意义，保障了我们生命的延续。那些让我们觉得舒服的正性情绪，在具有进化意义的同时，提升了我们的生存品质，比如爱，让我们可以选择伴侣延续生命；比如喜欢、快乐，会让我们体验到生命存在的意义和价值。

既然任何情绪都是有意义和价值的，那么接纳情绪，聆听情绪，允许情绪的存在，便是情绪管理的第二步。任何一种情绪都有它的使命，任何一种情绪的产生其实都是在向我们传递信息。如果情绪发生了，我们需要多给情绪一些耐心，聆听它们试图要传递给我们的信息是什么：是要提醒我们小心危险，寻找安全，还是提醒我们珍惜当下拥有的。如果情绪携带的摩斯密码被我们破译了，情绪的使命也就达成了，情绪自然也就功成身退了。

第二节　与情绪相处之道
——如何进行情绪管理

一、案例导入

李老师正在津津有味地讲着《王戎不取道旁李》，多数同学都在聚精会神地聆听着。李老师发现王涛（化名）正在和同桌嘀咕着什么。她瞥了一眼王涛，王涛发现李老师在看着他，马上低下了头。没过一分钟，李老师发现王涛又开始嘀咕。李老师提高声音说："王涛，请你认真听讲，别捣乱！"王涛委屈地说："李老师，我没有捣乱。"李老师回应道："没捣乱？那你嘀咕什么？上课不专心听讲，怪不得成绩那么差，我看你下次非考个倒数第一不可。"李老师一连串批评，想着王涛这回该老实了，不料，王涛瞪了李老师一眼，歪着头，满脸不高兴，嘴里还在嘀咕着。李老师心里的火腾地上来了："怎么，还不服气？你站到讲台前面听。"可是王涛把书一摔，坐在位子上无动于衷。这节课是没法上了，李老师扔下粉笔，气呼呼地走出教室来到走廊上。教室里静得出奇……第二天，李老师找王涛的同桌了解情况才知道，原来王涛和同桌上课嘀咕，是因为同桌身体不舒服，王涛在询问需不需要下课陪他去学校的医务室。知道原因后，李老师有些后悔，心里想如果能控制一下自己的情绪就好了，也不至于这样。于是李老师请王涛去她的办公室，向王涛道歉……

二、原理与分析

李老师后悔自己没有控制好自己的情绪，让冲突发生；同时李老师也很后悔自己没有弄清楚状况，就批评了关心同学的王涛。那么，李老师为什么看到同学在课堂上嘀咕就生气了呢？让我们在情绪 ABC 理论里找找答案吧。

情绪 ABC 理论是由美国心理学家阿尔伯特·艾利斯（Albert Ellis）研究创建的。在 ABC 理论中，A 是指诱发性事件；B 是指个体在遇到诱发事件之后相应而生的信念，即他对这一事件的看法、解释和评价；C 是指特定情景下，个体的情绪及行为的结果。通常人们会认为，人的情绪和行为反应是直接由诱发性事件 A 引起的，即 A 引起了 C。ABC 理论则指出，人的情绪不是由某一诱发性事件本身所引起的，而是由经历了这一事件的人对这一事件的解释和评价所引起的。这就成了 ABC 理论的基本观点。也就是说，诱发性事件 A 只是引起情绪和行为反应的间接原因，而人们对诱发性事件所持的信念、看法、解释 B 才是引起人们情绪和行为反应的更直接的原因。为了更好地理解这个理论，让我们先做一个小小的测试吧！当你开车经过

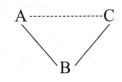

一条拥堵的路段时，有人在后面不停地按喇叭，我们通常的反应是什么呢？①别嘀了，没看见前面的车都不动吗？②后面的人是不是有急事啊？③没有任何反应。毫无疑问，有的人的反应是①，有的人的反应是②，有的人的反应是③，甚至有的人会觉得这三个选项都不是我的反应。为什么面对同样一件事情，每个人的反应是不一样的呢？这是因为每一个人对后面的人为什么不停地按喇叭的解释是不一样的。选①的人，大多认为后面的人是冲着他按喇叭的，会觉得是后面的人在催促他快点走，而他也是被前面的车堵住不能走了，会觉得是被指责了，有些委屈和生气，然后就在内心嘀咕，甚至把头探出窗外和后面的人据理力争一番；选②的人，会认为后面的人一定是有急事，但是看着这拥堵的路况，谁都动不了，他可能还会同情那位不停按喇叭的人；选③的人，根本不会在意喇叭声，认为这是后面的人对拥堵路况的一个反应而已，就像他自己一样。三种不同的选择，伴随而产生的情绪或者内在体验是不一样的。由此可见，并不是嘀嘀的喇叭声（事件 A）让我们有反应的，而是我们如何来解读这个嘀嘀的喇叭声（信念、判断、理解 B），不同的解读就会有不同的情绪和行为反应（C）。

让我们用 ABC 理论去解读李老师的案例，当李老师看到王涛上课嘀咕，这是事件 A；她认为学生上课应该认真听讲而不是和同桌嘀嘀咕咕，不遵守课堂纪律，因此当她看到王涛上课嘀咕，她的内在就会立刻有一个判断，那就是王涛不遵守课堂纪律，这是李老师对事件 A 的看法 B；作为老师，应该维持课堂秩序，于是她用眼神提醒王涛遵守纪律，这是行为反应 C。在李老

师提醒之后，同学仍旧嘀咕（A），李老师则认为这位同学无视老师的提醒，仍然不遵守课堂纪律（B），因此李老师就生气，这是情绪反应C。如果李老师当时了解到事情的真相，即王涛不是不遵守课堂纪律，而是在关心生病的同桌，那么李老师也就不会批评他了。同样是看到王涛和同桌上课嘀咕，不同的解读会有不一样的情绪，如果认为是不遵守纪律，那么老师就会想办法制止，如果制止的方法不恰当，就会引发师生间的冲突；相反，如果了解到真相是同学在关心生病的同桌，那么老师就不会去批评同学，还会认可同学的表现，同学也不会因为老师的误解而与老师发生冲突了。

同时，我们也可以看到，如果李老师能够很好地应对自己的情绪，而不是任由情绪发展，那么她和学生之间的冲突可能也就不会发生了。

三、对策与建议

当事情发生时，我们需要放慢自己的心理加工过程，不要仅仅凭借自己的猜测去判断或者断定事情发生的缘由，需要多些耐心去询问发生了什么，了解事情的真相。因为对于事情A，如果我们对A的评价、看法或者观点不一样（B），那么结果C也就不一样了。大脑的工作原则是最省力模式，根据多年的生存经验，大脑建立了许多固化的神经通路，这些神经通路就像自动巡航一样，当一件事情发生时，我们通过感官（眼睛、耳朵、嘴巴、鼻子、肢体）感知到，就会迅速传输送给大脑的相应区域，大脑会按照固化的神经通路进行信息加工，给予理解、判断和评价，然后激活我们的情绪并给予一个指令，我们就会产生内在的或者外在的行为。而这种理解、判断和评价，可能会让我们忽视事情发生的真实原因，产生一些不必要的误解和冲突。当事情发生了，我们不妨先问问自己，这样的理解、判断和评价是真实的吗？会不会有其他的原因或者可能性呢？当我们可以耐心地去询问或者寻找事情的真相，就减少了不必要的误解和冲突。

那么，我们怎么样才能放慢自己的心理加工过程，寻找事物的真实信息呢？完形心理治疗的觉察力练习，是一个很好的训练，让我们可以更多地停留在感官上，尽可能了解和感知事件的全貌，让信息加工和心理活动更多地依据事情本身而不是大脑的自动加工机制，从而减少不必要的情绪起伏。

觉察力是一种对此时此地正在发生的事情的感知。它是所有健康生活所必须具备的积极品质。一个有觉察力的人知道他在做什么，应该怎样去做，也知晓他可以自由选择，并且选择成为他自己。简单的觉察力练习就是用五官感受外界，让注意力集中，不评判外界事物，只要觉察它们就好了。

下面介绍一些简单的觉察练习：

视觉：将注意力保持在眼睛上，留意视线内的物体，观察它们的形状、颜色、大小、位置等，欣赏它们；听觉：轻轻地闭上眼睛，将注意力保持在耳朵上，仔细去捕捉周围的每一个声音，慢慢感受这个时刻，比如：汽车声、雨滴声、空调声、鸟叫声或是他人的对话；触觉：将注意力保持在手上，去触碰身边的物品，比如衣服、桌椅或者书本，用手感知它们的温度和质感；嗅觉：把注意力保持在鼻子上，认真觉察和感受闻到的味道，如花草树木的清香，远方传来的饭菜味，或某人的香水味，仅仅感受这些气味，不作任何选择、判断与评价；味觉：把注意力保持在口腔上，好好品尝即将入口的食物，感受食物入口后的味道，感受食物的味道在口腔中慢慢地散开。

以上这些觉察力的练习非常简单，只要把注意力集中在五官上，不评价、不判断，如果发现注意力飘走了，重新再来就好，如此反复。

另外，当我们有情绪的时候，可以通过一些简单的小动作来缓解这些情绪：

①蝴蝶拍：双手交叉放在肩上，用缓慢且舒适的力度拍打自己的肩膀，犹如在母亲的怀抱里一般，安抚身陷情绪的我们，就这样缓慢地重复这个动作，直到我们的情绪消退。

②敲击法：将双手无名指分别搭在相应的大腿上，依次、缓慢、轻轻地点击自己的左腿、右腿，就这样缓慢地重复这个动作，直到我们的情绪消退。

③EMDR眼动法：把注意力转移到眼睛上，用我们双眼的余光依次、缓慢地去寻找我们的左侧肩膀和右侧肩膀，就这样缓慢地重复这个动作，直到我们的情绪消退。

④观呼吸：将注意力转移到呼吸上，体会吸气时气体通过鼻腔、横膈膜、胸腔进入腹部的感觉，进而感受腹部的隆起；再感受呼气时气体被缓慢送出，随之腹部被压缩……就这样一次又一次地关注自己的呼气与吸气，直到我们的情绪逐渐消退。

当然，任何将注意力从情绪上转移开的方法，都是可以用来缓解和安抚情绪的。如果您有自己的办法，那太好了。在情绪产生时，就那样安抚自己。这样既接纳了情绪按照它自有的节律发生，又可以有更多的心灵空间去聆听情绪，解读情绪背后的摩斯密码，了解情绪要传递的信息。

第三节 提升情绪的耐受性
——积极心态提升快乐竞争力

一、案例导入

自从做了妈妈，李老师的性情变化很大。原来热情活泼，现在却很容易激动，经常为一些小事发火，只要学生不听话或者女儿调皮就会生气。常常发完脾气后，又后悔自己的行为。她很羡慕同事刘老师，她觉得刘老师好像没有任何烦恼，每天都是嘻嘻哈哈的。有一天李老师气呼呼地走进办公室，把学生的笔记本往桌上一摔，嘴里嘀咕着："这些学生越来越不像话了。"刘老师就问她怎么回事。她说："我今天上课要抽查学生的笔记，刚说请学号是单数的同学把笔记本交上来，就看见有同学把笔记本递给了别的同学，我当时很生气，就批评了学生几句，哪想到那个学生和我顶起来了……"刘老师一听，便对李老师说："我之前也遇到过这种情况，想想当时的情况还真好玩。"李老师不解地看着刘老师说："好玩？"刘老师说："是啊，我说请学号是单数的同学把笔记本交上来，就看见教室里笔记本飞来飞去。我当时有点生气，但是转念一想，我就等学号是单数的学生把笔记本都交上来之后，对着全班同学说，好，我现在来检查学号是双数同学的笔记。教室里顿时开锅了，之前把自己本子借给别人的同学纷纷嚷着要拿回自己的本子。我看着那个场景心里可乐呵了……以后再也没有学生敢随便把笔记本借给别人了。"李老师一听，也扑哧笑出声了。李老师心想，我要是像刘老师那样该多好，不仅能够有效地解决问题，还不会让自己气得火冒三丈。

二、原理与分析

为什么李老师和刘老师在面对同样一件事情的时候，他们的应对方式截然不同呢？除了可以用上一节的 ABC 理论来解释以外，还可以从另一个视角解释，那就是刘老师比李老师更能有效地应对外界事件，更能够控制自己的情绪，且拥有积极的心态。积极的心态好比身体的免疫力，可以让个体更有效地应对外界的事件、压力和挫折。同样身处流感多发的季节，为什么有的人容易患流感，而有的人却不容易患流感，那是因为人与人的身体免疫力是不同的，免疫力弱的人容易被病毒侵袭；免疫力强的人，则不容易被病毒侵袭。同样，如果我们拥有积极的心态，我们就会很少受到外界事件的影响产生情绪，而更多地聚焦在如何解决和应对事件本身上。因此，我们需要养成积极的心态，让自己可以更自由地应对生活的挫折与压力。

三、对策与建议

如何养成积极的心态呢？我们先来看一个著名的心理学实验。研究人员让志愿者观看一组篮球运动员传球的录像。一队穿着白色球衣，一队穿着黑色球衣，他们正在相互传球。志愿者须数出白衣队员传球的数量。大约过了 25 秒钟，有一个扮成大猩猩模样的人，迈着太空步径直从传球队伍中穿过，从屏幕的右边走到左边，整个过程持续了 5 秒钟，而篮球队员继续在传球。之后，研究者要求志愿者写下他们计数的传球数目，并回答一些问题，比如：你注意到屏幕上有什么不寻常的事物了吗？录像中除了 6 名篮球队员外，你是否看到了其他人？你注意到有一位扮成大猩猩模样的人迈着太空步穿过球队吗？不可思议的是，在心理学家对 200 多人进行的实验中，大多数人完全没有看到大猩猩。实验结束后，当研究员告诉他们有只大猩猩曾经出现时，许多人不相信他们会错过这么明显的事物，要求重新看一遍录像。在第二次观看时，他们当然不可能错过那么大的一只猩猩了。我在很多培训场合都做过这个实验，给学员观看这段录像，结果屡屡印证了这个心理学实验：大多数人都没有看到大猩猩模样的人穿过球队，他们甚至不相信自己会错过这么明显的事物。

　　该实验演示了心理学家所称的"无意视盲"的现象。如果我们不注意，就算近在眼前，我们也看不到它。这一结论意味着我们会错过大量被认为"显而易见"的东西。为什么我们会视而不见呢？因为我们的大脑有一个过滤器，会选择性地知觉外部世界。当观看录像时，志愿者第一次接到的任务是记录白衣球员的传球数，那么志愿者就会选择性知觉白衣球员的传球，将注意力都放在数白衣球员的传球数上，而对其他信息视而不见。这是外界的指令让我们选择性知觉周围环境。我们内部的一些习惯、喜好、兴趣也会给我们指令让我们进行选择性知觉。比如在嘈杂的酒吧里，我们依旧很容易听到有人叫我们的名字，那是因为我们对自己的名字特别熟悉，可以迅速地在嘈杂的环境中被选择性知觉。再如，我们新买了一辆车，当我们开在马路上的时候，我们会觉得这个品牌的车好多啊，那是因为我们对新买的车还是充满兴趣的，我们会选择性知觉和我们一样的车。许多实验表明，两个人观看同样的情景，而实际上看到的是不同的事物，这取决于他们期待看到什么。如果一个人倾向于看事物消极的一面，那么他就会选择性知觉任何事情的消极面，就容易被情绪淹没。但是如果一个人倾向于看事物积极的一面，那么他就会选择性知觉任何事情的积极面，就容易聚焦事情本身，而不是被情绪淹没。李老师就是选择性知觉消极面，而刘老师就是选择性知觉积极面。

　　那么，如何让选择性知觉消极面的人变成选择性知觉积极面的人呢？方法很简单，就是用每天三件好事来训练自己选择性知觉积极面，增加积极情绪，积累积极体验，养成积极心态。

　　当你要写下当天发生的三件好事时，你的大脑会被迫寻找过去24小时内存在的积极面——那些带着微笑和大笑的事情。在工作中获得的成就感，与家人的温馨晚餐、温情对话，一份美食，一场精彩的电影，一个好天气……任何对于美好的记录，都将慢慢地训练我们的大脑进行积极的知觉选择，训练我们习得快乐的能力，同时建构我们的积极心态。

我有一位朋友，我们第一次见面的时候，他窝在沙发的角落里，不停地哭泣，偶尔冒出来一两句："我是个废物，除了浪费粮食，一无是处……" 50 分钟的聊天，他足足哭了 45 分钟。我在想他究竟发生了什么，是什么让他如此悲伤，让他的哭泣久久无法平复……就这样我们的聊天在他的哭泣中结束了。他身高 1.78 米，浓眉大眼；他是家里的第三个孩子，上面有两个姐姐，父母和姐姐对他非常宠爱；他有一份体面且报酬颇丰的工作；凡是参加各种能力竞赛，他都可以得奖；他拥有自己的房子；……为什么他还是对自己如此不满意呢？经过三个月的详细了解，我才知道他就是我们所说的苦咖啡男孩，任何事情在他的眼里都是黑色的、苦涩的。他会本能地、不自主地看见事物消极的一面，比如：天气晴朗，他会觉得晒；午餐丰富，他会觉得油腻；微风细雨，他会觉得泥泞……于是，我推荐给他每天记录三件好事的方法。我们约定：他每天给我发一封邮件，邮件里记录三件任何美好的事情。当然，刚开始也充满艰难，因为他找不到美好的东西。但是经过两年多的点滴努力，他从苦咖啡男孩变成了阳光自信的男孩。657 封邮件，记录了他的改变过程，记录了他生活中的每天三件好事。如果您觉得这个方法不错，那就在晚餐的时候，和家人、孩子一起做这件有意义的事情吧，可能只需要 5 分钟，我们就可以重构自己快乐的大脑，也可以在家里营造一个温馨的氛围，让每个人习得快乐的能力。

另外，运动也是调节情绪、养成积极心态的有效方法。研究表明，运动能够促进内啡肽的释放。内啡肽是大脑释放的一种可以引起愉悦感的化学物质。许多精神科医生已经开始在正常治疗中增加体育活动的方案了。在一项针对抑郁症个体的实验中，有规律的体育锻炼实际上已经与抗抑郁药物一样对病人产生了一定的治疗效果。对于患有抑郁症和焦虑症的患者来说，有规律的运动，可以减少其抑郁与焦虑的程度，并且不易反弹。因此，让我们的身体活动起来，哪怕只是每天 20 分钟的散步，便可以舒缓郁闷或紧张情绪，提升积极的情绪体验。

当然，冥想、正念、好的亲密关系都可以让我们拥有积极的情绪体验，也都是很不错的方法。本章只是抛砖引玉，和您一起探索情绪管理的策略，只要您愿意，一定可以找到适合自己的情绪管理策略，让自己做情绪的主人，让自己习得快乐，带着学生一起过完整且幸福的教育生活。

参考文献

［1］［美］桑德拉·切卡莱丽，诺兰·怀特.心理学入门［M］.张志勇，施惟希，于思琦，等，译.北京：机械工业出版社，2016.

［2］［美］菲利普·津巴多，罗伯特·约翰逊，薇薇安·麦卡恩.津巴多普通心理学［M］.邹智敏，肖莉婷，等，译.北京：机械工业出版社，2017.

［3］中国就业培训技术指导中心，中国心理卫生协会.心理咨询师（基础知识）［M］.北京：民族出版社，2015.

［4］［美］肖恩·埃科尔.快乐竞争力［M］.师东平，译；郑晓明，审校.北京：中国人民大学出版社，2012.

［5］［英］Phil Joyce，Charlotte Sills.格式塔咨询与治疗技术［M］.叶红萍，等，译；李鸣，审校.北京：中国轻工业出版社，2016.

第三章
教师应知的幸福感提升路径

作者：李燕

亚里士多德说："幸福是人生的目的和意义，是人类存在的全部目标和终点。"世人都梦想幸福，但幸福很多时候似乎遥不可及。本章从幸福的两个公式以及提升幸福感的两个面向，向世人尤其是教师展示了何为幸福，何为师者的幸福，如何提升教师的幸福感。因为只有教师幸福了，学生才可能幸福。我们才能有真正幸福圆满的教育生活。

第一节　什么是幸福？

一、案例导入

林老师是一位70后，经历过物质匮乏的童年、改革开放的青年时期，现在人到中年，其物质生活颇为优裕：有房有车，每年都能和家人出去旅游一两次。按说随着物质生活水平的提高，她的幸福感应该水涨船高，但她并没有这种感觉，反而有时觉得比以前有更多的焦虑和压力。她在自己班的学生身上也发现了同样的问题。90后、00后的孩子们物质生活丰裕，但这些孩子们似乎并不比自己当年开心，有的还出现了心理问题。

林老师对此时常感到困惑，她不明白这是怎么了，为什么物质生活水平提高了而人的幸福感没有得到相应的提升？

二、原理与分析

（一）"幸福大萧条"时代

其实，林老师遇到的问题并不是个别现象。现在有人甚至提出这是一个"幸福大萧条时代"。美国、欧洲、澳洲及亚洲的报告都指出：当今孩子们的焦虑和抑郁问题比起以往任何一代人都要严重得多，这种趋势存在于各个文化与经济阶层中。

在《情商》一书里，作者丹尼尔·戈尔曼（Daniel Goleman）指出，在20世纪，每一代人的心理压力指数都高过他们父母那一辈——不光是指沮丧，还有其他症状，诸如无精打采、颓废、自怨自艾及强烈的绝望感。在《活出意义来》一书中，维克多·弗兰克（Viktor E.Frankl）称，20世纪一个常见的现象就是"存在虚无"，并且指出他有25%的欧洲学生及60%的美国学生感到自己就活在这种"存在虚无"中，那是一种从内心产生的空虚感。

北京大学心理健康教育与咨询中心原副主任徐凯文博士曾根据自己的临床经验写过一篇文章《30%北大新生认为学习无意义，只因得了"空心病"？》，指出北大四成新生认为活着没有意义，30%北大学生厌学，只因学生得了空心病。所谓空心病，就是感觉生活迷茫、无聊，会问自己为什么要读书。

我国现阶段教师的心理健康水平和幸福水平也令人担忧。较多的研究得出的结论是——教师的心理健康水平较差，低于常模或对照组，心理问题较多。衣新发等人基于227篇以90项症状自评量表（SCL-90）为心理健康测评工具的实证研究报告，获得了1994—2011年18年间230组共88500位教师心理健康状况的数据。他们发现，整体而言，世纪之交的18年间，中国教师的心理健康水平有所下降；教师普遍有焦虑、强迫等症状。（参见衣新发、赵倩、胡卫平等：《中国教师心理健康状况的横断历史研究：1994—2011》,《北京师范大学学报（社会科学版）》2014年第3期)

追求幸福是人类的天性。亚里士多德说："幸福是人生的目的和意义，是人类存在的全部目标和终点。"但为什么物质条件丰裕的今天，幸福却似乎更加遥不可及？幸福到底是什么？如何可以获得幸福感？

（二）什么是幸福

《现代汉语词典》对"幸福"一词的解释是：使人心情舒畅的境遇和生活。幸福不仅客观存在，还能使人们感受到"心情舒畅"。

训诂学著作《释名》中有对"福"字的解释：福者，富也，即拥有田地，有房子住，衣食无忧。其实，古人是从两个方面来理解幸福的：一是有一定的物质基础，这个物质基础从字义上看，就是一口一田，即基本的衣食保证；二是自由与阴阳和谐，这种阴阳和谐可以被引申为各种人际关系的和谐。

我的导师、著名教育家朱永新曾经说过：人的幸福大概有三个重要的来源。一是人与外部物质世界的关系。人有基本的生存、安全的需要，衣食足而知荣辱，基本物质生活的满足是幸福的来源之一。但是，当人把物质追求当作幸福的唯一来源时，他就失去了真正的幸福。物欲是没有止境的。二是人与人的关系。人是一个社会动物，人有基本的交往的需要、成就的需要，良好的人际关系、较高的社会地位是人的幸福感的重要源泉。但是，当人把人际关系、名誉地位视为唯一追求时，他也失去了真正的幸福。我们不可能总是为别人而活着。三是与自己的关系。人是一个精神动物，人有自己的精神世界。如果一个人有宁静的内心生活，他就真正地找到了幸福。

综上所述，幸福需要具备以下要素：

首先，幸福需要有物质基础。幸福与物质基础是相关的，但不是完全正相关。英国首席幸福经济学家理查德·莱亚德（Richard Layard）的研究指出：人均年收入低于1.5万美元的国家，收入与幸福正相关；而人均收入高于这一数字的，收入与幸福就没有什么关系了。

这一点在《世界幸福报告》（The World Happiness Report）中就可以看得

很清楚。《世界幸福报告》又称《世界快乐报告》，报告中的数据来自咨询公司盖洛普（Gallup）的世界民意调查。该份报告根据六个"幸福指标"，对150多个国家和地区进行打分。指标包括人均GDP、社会自由度、信任宽容度、预期健康寿命、社会支持度以及腐败程度。另外，它还会参考人们实际的生活状态，让受访者对自己的生活打分。

在历年的报告中，丹麦、挪威、瑞典、芬兰这些北欧国家一直蝉联世界幸福国家前列。这当然和北欧国家比较富裕，国民的基本需要得到较大满足有关。但收入不是充分条件。比如，美国虽然国民收入也高，但在2019年报告中仅位列第19名。北欧国家的幸福指数高还在于它们的高福利制度、社会公平（很多时候我们感觉不幸福不是因为我们不幸福，而是因为别人似乎"比我们幸福"，社会不公平、贫富分化、攀比容易滋生出不幸福感）、优良的社会治安环境、和谐亲密的人际关系等。[具体可参阅"幸福研究专家"迈克·维金（Meik Wiking）所著的介绍北欧国家"幸福密码"的系列著作《丹麦人为什么幸福》《刻意放手》等。]

幸福的这一特性符合著名经济学家保罗·萨缪尔森（Paul A.Samuelson）的"幸福公式"：**幸福 = 效用 / 欲望**。

效用在经济学中用来表示从消费物品中得到的主观享受或满足。心理学家认为幸福是一种美好的生活体验和主观感受。正如弘一法师所说：人对幸福的感觉"如人饮水，冷暖自知"。当然，这种幸福的主观感受有先天因素，也有后天的修炼养成。

欲望就是自己想要达到的目标。对个人而言，想要有好工作、好伴侣、有钱、有地位、孩子优秀、时间自由，都是最常见的欲望。

从这个公式可以看出：

幸福与效用成正比，与欲望成反比。欲望无限大时，幸福会趋于零。

这一条解释了目前很多中国人为什么缺乏幸福感。经历了饥馑和穷困后的中国人，心理上往往会留下"匮乏感"。这种匮乏感会驱使很多人在已获取了大量的物质财富、地位后仍孜孜不倦地抓取，就如很多贪官所为。似乎他们心中始终有个空洞，再多的财富、再高的地位也填不满它。再加上社会竞争的加剧、贫富分化的现象，更使很多人处于欲求不足的境地，心中被焦虑、愤恨等负面情绪填满，哪有什么幸福可言？

幸福的第二个要素是和谐亲密的人际关系。

哈佛大学从 1938 年开始，开展了一项史上最长的、针对成人发展的研究项目——连续 70 多年，他们跟踪记录了 724 位男性。从少年到老年，年复一年地询问和记载他们的工作、生活和健康状况等。经过 70 多年的研究分析和观点提炼，哈佛大学得出了一个结论：幸福，与财富、名声或者拼命工作关系都不大；只有好的社会关系，才能让我们达到幸福的彼岸。研究证明，与家庭、朋友和周围人群连接更紧密的人更快乐更幸福。

《世界幸福报告》中哥斯达黎加等国家的例子也体现了人际关系与幸福之间的密切联系。哥斯达黎加国民收入并不高，但在 2009 年的调查中，排名第 6，该国的"每日体验"幸福指数为 8.1，比丹麦还要高。这是因为其社交网络紧密，国民常常感到幸福。

其三，幸福来源于你感受幸福的能力。

美国"积极心理学之父"马丁·塞利格曼（Martin E.P. Seligman）曾提出一个著名的幸福公式：H=S+C+V。H 就是你的幸福的持久度，S 是你先天遗传的幸福范围，C 是你的生活环境，V 是你自己可以控制的因素。（马丁·塞利格曼《真实的幸福》）

其中，先天遗传的幸福特质 S 占 50%，有的人天生就比较积极乐观，有更高的幸福感。曾经有专家提出：一个人的幸福基线水平是先天确定的。

美国明尼苏达大学的奥克·特立根（Auke Tellegen）和已故的戴维·莱肯（David Lykken）于 1996 年把一起长大或分开养育的同卵和异卵双胞胎作为调查对象，研究了他们的幸福相似性。在这项确定幸福差异与基因差异的研究中，两位心理学家发现：我们每个人生来就拥有一条幸福基线，这是由我们的基因决定的。这条幸福基线大致在我们 3 岁前就确定下来了。

所以说，有些人的幸福基线水平天生就比一般人高，这些人更乐观，更容易感受到快乐；而有些人的幸福基线水平天生就比他人低，天生抑郁性气质比较重。而且在生命的历程中，无论发生过什么样的刺激性事件，大多数人的幸福基线水平最终都会回到最初的幸福基线水平上。

例如，心理学家针对一夜之间发生的"天大的喜事"和"天大的祸事"进行了特别的比对研究。一个幸福基线水平并不高的人，买彩票后中了大奖。面对意外的财富、天大的喜事，他喜出望外地高兴了一阵子。但是，中彩票并没有让中大奖者的快乐持续太久，不到半年，这个人的兴奋情绪很快又恢复到原来的状态，烦恼又重新袭来，这个人又回到原来并不高的幸福基线水平上。

当然，这不能证明幸福感就是先天决定的。在塞利格曼的公式中，后天的环境因素 C（如工作、金钱、房子、伴侣和孩子等）占 10%（比例小的有点出乎意料吧？）。而剩下的 40% 是你能主动控制的心理因素 V，这是决定你是否幸福的后天因素的关键。

国际积极心理学协会第一任会长埃德·迪纳（Ed Diener）对幸福的人群做了研究，看能从前 10% 的最幸福的人中取到什么经，结果发现这些人经历的痛苦并不比最不幸的 10% 的人少，他们与其他人最大的区别是：对于事情不同的诠释，使得他们能更迅速地恢复。

"世界上很多事情的发生不受我们控制，重要的是之后如何对待它们，如何评估它们。事实上，我们的评估成了自我实现预言，并使我们相信这个预言。"

因此，幸福不仅是一种感觉，更是一种可以学习的能力。拥有幸福的能力，就能获得长久和持续的幸福，而不是短暂的情绪体验。

三、对策与建议

根据两个公式，要获得更多幸福，要做到以下几点。

第一，减少和控制自己的欲望。有时越少越好，越简单越快乐。

可以说，在一个物资相对匮乏的阶段，"幸福＝成功＋金钱＋地位"这种幸福观似乎是有一些道理的。可是，人们一旦拥有一定的物质财富后就会发现，单靠金钱是买不来幸福的；欲望越多，离幸福越远。

有一份清单，列了世界排名前十位的"奢侈品"，它们都与金钱无关：

1. 一颗童心；

2. 生生不息的信念；

3. 背包走天下的健康体魄；

4. 愉悦和舒心的创业环境；

5. 安稳平和的睡眠；

6. 享受属于自己空间和时间的生活；

7. 牵手一个教会你爱与被爱的人；

8. 品味美好的心情；

9. 自由的心态与宽广的胸怀；

10. 点燃他人希望的精神特质。

所以，看清生活中最重要的东西，恬淡生活，轻装前行，幸福就在不远处！

第二，建立和谐亲密的人际关系。

一位教师曾深情地表示：家庭就是我的幸福安乐剂，正是温馨幸福家庭的无私奉献和支持，才使我这摇摆的航船在风浪中保持航向，勇敢前行。

第三，在拥有的资源不变的情况下，我们需要从已有资源中挖掘出更多的乐趣。我们要在日常生活中培养和训练积极乐观的心态，以获得更多的幸福体验。

李镇西曾赠言教师们：种种不公不可能在一个早晨彻底消失。那怎么办呢？还是得调整心态，从容应对。何况很多时候缠绕我们的不过是一些琐碎的烦恼，完全可以一拂了之。李白有一句诗："空长灭征鸟，水阔无还舟。"不是天空没有飞鸟，而是晴空万里，辽阔无边，一两只鸟简直微不足道；不是水面没有船只，而是烟波浩渺，水天一色，一两只船也就微乎其微了。这是胸襟，也是心态。从某种意义上说，拥有了好心态，便拥有了幸福。

第二节　如何提升幸福感之一：积极情绪

一、案例导入

爱笑的女人更幸福?

加州大学伯克利分校的克特纳（Dacher Keltner）和哈克（Lian Huck）研究了密尔斯女子学院（Mills College）1960 年毕业照上的 141 个女生，里面除了三名女生，其余都是微笑的，而在这些微笑中，有一半是杜乡（Guillaume Duchenne）微笑。这里要介绍一下微笑的区分。微笑有两种：一种叫作"杜乡的微笑"（Duchenne smile），这一命名是用来纪念发现它的法国人杜乡，这种微笑指的是发自内心的微笑，你的嘴角上扬，鱼尾纹出现，而牵动这些地方的肌肉非常难以用意志加以控制；另一种微笑叫作"官夫人剪彩的微笑"（Pan American smile），这种微笑不是发自内心的，没有杜乡微笑的特点，与其说是快乐，倒不如说是低等灵长类动物受到惊吓时的表情，也就是中国人所谓的"皮笑肉不笑"。

研究者分别在这些女生 27 岁、43 岁及 52 岁时访问她们，询问她们的婚姻状况，对生命的满意程度等。当哈克和克特纳在 1990 年接手这个研究时，他们非常怀疑能否从毕业照中预测出这些人的婚姻生活。结果他们惊讶地发现，拥有杜乡的微笑的女生一般来说更可能结婚，并能长期维持婚姻，在以后的 30 年中也过得比较如意。原来，人的幸福与否竟然能从微笑的鱼尾纹中预测出来。（马丁·塞利德曼《真实的幸福》）

二、原理与分析

英国经济学家保罗·多兰（Paul Dolan）在他的《设计幸福》一书中提到，幸福是随着时间的推移，人们体验到的快乐与创造的意义。

我们做的所有事情、我们的所有感受，其中都存在快乐（或者痛苦）和意义感（或者无意义感），它们共同构成了我们从某个经历中获得的幸福感。

为了获得真正的幸福，你既要感到快乐，又要有意义感。保罗称其为"快乐—意义感原则"。

李镇西也曾经说过：好的教育应该"既有意义，又有意思"。(《幸福比优秀更重要》)

"有意义"，是站在成人的角度，即站在教育者的角度说的——我们的责任，我们的使命，我们的培养目标，我们的教育理想，文化的传递，文明的传承等，都是教育应该有也必须有的意义，失去了这些意义，也就失去了教育。

"有意思"，是站在孩子的角度说的——好玩，有趣，浪漫，妙趣横生，其乐无穷……

这和保罗的"快乐—意义感原则"是一致的。

如果要幸福，我们就首先必须体验积极的情绪或情感。积极情绪可以是有关过去、现在和未来的。对过去的积极情绪包括满意、满足、成就感、骄傲和平静；对现在的积极情绪包括欢乐、狂喜、平静、热情、愉悦和心流体验（这点最重要）；对未来的积极情绪包括乐观、希望、信心和信任。这些情绪是人们在谈到幸福时常用到的字眼。

快乐等积极情绪是幸福生活的先决条件。正如心理学家纳撒尼尔·布兰登（Nathaniel Branden）所说，"快乐不是奢侈品，而是一种深层次的心理需要"。18 世纪的哲学家与激进主义者边沁（Jeremy Bentham）甚至认为，"快乐"（pleasure）是唯一的好东西，而"痛苦"（pain）则是唯一的坏东西。

我们中那些快乐的人往往有更多的积极情感和较少的消极情感。用边沁的话来说就是，他们通常会感到快乐，而不太容易感受到痛苦。由此可见，你越多地感受到快乐，这些情感就越强烈，你也会越幸福。在完全没有快乐且频繁感受痛苦的生活中，几乎没有幸福可言。

当然，在我提到快乐的时候，我并不是指情绪持续高涨的状态。我们都会经历情绪上的起伏，虽然生命中不可避免地会有悲伤的情绪，诸如失败或失去，但我们依然可以活得幸福。事实上，期盼每时每刻的快乐只会带来失望和不满，并最终导致负面情绪的产生。幸福并不需要一直高涨的情绪，也并不是完全没有负面情绪。

一个幸福的人也会有情绪上的起伏，但他会在整体上保持一种积极的人生态度。他经常被积极的情绪推动着，比如欢乐和爱，而很少被愤怒或内疚这些负面情绪所控制。快乐是常态，而痛苦只是小插曲。

三、对策与建议

要如何在日常生活中追求快乐、积累积极情绪呢？请记住三个要点：

第一是主动去计划，要有意识地在生活中留一点儿时间来愉悦自己。幸福的人，首先是做自己的人，带着接纳与爱，去做自己喜欢的事情，取悦自己。

教师这个职业一直被称为"阳光下最光辉的职业"，教师应该像蜡烛一样燃烧自己、照亮别人，所以很多教师负重前行、身心疲惫。因此，我要对你说：亲爱的，你完全有权利也有必要先让自己过得开心一点，因为一个人只有先学会爱自己，才有余力去爱别人。只有你自己变成了太阳，你才能照亮其他人。只有你自己先开心快乐，你才能把开心快乐带给你的学生、家人和朋友。就像飞机发生事故时，乘务人员不都是劝你先给自己戴好呼吸面罩，再帮助旁边的孩子吗？所以，先取悦自己，先让自己开心，这不是自私。

第二是留心身边的正面事件。

我们常常想要的太多，所以经常会对各种值得开心的事不屑一顾，只关注各种烦恼。当你经常提醒自己去发现这些快乐时，你的心态就会变得很不一样。

李镇西曾说过一件让他幸福的事情："我的学生爱我啊，我的学生喜欢我啊，我的学生对我好啊！上周在南京，我见到一位30年前毕业的学生，我们30年来一直没见过面，也基本没联系，但那天我在南京作报告，他走进了会场，听我讲他们那个班的故事，听着听着，泪流满面。报告结束后，他走上来与我紧紧拥抱。他说，他第一眼见到我就想哭，不知什么原因。那一刻，我很幸福！"

正是关注、享受与学生们在一起的真实的快乐，像李镇西这样的教师们找到了内心的幸福。而这也正是新教育的宗旨：让教师和学生过一种幸福完整的教育生活。

第三是让自己尽情享受现在。不要去担心未来，不要去纠结过去，坦然地活在当下。

任何幸福的生活绝不是源于某一件重大的事情，幸福的生活是累积而成的，无论是那些刻骨铭心的经历还是点点滴滴的瞬间。想要拥有幸福的生活，我们首先应当接纳"活在当下"的理念，也就是关注那些日常生活中的细节，那些普通、平常的小事，比如我们可以从与亲人相处、学习新知识以及工作任务中获得意义与快乐。日常生活中这些快乐的事情越多，我们自然就会更幸福。从现在开始！

同时，避免习惯化，学会品味和正念可以帮你更好地活在当下，增加生活中的愉悦。

开心的感觉很容易转瞬即逝，我们很容易陷入习惯化的牢笼。在炎热的夏日，冰激凌吃第一口简直是人间至味，让人感觉无比幸福。第二口和第三口也很棒，但吃到最后，尤其是吃第二个第三个时就不再那么美味了，甚至让人腻烦。所以如何避免习惯化，让快乐延续，需要我们学会品味和正念。

以下有五个提升品味能力的方法。

与别人分享：你可以与人分享经验，让他知道你多么珍惜这个机缘，这是预测愉悦程度最有效的指标。

建构记忆：将当时的情景印在脑海中，或是找个纪念品使你以后可以跟别人分享当时的体验。

祝贺自己：不要害怕骄傲，告诉你自己别人是多么看重你，并且想想你已经为这一天等了很久。

使知觉敏锐：把注意力集中在某些方面，把不想要的排除在外。比如，当聆听室内音乐时，你可以闭上眼睛，专心享受音乐。

专注：让你自己完全沉浸在其中，不去想别的，只是感受。不要去想应该做的事，不要去想等一下会怎样，或去想这件事可以如何改进等。

推荐一个品味的小技巧练习：以过去的积极经验激发现在，创造更美好的明天。

你可以自己完成这个练习，但最好是和一个同伴或是一个小组一起。和其他人一起做的时候，大家应该轮流发言，说说什么曾使你感觉幸福——它可以是一顿美食，和家人相聚的时刻，工作中的某个项目或是你去听的一场演唱会。仔细地阐述一下，是事情本身还是你在其中和他人的共同经历让你感到幸福？是因为它带给了你挑战性，还是你看到了什么神奇的事情？

最后，请自问怎样才能用你所学到的东西（你个人的经历与他人的经历）启示你的未来。写下一个可以让你更幸福的承诺，然后与他人一起分享。

以正念（mindfulness）为基础的心理学疗法，在最近这几年火了起来，可能你也听说过。其实正念来自佛教的一个传统，它指的是一种精神状态，当我们完全活在当下，把注意力全部集中在眼前的事物上，并不带任何主观评判时，这样的状态就叫正念。

接下来请你跟我一起做一个正念的小练习。

首先，找到一个舒服的姿势，不论你是坐着、站着还是躺着，找到这样一个姿势，让你的身体可以和地板、座椅、床有充分的接触。然后，让我们暂时闭上眼睛，手臂自然下垂到身体两边，把注意力集中到你的呼吸、你的鼻头上来，你可以感受到空气是怎么从你的鼻孔进入，然后离开的吗？空气是冷的，还是热的？是重的，还是轻的？如果你感觉不到自己的呼吸，也不要紧，不要去评判自己，让我们再来试一试，当你呼吸的时候，你可以感觉到自己的鼻尖吗？你在自己的身体里觉察到了什么？

接下来，深吸一口气，让空气一路下降，从鼻子下降到肺部，最后下降到腹部。然后缓慢地把这口气呼出，让空气一路上升，从腹部上升到肺部，最后从鼻孔排出。让我们再来深呼吸一次，1、2、3、4、5，深深地吸入空气；5、4、3、2、1，深深地呼出空气。你可以感觉到空气在你的体内游走吗？你可以感受到你的身体是如何呼吸的吗？当你在呼吸的时候，你发现自己走神了吗？你发现自己开始担心未来的事情了吗？还是回忆起了过去发生的事情呢？

下面请将注意力转移到你的嘴巴里。你的嘴是干燥的，还是湿润的呢？你的嘴里有任何唾液吗？如果有唾液的话，你知道它们在哪里吗？你的舌头可以碰到它们吗？你能感觉到唾液在继续增加吗？现在我请你缓慢地咽下一小口唾液，很慢很慢地咽下，你可以在喉咙中感觉到咽下的唾液吗？你能感觉到唾液正在慢慢地顺着喉咙往下移动吗？接下来，请你再深吸一口气，1、2、3、4、5，深深吸入；5、4、3、2、1，深深呼出。

现在请你睁开眼睛，这个小练习完成了。现在你感觉怎么样？能和自己的身体对话吗？

美国心理学家米哈里·契克森米哈赖（Mihaly Csikszentmihalyi）提出的"心流"状态其实也是一种活在当下的极为专注的状态。他把心流定义为一种将个体注意力完全投注在某项活动上的感觉；心流产生时同时会有高度的兴奋及充实感。

要能达到心流状态，需要具备几个条件：

1. 事情具有挑战性且需要技术；

2. 注意力集中；

3. 目标明确；

4. 有实时反馈；

5. 深深地投入；

6. 控制感；

7. 忘我；

8. 时间停止。

请注意，上面并没有列出积极情绪，积极情绪是在事后回忆时才会跑出来的，但在活动当时并没有感觉到。事实上，"心流"最核心的一点就是没有情绪，没有意识。意识和情绪可以校正你的轨道，但当你做的事完美无瑕时，你不需要意识和情绪的校正。

第三节　如何提升幸福感之二：意义感

一、案例导入

疫情期间，很多人一开始很开心，终于可以不用工作学习，轻松地宅在家里不分昼夜地刷剧、玩游戏、看小说了！我也是如此。但才过了几天，大家都感觉有些无聊，对刷剧、玩游戏之类的变得兴趣索然了。这时我接到一个写文章的任务，马上兴致勃勃地投入，生活突然焕发生机。就像很多人说的，这时候突然想工作了。

二、原理与分析

快乐等积极情绪是幸福感的必备条件但不是充分条件。请大家想一想：是否情感愉悦的生活就可以让人满足？仅仅体验积极的情绪就是达到幸福的充分条件吗？那么那些通过毒品获得快感的人呢？还有那些整天躺在沙滩上晒太阳的人呢？他们真的幸福吗？答案当然是否定的。

有一个广为人知的故事：

一个冷血的歹徒被警察打死后，天使出现了，对他说可以答应他任何要求。一开始歹徒对自己可以进入天堂感到难以置信，随后他慢慢接受了这个事实，并开始贪婪地要求——大笔的金钱、山珍海味、美女，每次都能如愿以偿，他感觉好极了。

但是慢慢地，他的喜悦越来越少，这种不劳而获的生活让他感到无聊。于是，他向天使请求做一些有挑战性的工作，但天使回答道："这里什么都有，就是没有事情可做。"

他越来越不开心，终于，他向天使提出了离开天堂的请求。他说就算是去地狱，他也要离开。忽然之间，天使变成了魔鬼的样子，笑着对他说："你早就在地狱了。"

是的，要想获得真正的幸福，除了快乐等积极情绪外，我们还需要意义感。意义感这个词可以涵盖一系列积极情感，如满足感、价值感、使命感、目标感等。快乐代表现在的美好时光，属于当下的利益；意义则来自目标，是一种未来的利益。

维克多·弗兰克在《活出意义来》一书中说道："人类最大的动力，来自于对生命意义的追求。"他在该书中讨论了大屠杀生还者在生命里找寻意义的过程。虽然他们在集中营里经历的每一天都是惨无人道的，身心遭受了巨大的伤害，但其中有些人却在那里找到了生命的意义，找到了目标感：有些人期待有一天能与亲人重逢，有些人则想着将来要把这段历史公之于众。而这些能找到意义感的人更乐观，有更大的概率能够坚持活下去并走出集中营。

当然，据此就推断出他们在集中营里是幸福的，显然是十分荒谬的，因为幸福不止是有意义。我们需要意义，也需要快乐；我们需要现在获益，也需要在未来获益。如果想要拥有充实而幸福的生活，就必须去追求快乐和意义两种价值，缺一不可。

三、对策与建议

获得意义感的主要途径：

第一，设定一个有意义的人生目标，身怀使命感。

法国哲学家蒙田说过："一个有使命感的生命是人类最伟大的作品。"萧伯纳也说："这才是生命的喜悦，那种为了源自真我的目标而奋斗的感觉。"

一个明确的目标可以为我们指引方向，并赋予我们生命意义——生命不再是支离破碎的片段，而是变成了一个有机的整体。同样，一个不可或缺的目标，就像协调每个音符的交响乐主题，让我们的行动更加协调一致。单个音符也许没有特别的意义，当它一旦成为交响乐的一部分，就会奏出无比动人的曲调。

在一项针对医院清洁工的研究中，一组人觉得他们的工作就是打工（无聊，也没有意义）；另一组人则觉得自己的工作很有意义，工作时很投入。第二组人在工作中充分发挥了创造性，他们与护士、病人及家属交谈，把医院员工和病人的舒适看成是自己的责任。从整体上来说，这些清洁工看待工作的高度更高，并在其中找到了意义：他们不只是倒垃圾和洗衣服，正是他们的工作让医院正常运转，帮助病人康复。

研究发现，由于这些优秀的医院清洁工认定了他们的工作可以为病患、为医院带来真正的改变，比起那些不认可自己工作的人（那些看不见自己工作价值和意义的人），前者其实更幸福。

这项研究告诉我们：一个在工作和生活中找到意义与快乐的人，绝对会体验到更多的幸福感。教育本身是一项伟大而幸福的事业。如果我们寻找到教育的意义，而不仅仅把它当作一个养家糊口的饭碗，我们也会体验到更多的意义和幸福感。

这里仅举柯林斯的例子。

玛瓦·柯林斯（Marva Collins）是美国芝加哥市的一名教师。我们知道，芝加哥市中心曾是毒品和犯罪的温床，由于这种恶劣的社会环境，许多教师担心这里的儿童无法逃离世代以来的贫困与绝望。

1975年，柯林斯在她所居住的社区里创建了城西预备学校，她的学生大部分来自同一社区，他们都是由于品行恶劣或是成绩不良而被学校开除的学生。所以，柯林斯办这所学校的目的是为帮助他们重新回到正常学校而作准备。城西预备学校，其实是这些孩子流浪街头前的最后希望。

之后，这些曾被认为无法教育的学生已经开始阅读莎士比亚、爱默生和欧里庇得斯的作品。那些被看成无药可救的孩子们后来几乎都考上了大学。柯林斯的学生们证实了她的信念——每个学生都有成功的潜力，他们能够树立自信心，并设想和实现自己充满希望的未来。柯林斯成立学校时没有什么资金，开始时还用她自己的家作为教室。在后来的20年里，她因经济拮据而数次面临学校倒闭的危机。而今，美国有很多州都相继创建了玛瓦·柯林斯学校，世界各地的教育家也都蜂拥前往芝加哥学习她的教育方式。

柯林斯说，她本来在"一家资产数十亿、人人都可能获得巨额财富的集团"工作，她不止一次地问自己，是什么使自己想成为一名老师。当她与学生蒂法尼互动时，她找到了答案：

> 蒂法尼是一个有自闭症、不爱说话的孩子，一个被专家们认为无法被爱、被教育的孩子。然而，突然有一天，我长久以来的耐心、祷告、关爱和决心有了回报。蒂法尼对我说的第一句话是："我爱你，欧林斯（Ollins）太太。"她漏了我的姓氏 Collins 里的那个 C，但我当时唯一的感受是：光是那双小眼睛里的泪水就足以使我成为世上最富有的人。现在，蒂法尼开始学习数字、单词，也开始与人交谈。最重要的是，她眼神里喜悦的神采，仿佛在说"我也是很特别的，我也可以学习"，这对我来说比什么都有价值。

对于另一个在城西预备学校改变命运的孩子，柯林斯写道："看着他眼里那种可以在未来照亮世界的光芒，我忽然感觉，那些为了资金问题而失眠的日子全都是值得的。"

柯林斯本可以过很风光的日子，大可不必担心学校经费乃至倒闭这种问题。20世纪80年代，里根和布什政府都曾邀请她出任教育部部长，面对如此高的荣耀和声望，她拒绝了，因为她相信，只有课堂才是她真正能创造出奇迹的地方。柯林斯觉得自己是"世上最富有的女人"，她认为教学带给她的快乐是"任何钱财所买不到的"。

反思：想想那些对你来说有意义的事，有哪些事可以并且已经为你带来了使命感？你觉得生活中哪些行为和活动是有意义的？

第二，持续地、逐步地挑战并充分发挥你的潜力。

当想到对自己最有意义的生活时，我们需要同时考虑如何充分地发挥自身的潜力。哲学家罗素说过："真正令人满意的幸福总是伴随着充分发挥自身的才能来改变世界。"

这并不意味着最有影响力的人必须成为国家领导人才能幸福，或是具备商业天赋的人必须得成为马云才能快乐。一个有潜力做国家领导人的人大可以开开心心地做一名记者，那个有亿万富翁潜力的人也可以高兴地去当个教师。只要他们从内心感受到工作的挑战性，感受到自己的潜力得到了充分发挥就好。

在日常生活中，我们可以主动去掌握新技能和新知识，不断超越自己的舒适区，从而发现自己的潜力，增加成就感。这件事可大可小，比如说，每天看半小时书，学 10 分钟英语，甚至只是每天记下一件开心的事。这里的重点是"每天"，不然你会很容易拖延下去。

我们需要清楚的是，怎样去选择适合自己挑战的难度，而且要逐渐增加手头任务的难度。不要一开始就从最难的任务着手，给自己一个循序渐进的空间。就像减肥，如果你一开始就逼自己每天锻炼 1 小时，很容易就坚持不下去，但是如果你开始一个月每天只要求自己锻炼 3 分钟，就可以做到原先制订的计划了。

当然，不管如何，面对和接受挑战肯定不是那么轻松的事情。现在市面上有很多提供简易解决方案的励志书籍，介绍避免劳苦人生的秘诀。这些简易的自助方法经常会忽略长期的快乐及我们对意义的追求。真正的幸福不代表对不安情绪或生活困难的免疫，幸福的人一样要去面对困难，克服生活里的种种障碍，就像弗兰克所说的："人类需要的不是一个没有挑战的世界，而是一个值得奋斗的目标。我们需要的不是免除麻烦，而是能够发挥出我们真正的潜力。"

此外，经历困难可以让我们更加珍惜快乐，不再认为快乐是理所当然的，同时对生命中大大小小的欢乐心存感激。对生活心存感激本身也是生命意义和快乐的重要来源。

第三，培养自己的美德和优势。

积极心理学家通过研究各国的文化经典，总结出六种具有普适性的美德，它们是：智慧与知识、勇气、仁爱、正义、节制、精神卓越。

同时，他们还发现，幸福的源泉是 24 项优势，它们分别是：实现智慧与知识美德的好奇心、热爱学习、判断力、创造性、社会智慧和洞察力；实现勇气美德的勇敢、毅力和正直；实现仁爱美德的仁慈与爱；实现正义美德的公民精神、公平和领导力；实现节制美德的自我控制、谨慎和谦虚；实现精神卓越美德的美感、感恩、希望、灵性、宽恕、幽默和热忱。（塞利格曼《真实的幸福》）

美好的生活来自每一天都应用你的突出优势，有意义的生活还要加上一个条件——将这些优势用在增加知识、力量和美德上。这样的生活一定是孕育着价值的生活，也是幸福的生活。做一件你认为正确的事情常会使你产生真正的积极情绪：骄傲、满足、欢乐、充实或和谐感。由于这个原因，优势与美德通常都以双赢的局面出现，当我们遵从优势和美德做事时，大家都可以成为赢家。

小技巧练习：仁爱的冥想。

让自己进入一个平静的状态。

回想一下你曾经善待他人的经历，以及由此而产生的成就感。用心灵的眼睛，对视那个人感激的目光，认真地体会那种感受，并让它具体化。

现在想象一件未来的事，比如和朋友分享快乐、给爱人买花、给孩子读书、帮助学生，或捐助你所信任的团体。体会在每次经历中你所能感受到的深度幸福感。

最后请大家切记：不要刻意地追逐幸福。

奥地利心理学家维克多·弗兰克在《活出意义来》一书的序言中说："不要以成功为目标——你越是对它念念不忘，就越有可能错过它。因为成功如同幸福，不是追求就能得到；它必须因缘际会，它是一个人全心全意投入并把自己置之度外时，意外获得的副产品。幸福也是如此。"

的确，幸福不是一个可以直接获得的成就目标，它是在一切状态和意义准备好时，在实践中自然会出现的状态。"仁道不远，行之即是。仁者以仁，仁至矣。"我们不该执着于幸福，也无需对它念念不忘，而是要在这些有关幸福的事情上努力，训练自己积极的情绪、专注高效的幸福力、深度建立积极的关系、树立生命的意义，进而打造我们的成就感，幸福自会来到我们的身边。

第四章
教师应知的心理韧性培养

作者：夏春

随着我国经济和社会的发展，人们对教育的期望越来越高，而教师面临的压力随之越来越大。在高压力下，部分教师非常焦虑，又不知如何恰当应对，从而导致工作倦怠；而有些教师则可以较好地应对这些压力，保持对教育工作的热情，能够体验到教育的幸福。应对挫折和压力中表现出来的个体差异可以用心理韧性（resilience）来解释，在压力和挫折面前，高心理韧性的教师可以很快从挫折中恢复过来，低心理韧性的教师则长时间难以释怀，甚至一蹶不振。本章以教师心理韧性为主题，首先介绍什么是教师心理韧性，然后分别介绍城市和农村教师心理韧性的特征及相应提升策略。

第一节　教师心理韧性初探

一、案例导入

褚时健是颇具争议的财经人物，不过大家都承认，每次跌倒之后，他都能重新站起来。褚时健少年丧父、辍学，不过他并没有自怨自艾，而是和母亲一起承担起家庭重担。中年时他被打为"右派"，下放劳动，不过这也未让他沉沦，相反他在不同的工作岗位上干得风生水起。1979年，52岁的褚时健被调往云南玉溪卷烟厂。在他的带领下，17年时间里玉溪卷烟厂从一个地方小烟厂成长为亚洲第一、世界第五的卷烟巨头，累计创利税超过800亿，上缴税金约占云南省财政收入的60%。由于当时企业家激励机制与监督体制不健全等原因，1999年，71岁的褚时健因"贪污罪"被判入狱。当外界以为这是他最后的人生结局时，2002年，74岁的褚时健与妻子在玉溪承包了2400亩荒山开始种橙子。十年之后，"褚橙"难求，褚时健也由"烟草大王"变身"中国橙王"。有人就褚时健的故事评论说，衡量一个人是否成功，不是看他站在怎样的高峰，而是看他从顶峰跌落之后的反弹力。心理韧性关注的就是人们在逆境中的表现。

二、原理与分析

（一）什么是心理韧性

传统上，心理学家认为不利的环境因素对个体发展总是产生消极影响，不过这种观念在20世纪70年代开始改变。在青少年发展的研究中，西方心理学家发现，同样面临不利的环境条件，有些青少年无法良好适应，产生诸多问题，而另一些青少年则显示出良好的适应能力，在逆境中反而顺利发展。为了解释个体在逆境中表现出的差异，学者们提出了心理韧性概念。

心理韧性也被称为"心理弹性""抗逆力""复原力"等，指的是经历逆境的个体，其身心没有受到严重损伤反而愈挫弥坚的现象。实际上，心理韧性包含的内容非常丰富，有个体内在的乐观、热情等品质，也包括外部的支持与帮扶。目前学界主要从三种视角对心理韧性进行界定。（1）能力视角。许多研究者将教师心理韧性视为一种能力或品质，认为教师心理韧性指他们面对教育教学过程中的压力和挫折时表现出来的坚韧性和适应能力，包括在长期压力情境中有效进行自我调节的能力、从创伤中恢复身心状态的能力、面对逆境取得良好教育效果的能力等。（2）结果视角。持这种观点的研究者认为教师心理韧性是教师面临逆境时积极适应的结果，即教师在遭遇挫折后，有效利用外部支持性资源来实现自己的目标，从而达到良好的适应水平。（3）建构视角。秉承这种视角的学者指出教师心理韧性不单单是一种应对挫折的能力，也不仅是教师应对逆境的结果，还是一种个体与环境交互作用的过程，即教师在面对逆境和挫折时积极应对并实现个人发展目标的动态过程。虽然视角不同，不过大部分学者都认为心理韧性是个体和环境互动过程中建构的产物，高心理韧性教师在面临逆境和挫折时仍可以保持积极状态，并有能力获得良好的教育效果。

（二）心理韧性的危险性因素和保护性因素

教师心理韧性的危险性因素指的是逆境中使教师更可能受到伤害的个体或环境因素；保护性因素则是指逆境中使教师避免伤害的个体或环境因素。我们既需要关注保护性因素，也需要关注危险性因素。

1. 教师心理韧性的危险性因素。

通过对来自美国、英国、加拿大、澳大利亚、希腊、新加坡等国家的 50 项教师心理韧性研究进行总结，贝尔特曼（Susan Beltman）等学者发现危险性因素包括个体和环境两个层面。

（1）个体层面的危险性因素。根据贝尔特曼等研究者的总结，教师心理韧性个体层面的危险性因素最常见的是消极信念或者说缺乏自信；排在第二位的是求助困难，即不知道该如何向他人寻求帮助；排在第三位的是个人信念与现实之间的冲突。

（2）环境层面的危险性因素。深入了解教师心理韧性在环境层面的危险性因素，可以让教育工作者更有针对性地抵御来自环境的威胁。环境层面的危险性因素主要包括与教学工作有关的危险性因素（教学任务重、课堂管理困难、非教学任务占用过多时间等）、与家庭有关的危险性因素（缺乏来自家人的支持、难以做到工作家庭平衡等）、与发展有关的危险性因素（缺乏学校支持、缺少技能培训、专业发展路径狭窄等）。

2. 教师心理韧性的保护性因素。

保护性因素对教师心理韧性的维持和发展更为重要，其可分为内部保护性因素和外部保护性因素两类。

（1）内部保护性因素。内部保护性因素是可以让教师在不利情境中快速适应的心理品质和能力。教师心理韧性的内在保护因子有：①较高的自我效能感。有较高自信和效能感的教师在面对逆境时倾向于使用可控的内部归因，相信自己能对教育教学产生积极影响。②较高的应对问题能力。面对压力情境时，应对问题能力较高的教师常常主动采取措施去解决问题，即使失败也以豁达的态度去面对，同时可以很好地处理人际交往中的问题。③较高的教学水平。对教师来说，较高的教学水平意味着掌握较多教学技能，并可以将这些技能运用到教育教学中去，使学生获益更多，同时让自己收获更多信心。④较高的自我反思水平。较高的自我反思能力促使教师对自身的教育教学行为进行客观分析，较充分地了解自身的优势与劣势，进而扬长避短。

（2）外部保护性因素。除了内部保护性因素，教师的外部保护性因素也可以让他们从容应对长期压力情境。有利于教师快速从逆境中恢复的外在保护因子包括：①学校支持。来自学校领导的支持为教师创设了愉悦的工作环境，能在很大程度上帮助教师解决教育过程中面临的问题，同时对教师的教育教学成果提供积极的反馈。②同事支持。除了来自学校层面的支持，来自同事的支持和帮扶对教师也非常重要。如果同事之间可以进行高效的交流与讨论，及时解决教育教学难题，那么教师在压力情境中受挫的可能性就会大大降低，自我效能也会有所提高。③良好的师生关系。师生关系是教师工作中最重要的人际联系，如果师生关系良好，教师的教育教学技能可以很好地发挥作用，并且获得良好的效果；反之，则对师生双方均是煎熬。④家庭支持。来自家人的支持对教师也非常关键，使教师在工作之外能够很好地恢复身体状态和心理状态，从而更高效地应对高压力的工作情境。⑤社会氛围。社会中营造的尊师重教氛围可以为教师创造安全、和谐的教育基础，帮助教师高效应对不利情境所带来的压力，更快地恢复到正常状态。

三、对策与建议

心理韧性并非与生俱来的，而是在不断的学习过程中发展而来的。心理韧性有不同的发展水平，根据心理韧性发展情况可以将教师分为三种类型：应战者、适应者和观望者。作为教师中的一员，我们应该尽力让自己成为应战者教师，至少要成为适应者教师，不能让自己沦落为观望者教师。

（一）应战者教师心理韧性的发展轨迹

应战者教师对教育工作始终充满热情与斗志，总是以积极的态度应对压力与挑战，他们相信自己可以调动各种资源来解决面临的难题，同时个人也收获成长。在任职初期，应战者教师对自己的教师生涯充满期望和自信，最明显的特点是勇敢进取，将挫折和困难当作挑战，视为自己成长的机会。当真正遇到困难的时候，他们更是迎难而上，充分利用自身的心理资源，同时争取外部的支持，以积极的态度应对压力和逆境，尽最大努力去解决遭遇到的教育问题。遭遇并顺利应对几轮挫折与困难之后，应战者教师的自我效能感、解决问题能力、教育教学技巧等都会长足发展，并日趋成熟。同时，由于总是以积极的心态面对困难与挑战，与环境保持良好的互动，因此来自外部的支持越来越深厚，这反过来又提高了他们应对压力和挫折事件的能力，从而良性循环。对一线教师来说，应战者教师应该成为我们的首选目标，这也是我们通过努力可以达到的目标。

（二）适应者教师心理韧性的发展轨迹

除了优秀的挑战者教师，许多教师表现并非那么突出，不过他们也通过自己的努力，适应了外部环境的要求，其心理韧性也有所发展。在生涯发展初期，适应者教师抱有较高的理想和期望，希望成为一名优秀的教师。不过经过一段时间的工作，他们发现实际的教育教学工作与理想状态并不一致，面对教育中的困难与挫折，他们会选择积极应对，并主动寻求来自他人的支持。到了第二个阶段，适应者教师仍然对教育教学抱有热情和希望，自身也积累了不少经验，同时开始反思自己在应对挫折和困难上的不足。但是，适应者教师的教育反思还停留在如何规避问题，即相对保守地去应对挫折与困难上，而不是以主动的态度去寻求问题的真正解决，因此常常可以解决教育教学中的难题，但是这些难题往往又改头换面回到自己跟前。到了第三个阶段，适应者教师热情开始衰退，逐渐接受自己的现状，继续使用防御型的策略来应对教育中的挫折与挑战。整体来说，适应者教师可以较好地平衡工作中遇到的困难与挫折，但是很难主动地去彻底解决这些问题，只是把这些问题维持在一个可接受的范围之内。如果无法成为应战者教师，我们至少要成为适应者教师，并在此基础上争取进一步锻炼并完善自己的心理韧性。

（三）观望者教师心理韧性的发展轨迹

应战者和适应者教师的心理韧性是正向发展的，而观望者教师的心理韧性则是负向发展的。在入职初期的第一阶段，观望者教师对教育教学同样抱有较高的期望，但在随后的工作中，他们开始遭遇挫折，承受以前从未想过的压力。虽然他们也会调动环境中的支持性资源，不过教育中遇到的挫折和压力仍然给他们太大冲击，使他们有些怀疑自己的生涯选择。到了第二阶段，由于带着积累的负面情绪，观望者教师接下来面对挫折与困境时更为艰难，同时对自己越来越没有信心，甚至开始崩溃。到了第三阶段，前两个阶段的问题没得到解决，新的挫折与困难又不断涌现，使这些教师面临过大的压力，失去对工作与生活的掌控感，不再相信自己可以应对这些挫折与难题，开始回避问题和逃避现实来换取片刻宁静。不可否认，现实生活中存在部分观望者教师，但我们不能以此为目标，应该抓住各种机会来提升自己的心理韧性，让自己成为应战者教师。

第二节　城市教师心理韧性特征与提升策略

一、案例导入

有一位在城市工作的 T 老师，她最近烦心事不少，让我们来看看她的故事：

我在工作上遇到一些烦心事，主要是学生上课不听讲、不完成作业、不遵守纪律，说了也不听，家长也不配合。学生上课讲话还骂脏话，还跟我顶嘴，而且就算跟家长沟通了也没用，感觉他们就是敷衍我。我也不太擅长与家长沟通，不喜欢给他们打电话，我也不知道要跟他们说什么。遇到这些问题我就头疼，感觉自己没有办法解决好这些事情。甚至有时候也会产生一些类似于不想当教师的念头。

生活中也有一些烦恼，比如天天要起早，不太适应，因为是租的房子，比较远，而且有时候跟舍友也会有一些矛盾，也会觉得有点烦吧，尤其是每天工作都这么累了，还要处理这些乱七八糟的事……就会觉得特别烦。另外感觉自己出来上班了，生活成本变大了，而且要考虑到之后结婚生孩子的事，压力有点大吧。每天都很疲惫，休息的时间都很少，精神、身体状态都很欠佳，一时半会儿调整不过来。（选自施国青《不同专业发展阶段教师的心理弹性研究》，有删改）

T老师在工作中面临较大的压力与挑战，在生活中也遇到不少问题，这是许多教师都会面临的情境，在这些情况下，教师的心理韧性就非常重要，不仅要保护自己不受到不利情境的负面影响，而且要在这种过程中有所成长。

二、原理与分析

（一）城市教师面临的压力和挫折

城市教师面临较大的压力和许多挫折情境，大致可以分为如下几个方面。

1.教学和管理层面的压力与挫折。

城市教师的教学任务繁重，非教学工作也有不少。上课之外，城市教师需要精心备课、批改学生作业、辅导学生、管理班级、组织各类活动、指导学生参加各种比赛等，这些非教学任务同样给教师带来压力，也是教师挫折与困境的重要来源。此外，城市教师工作模糊性较高，政府、学校、家长等各方面对教师提出了不同的要求，比如教育主管部门要求教师注重学生综合素质的培养，而许多家长依然要求学生在考试成绩方面有所突破，在这种情况下，许多教师表示"不知道怎么做教师了"，体验到较高水平的压力。

2. 专业发展上的压力。

职称晋级、学历提升、评优评先等是城市教师专业发展的重要路径，这些目标不仅与他们的薪酬待遇有直接联系，也跟他们的个人声望有紧密关系，因而受到大部分教师的重视。目前中小学教师职称晋级不仅要考核其教学能力和教学成果，也要考核其科研成果，比如论文数量、论文级别等，还会考核外语、计算机等技能，许多地方职称晋级还有名额限制，这无疑增加了教师的压力，也增大了他们遭遇挫折的概率。

3. 生活上的压力与挫折。

城市教师的绝对收入比农村教师高，不过相对收入仍然不算突出——与其他许多职业相比，教师的收入是相对较低的，与教师的投入不成正比。同时，城市教师的生活成本相对较高，尤其是房价居高不下，想要在城市安居乐业并不容易。

（二）城市教师心理韧性的特征

许多研究者对我国城市教师的心理韧性特征进行了探索和研究，发现城市教师心理韧性有如下特征。

1. 较强的自我效能感。

拥有较强自我效能感的教师在压力和挫折情境中，相信自己有能力去解决面临的难题，最终实现自己的目标。许多教师表示在遇到挫折和困难时，自己是"不服输"的，不愿意向困难低头，认为自己有能力应对这些困境。拥有较强自我效能感的教师，即使面对挫折也始终相信自己能够解决问题，渡过难关，并且内心会变得更强大。因此，自我效能感是城市教师的核心特征。

2. 积极乐观的心态。

除了相信自己有能力走出困境，保持积极乐观的心态也是非常重要的。

乐观的心态不仅可以让个体保持心情愉快，更重要的是可以让个体更积极地进行思考，让自己充满勇气。脑科学的研究显示，乐观可以加速不同脑区之间的联系，从而提升个体的思考能力。因此，乐观的心态不仅让城市教师较少受负面情绪的困扰，同时也可以增加困境中解决问题的能力。

3. 较强的情绪管理能力。

城市教师在遇到挫折和困难时，难免会有焦虑、悲伤、失望等负面情绪，一味忽视和压抑这些情绪对个人心理健康是不利的，但以不恰当的方式发泄这些负面情绪又有可能给学生和同事带来困扰，因此较强的情绪管理能力就显得非常必要。较强的情绪管理能力可以让城市教师以适当的方式表达自己的情绪，并且在适当的环境中宣泄负面情绪。

4. 善于学习和反思。

许多城市教师都会遭遇相似的挫折与困境，通过观察有经验教师的做法，借助社会学习过程，可以增加城市教师应对挫折的经验和技巧。在自身遭遇并应对压力和挫折之后，善于反思的城市教师会对自己的表现作出较为客观的评价，表现好的地方可以继续发扬光大，表现不够好的地方则需要加以改进。

5. 良好的沟通能力。

城市教师需要应对较为复杂的人际关系，比如与学生、学生家长、同事、领导等。实际上，人际关系同时也是城市教师压力和挫折的重要源头。一方面，为了获得来自家长、同事、领导的支持，城市教师需要具备良好的人际沟通能力；另一方面，良好的人际沟通会让教师的压力和挫折情境有所减少。因此，通过良好的沟通能力，与学生、同事、学生家长等建立起相互信任的关系，对顺利完成教育教学任务非常重要。

6. 良好的资源整合能力。

与农村教师相比，城市教师可以利用的物质资源和社会资源更为丰富，他们的资源整合利用能力就显得更为关键。在遭遇挫折和压力时，城市教师不仅可以充分调动个体内部资源，积极化解面临的危机，还可以借助外部资源，比如同事的帮助、学校的支持、其他专业机构的各类援助，较为彻底地解决遇到的难题，并且在此过程中有所成长。

三、对策与建议

提升教师的心理韧性不仅可以增加教师的抗挫折能力，保持其心理健康水平，同时也可以为学生作好榜样，增强学生的心理素养。基于国内外现有研究，我们可以从加强教师自我训练和完善社会支持系统两个方面来提升城市教师的心理韧性。

（一）提升城市教师心理韧性的内在路径

提升城市教师的心理韧性，教师自身的学习和训练必不可少，具体可以从如下几个方面入手。

1. 提升自我接纳水平。

教师对自我的接纳和认同是提升其心理韧性的基础环节。接纳自我意味着有清晰的自我认识，同时也包含明确的职业认同。教师应该认识到，教育不仅是一份职业，更是一番事业。教师需发自内心地认识到教师职业的神圣性，了解教师职业的使命，构建对职业本身的归属感和使命感。

2. 提升专业技能。

教师心理韧性的一个很重要的来源是自我效能感，而职业成功体验是自我效能感的最重要源泉。教师可以通过各种路径获取专业知识，同时提升自身的专业技能，提高教育教学效果，为构建心理韧性打下坚实的基础。

3. 完善归因策略。

不恰当归因是教师消极情绪的重要来源，同时消极情绪会腐蚀教师的心理韧性，因此在教师中开展归因训练非常有必要。归因训练不仅可以帮助教师避免过多的消极情绪，也可以提升他们的成就动机，帮助他们找到工作与家庭之间的平衡点，从而促进心理弹性的构建。

（二）提升城市教师心理韧性的外在路径

提升城市教师心理韧性，来自外部的支持和帮助必不可少。作为一线教师，我们可以呼吁学校为教师心理韧性提供支持，同时采取切实行动支持这些政策，尽可能为周围同事提供支持，协助他们提升心理韧性水平。

1. 完善学校支持系统。

来自学校的支持是教师心理韧性的重要保护因子，对教师心理韧性的提升起着关键作用。首先，学校应该为教师提供经济支持。稳定的收入和较高的社会地位是教师自信心的重要来源，学校可通过多种渠道完善教师待遇，减少其后顾之忧，使其全身心投入到教育事业中。其次，学校应为教师提供工作支持，即为教师正常开展教育教学工作提供支持。学校应创设良好的硬件条件，为教师教学工作保驾护航；同时，学校也应建立科学、高效的管理制度，减少非必要的事务性工作，使教师将大部分精力放在教育教学上。再次，学校应为教师提供心理支持。学校可以因地制宜为教师建立心理支持系统，整合内部和外部资源为教师提供心理帮扶，帮助他们恰当地应对压力，促进心理韧性的提升。

2. 构建和谐同事氛围。

教师的大部分工作都是在学校里完成的，因此学校中的工作氛围对教师的工作面貌有很大影响，如果学校里人际关系紧张，会大大消耗教师的心理资源，损害其心理韧性。学校应该在教师中建立高效、顺畅的沟通机制，比如正式和非正式的内部研讨、茶话会、文体活动等，促进教师之间的相互交流，形成互帮互助的良好作风，使教师在和谐的人际氛围中开展工作。和谐的工作氛围不仅有利于教师心理韧性的提升，同时对学校的教育质量提升亦有大的促进作用。

3. 促进家校共育。

家校共育是教师尤其是中小学教师工作的重要组成部分，同时家校沟通不畅也是教师压力的重要来源，因此促进家校共育不仅有利于提升教师的心理韧性，同时也可以促进教育质量的提高。虽然大部分教师和家长都认可家校共育对学生培养的重要作用，但由于种种客观和主观原因，许多学校的家校共育缺乏系统性，甚至流于形式，导致家校共育无法达到预期效果。平时的小问题无法得到化解，很可能积累造成大的问题，导致家长和教师之间出现隔阂，损害教师的心理韧性。作为一线教师，我们应该呼吁学校建立并完善家校沟通机制和危机应对机制，妥善处理家校教育中的冲突与矛盾；我们自己也应该加强与学生家长的沟通和交流，获取他们的支持，这不仅可以提升学生培养的质量，也能够促进我们自身心理韧性的提升。

第三节　农村教师心理韧性特征与提升策略

一、案例导入

有一位在农村从事小学教育工作 20 多年的 Z 老师，他曾获所在省"中小学骨干教师"称号，来看看他的故事：

对我自己来说，是一直希望上一回大学，提升自己的学历学识的。刚毕业半年的时候，市委党校有升大专的名额，当时也不懂，反正就是糊里糊涂地报上了，交了一年的学费，最后一打听说是专业不对口，不承认。上了半年就半途而废了，再没去上。1999 年国家普及九年义务教育的时候就开始大力提倡教师的学历大专化。当时 LZ 学院办的成人高考，考上之后可以去 XB 大学进修大专。报了名之后我就每天很认真地复习考试。五门课总分考了 400 多，最后一查成绩，在那一批成人高考中我全省排名第三。于是等着被录取，心里觉着第三名呢，绝对会被录取。结果等着等着，等到暑假结束了，等到开学了还不见通知书来。我就"撵"到 LZ 学院，一问，人家说"给你电话也打不通，通知书发给你，开学还不见你来，到现在你都没有报到，我们以为你放弃了，所以就取消你的入学资格了"。当时我心里那个难受啊，我就问该咋办，人家说上自费的还有名额，我说"那就算了，不上了"。到现在我有时候还会想那件事，当中肯定是有什么问题的。这件事完了之后，我在 2000 年报的自考。自己心里憋了一口气，用了两年的时间就把自考考过了，拿了大专毕业证书，比那个升大专下来还要更快，时间更短，花钱更少。这就把这个事情放过了……这种事情出现，你再委屈也没有人理你。但是我不会让这事情来影响自己现在的状态，让自己变得消极、颓废，心情不愉快。反过来，我换一个很阳光的心态去面对是不是更好？把当下的事情干好，再去争取更好。生命不息，奋斗不止，一座山连着一座山，一道一道慢慢翻，面对一个困难就去克服了，解决了，刚准备松一口气的时候，下一个困难又接着来了。这也就是我越来越体会到做好当下的重要性。把自己能做的尽量做到最好，保持一颗平常心，得之淡然，失之坦然。（选自秦丽娜《农村小学校长职业韧性的叙事研究》，有删改）

Z 老师在专业发展过程中遭遇了较大的挫折和困境，但他并没有消极沉沦，而是积极调整心态，将注意力放在当下，通过努力换一种途径实现了自己的专业发展目标，表现出较强的心理韧性。

二、原理与分析

与城市教师相比，农村教师工作环境有所不同，工作难度与工作压力更大。一方面，农村家长的知识文化水平相对比较低，教育方式方法不够科学，部分家长认为把孩子送到学校之后就万事大吉了。另一方面，许多农村孩子的父母因为生计选择到城市工作，隔代教育的情况较为常见，这些留守在乡村的孩子较为敏感，需要教师承担更大的责任。

（一）农村教师面临的压力与挫折

1.教学和日常管理上的压力与挫折。

农村教师教学和日常管理的压力主要表现为教学任务重、教育留守儿童难度大、与家长沟通难度大等。（1）教学任务繁重。虽然农村入学人数减少，但教学科目保持不变，同时留在农村学校工作的教师人数也有所减少，因此农村教师的工作量往往有所增大，有些地方甚至有"一师一校""包班教学"的情况。（2）留守儿童教育难度大。许多适龄儿童由于各种原因留在农村上学，由爷爷奶奶、外公外婆隔代监护。由于精力有限，除了生活上的照顾，爷爷奶奶们很难再开展高质量的家庭教育。留守儿童群体中有更多的心理问题和行为问题，在没有太多专业人士协助的情况下，农村教师应对起来也较为困难。（3）来自家长的压力大。农村孩子的家长由于本身受教育水平较低，加之许多在外地工作，对家里情况并不是非常了解，因此农村教师与家长沟通时面临较大的压力。（4）来自上级教育部门的压力大。农村学校往往需要应对许多检查与考察，学校里教师人数有限，大部分教师在教育教学工作之外，也需要参与应对来自上级的检查。

2.专业发展的压力与挫折。

农村教师在专业发展上面临较大压力，包括评定职称、应对考核、提升教学技能等方面。（1）职称评定的压力与挫折。农村教师职称评定的要求并没有降低，对教学成绩、学历层次、科研成果、教学成绩、荣誉证书等均有一定的要求，这些要求对许多农村教师而言是非常艰难的任务。（2）绩效考评的压力与挫折。许多农村地区的学校仍然将学生的成绩作为教师绩效的重要指标，少数农村学校绩效考评的程序并不规范，考评过程也有许多不合理干扰。（3）提升教育教学水平的压力与挫折。就像本节案例提到的那样，大部分农村教师也希望通过学历教育、专业培训等方式提升自己的教育教学水平，不过由于条件限制，他们平时参加教研活动不是特别方便，参加各类培训也有名额限制，通过各种方式提升学历也面临诸多困难。

3.生活上的压力与挫折。

农村教师生活中也面临许多压力，包括薪酬待遇低、成家立业难、工作家庭平衡难等。（1）薪酬待遇低。总体来说，农村教师的薪酬待遇比城市教师要低。虽然近年来农村教师的工资收入有所提高，但与城市教师相比仍然有一定的差距；除了工资收入，农村教师的福利待遇也弱于城市教师。（2）成家立业难。由于农村人口减少，农村教师日常交际的圈子也相对狭小，许多农村教师面临婚恋上的难题，寻找合适的结婚对象成为许多农村教师的心病，也给他们带来莫大的压力。（3）工作与家庭难以兼顾。克服困难组成家庭之后，农村教师也面临难以兼顾工作和家庭的难题。农村学校规模有缩小的趋势，同时布局调整力度较大，使得大量农村教师不能把家安置在学校附近，这让他们不得不到离家较远的学校上班，花费大量时间在通勤上，交通成本上去了，更无法兼顾家庭。

（二）农村教师心理韧性的特征

农村教师心理韧性的特征表现为以下几个方面。

1. 对教师职业的认同。

对职业的热爱是坚守教育热土的最重要动力来源。农村教师心理韧性的特征之一就是对教育工作的热情和认同，认为教师不仅是一份工作，更是一种崇高的使命。正是由于这种职业认同，许多教师才能在经历挫折与困难的情况下，坚持在教学一线，并且积极发展自己。农村教师这种职业认同是他们面对困难、挫折、逆境时的心理资源，是心理韧性的核心特征。

2. 对学生具有较强的责任感。

具有较强责任感的教师会将学生的健康成长当作自己的内在任务，会尽心帮助学生，帮助他们解决学习和生活中的各种问题，即使面对挫折与逆境，也不愿意放弃学生，希望每个学生都得到更好的发展。

3. 从积极视角来看待困难。

前面部分介绍了教师面临的压力和挫折来源，这些压力与挫折是实实在在的，是许多农村教师每天都需要面对的。在这种情况下，积极的视角和乐观精神在他们身上就显得非常重要。

4. 具有较强的自我控制力和意志力。

农村教师面临的许多困难可以通过努力加以解决，也有许多困难短时间内无法借助个人努力加以解决（如个人待遇、留守儿童等），对待这些暂时无法解决的困难，农村教师表现出较强的自我控制能力和意志力，换句话说，农村教师对这些困境有较强的忍耐力。

5. 知足。

知足是另一种对待不利生活环境的态度。虽然农村教师的教学任务重、待遇低、专业发展受到诸多限制，但许多农村教师依然表现出较高的自信和自尊，认可自己的工作，认为自己从工作中获得了足够的回报——这种回报不仅是物质上的，更是精神上的。实际上，知足可以缓解困境带来的负面情绪，使教师更专注于当前任务，因此也是农村教师心理韧性的特征。

6. 积极解决问题。

挫折和困境就是由一个个难题构成的，教师抱着积极心态去解决这些问题，就是心理韧性的重要特征。前面已经提到，农村教师常常面对隔代抚养的留守儿童，这些孩子常常不太会表达自己的情绪和情感，也有较多行为问题，农村教师只能秉承积极视角，就像前面案例中的 Z 老师一样，耐心地解决一个又一个问题。当把大部分问题都解决掉的时候，农村教师自然更有信心面对接下来的压力与困境。

三、对策与建议

提升农村教师心理韧性，除了前一节提到的策略，还应该重视如下几个方面。

第一，培育和提升农村教师的职业认同感。虽然近年来农村学校的硬件条件有很大改善，但是与城市学校相比仍然偏弱，加上农村学校工作量大，教学之外的管理和辅导任务繁重，因此农村教师面临的压力和困难仍然是较多的。研究发现，那些真正热爱农村教育事业，将教师工作作为自己职业使命的教师，可以更好地应对农村教育中的压力与挫折。作为一线教师，我们应该认识到农村教育工作对我国城乡均衡发展的重要作用，提高对教师职业的认同度，这可以让我们的心理韧性变强，使我们从容应对教育中的挫折与困境。

第二，呼吁政府和社会加大对农村教育的投入力度。虽然我们无法直接为农村教育拨款，但我们可以借助各种机会强调农村教育对我国城乡发展的重要意义，呼吁政府加大对农村教育的投入，同时鼓励社会各界为农村教育发展提供帮助。一方面，需要继续改善农村学校的办学硬件条件，尤其是借助现代互联网技术，让农村学校能够方便、快捷、经济地获取外界的信息。另一方面，需要加大对农村教师薪酬的投入，至少要保证农村教师薪酬不低于城市同级别教师，最好能够给予农村教师额外的补贴，让他们在生活上没有后顾之忧。

第三，建立和完善农村教师支持系统。农村教师面临的教育困难更多，也更为复杂，为了协助他们应对这些困境，保持和提升其心理韧性，应该抓紧时间建立和完善农村教师支持系统。一方面，建议政府牵头，整合学校、医疗机构和社会组织的资源，为农村教师提供高效率的心理支援服务，帮助他们调节情绪、缓解压力、保持自信，以更好地为农村教育服务。另一方面，可以建立农村教师互助支持系统。在农村地区建立教师互助支持系统，鼓励农村教师之间开展交流与合作，合理分担教学任务，共同解决农村教育中面临的难题，这种系统不仅可以提高教师的心理韧性，也有助于农村整体教育质量的提升。

参考文献

［1］席居哲，左志宏，WU Wei. 心理韧性研究诸进路［J］. 心理科学进展，2012，20（9）.

［2］Beltman S, Mansfield C, & Price A.（2011）. Thriving not just surviving: A review of research on teacher resilience. *Educational Research Review*, 6（3）.

［3］李琼，吴丹丹. 如何保持教师持续专业发展的热情与动力：国外教师心理韧性研究［J］. 比较教育研究，2013，35（12）.

［4］Rutter M.（1993）. Resilience: Some conceptual considerations. *Journal of Adolescent Health*, 14（8）.

［5］李琼，吴丹丹，曾莉. 教师韧性研究［M］. 北京：北京师范大学出版社，2019.

［6］刘丹，石国兴，郑新红. 论积极心理学视野下的心理韧性［J］. 心理学探新，2010，30（4）.

［7］Mansfield C F, Beltman S, Broadley T, & Weatherby-Fell N.（2016）. Building resilience in teacher education: An evidenced informed framework. *Teaching and Teacher Education*, 54, 77-87.

［8］Fergus S, & Zimmerman M A.（2005）. Adolescent resilience: A framework for understanding healthy development in the face of risk. *Annual Review of Public Health*, 26（1）.

［9］王晓莉，张世娇. 新手教师韧性发展的个案研究：社会生态系统理论的视角［J］. 教育发展研究，2018，38（6）.

［10］施国青. 不同专业发展阶段教师的心理弹性研究［D］. 南京：南京师范大学，2018.

［11］巨晓山.一线城市中小学教师职业压力的现状、成因及对策——基于深圳市宝安区的调研分析［J］.中国教育学刊,2018（3）.

［12］汤林春,张文周,朱光华.城市中小学教师工作压力的现状与对策［J］.上海教育科研,2009（9）.

［13］赖德信.中小学教师工资收入及其影响因素的实证研究［J］.教师教育研究,2014,26（1）.

［14］薛海珊.新时期的教师心理弹性的启示［J］.黑龙江教育学院学报,2010,29（1）.

［15］杨玲,巫文胜.小学教师心理韧性、核心自我评价与工作压力的关系［J］.湖南师范大学教育科学学报,2013,12（1）.

［16］李琼,吴丹丹,张媛媛.教师韧性的核心特征：对小学教师质性研究的发现［J］.教师教育研究,2017,29（4）.

［17］肖第郁,钟子金.农村中小学教师职业压力的调查与思考［J］.教育学术月刊,2010（1）.

［18］钟云华,张维.民族农村地区新生代特岗教师职业压力来源的叙事分析［J］.教师教育研究,2020,32（1）.

［19］秦丽娜.农村小学校长职业韧性的叙事研究［D］.西安：陕西师范大学,2019.

［20］仰丙灿,徐金海.农村学校布局调整对教师的影响与对策——以H市为例［J］.教师教育研究,2014,26（2）.

［21］李琼,曾莉.何以坚守：乡村小学教师韧性特征研究［J］.教育学报,2017,13（1）.

了解学生篇

第五章
教师应知的人格发展理论

作者：王莹彤

　　心理学中的人格指的是一个人稳定的心理倾向和心理特征的总和，"人格"一词的表述最早源于拉丁文的"面具"。俗话说，人心如面，各不相同。那么这形形色色充满独特性的"人格"是如何在成长经历中发展出来的？有没有共同的理论密码去解锁和解读呢？这是心理学中人格发展理论所关注和讨论的内容。本章所述人格发展理论，不仅仅是解读孩子们成长过程中的种种现象的"密码"，也是成人尤其是教师理解自己和他人人格特质的"密码"。

第一节　教师应该知道的弗洛伊德

一、案例导入

"吃草的扬扬"吃的是草吗？

　　小学三年级的班主任找到了学校的心理老师，把班级里一个叫扬扬的学生旷课去操场上吃草的事情告诉了心理老师。扬扬是个男生，成绩中等，也不算淘气，平时也没有异常的行为，但今天上午语文课的时候，班主任（语文老师）没有看到扬扬在班级里，出去找他，才发现他一个人待在操场的草坪上，嘴里还塞了几根青草。班主任老师从来没有见过这样的行为举止，问扬扬为什么吃草，但是扬扬低下头不肯回答。班主任老师有些生气扬扬逃课的事情，也觉得吃草的行为很异常，下课后就打电话给扬扬父母，希望家长重视，家长来接孩子时还直接批评了孩子，扬扬的情绪似乎更低落了。第二天，扬扬上课时直接无精打采的，老师又打电话给扬扬父母，家长也不理解为什么会这样。担心的班主任老师于是来到了心理老师办公室咨询。

心理老师请班主任把扬扬带来单独聊聊，开始聊天的时候，心理老师没有上来就问扬扬为什么吃草，而是先问："一个人在操场上，也没有人和你玩，草的味道应该也不太好吃，老师在想，你是不是遇到了什么不开心的事情呢？"结果扬扬听完就哭了，他对心理老师说："老师，我以后恐怕就要一直吃草了。因为爸爸妈妈前几天在家里开的小超市里面吵架，我在后面隔间里做作业时听得清清楚楚，他们说了要离婚，并且谁都不肯要我，爸爸说要把我给妈妈，妈妈说她带不了我，要把我给爸爸，我想我以后就是孤儿了，所以我就想试试，是不是真的吃草也能活下来，草是什么味道……"心理老师一下子懂得了扬扬是在用这样的方式去处理家庭环境带来的焦虑，并提议班主任进行家访，班主任与扬扬父母沟通后，得知扬扬父母并没有真的打算离婚，就是前一阵子因为家里小超市生意不理想压力大，多吵了几架。没想到孩子把父母吵架的话都听进去了，孩子不知道怎么去表达这种担心焦虑的情绪，也不知道向谁求助，就发生了上面所呈现的情况。家访后，班主任老师告诉扬扬她并没有因为扬扬不上课而生气，只是担心他，父母也安慰了扬扬并且承诺他们不会离婚。于是一切又恢复了正常，扬扬再也没有吃过草。

在心理学临床上，孩子喜欢咬铅笔、啃指甲、吃一些奇怪的东西，往往是口唇期没有得到满足，缺乏安全感的遗留问题。但如果像扬扬那样，平时并不会出现这样的情况，就可能是"退行"发生了。"退行"是当孩子遇到了特别大的生活事件和压力时，退回到用之前人格发展阶段处理冲突的方式来应对，比如老二出生后老大也开始尿床，要喂饭，就属于退行。这个案例中的扬扬，在面临父母可能要离婚这个重大危机的时候，非常担心害怕而又不知道怎么办，就出现了开头描述的那一幕看上去比较"幼稚"的退行行为，看上去，这是"异常"行为，其实是孩子面临重大危机时的"正常"反应，这个时候如果批评孩子，矫正孩子，可能会给孩子带来更大的压力，适得其反。假如家长和老师都能真正接纳孩子的情绪，减轻孩子的压力和担忧，问题就能迎刃而解。

那么，孩子在不同阶段的心理人格发展究竟有怎样的特点呢？我们如何读懂各个阶段孩子用"异常"所表达出的焦虑，呵护各个阶段孩子的心理需求呢？下面我们就来详细看一看心理学家弗洛伊德对各种"症状"所表达出来的问题在对应人格发展阶段的解释。

二、原理与分析

（一）弗洛伊德的人格发展五阶段理论介绍

人格发展五阶段理论是奥地利著名心理学家弗洛伊德关于人格发展的主要理论。这个理论是 20 世纪最能引起争论又富有影响的学说。

在弗洛伊德早期的著作中，认为人的心理活动或精神活动主要包含意识和潜意识两个部分。意识是与感知相联系的；而潜意识则主要包括个体的原始冲动、各种本能和欲望。这种冲动、本能和欲望与社会道德、风俗习惯、法律规定等是不相容的，因而被排挤到意识阈之下。由于潜意识中的成分在不自觉地积极活动，追求满足，就构成了人类行为背后的内驱力。

后来弗洛伊德修订了意识与潜意识的"二分法"，而引进了本我、自我和超我的人格结构。本我类似于弗洛伊德早期理论中潜意识的概念，是原始的、本能的且在人格中最难接近的部分，同时又是强有力的部分。它包括人类本能的性的内驱力和被压抑的习惯倾向。本我是遵循快乐原则的。在人格发展中，年龄越小，本我的作用越是重要。自我是意识结构部分，弗洛伊德认为，作为潜意识结构部分的本我，不能直接接触现实世界。为了促进个体和现实世界的交互作用，必须发展出自我，儿童随着年龄的增加，逐步学会了不能凭冲动随心所欲，他们逐步考虑后果，考虑现实的作用，这就是自我。自我是遵循现实原则的，因此它既是从本我中发展出来，又是本我和外部世界的中介。超我包括良心和自我理想，代表着道德标准和人类生活的高级方向。超我和自我都是人格的控制系统，超我和本我是有着对立面的。

弗洛伊德以欲力的发展作为划分人格发展阶段的标准，他认为各个阶段之间之所以有区别，是由于性生活的发展所造成的，但这里的性生活的内容，不仅包括两性关系，也包括使身体产生舒适、快乐的情感。在弗洛伊德看来，对儿童来说，快感是非常普遍和弥漫的，在实际生活中吮吸的快乐、排泄等都包括在内，也就是说，儿童不仅在生殖器上求快感，而且能用其身上许多部位来产生类似的快感。由此产生相应的人格发展阶段。弗洛伊德把欲力的发展分为五个阶段：口唇期（0~1岁），肛门期（1~3岁），俄狄浦斯期（3~6岁），潜伏期（6~12岁），青春期（12岁开始）。

（二）口唇期理论

小梓涵是个10后，9岁的他体重已经达到140斤，相当于一个成年男性的体重。妈妈急得带他四处求医，查激素查垂体，都没有问题。原因只出在小梓涵实在太爱吃肉了，炸鸡牛排猪排，一顿吃两三斤不在话下。家长和老师都很着急，经常强制小梓涵节食或斥责小梓涵太过贪吃，但小梓涵很难配合，有时还委屈大哭。四处求医不见效果后妈妈终于想起了心理咨询师，才见第一次面心理咨询师就给"破了案"，问了小梓涵妈妈一个看似"不相干"的问题——小梓涵出生后第一年的喂养细节。根本原因就出在小梓涵出生后，妈妈没有奶水，在铺天盖地宣扬母乳喂养的压力下，妈妈非常内疚，一心想让儿子吃得畅快一些，在喂奶粉的时候不仅没有慢慢哺喂，反而过早使用了超大号奶嘴，让他吃得快一点吃得"爽"一点。这样做的结果就是小梓涵长大后就特别爱吃肉这样有嚼劲的东西，不管心情好不好，都要吃点什么来安抚自己。

为什么这看似不相干的问题却能为"小胖墩养成记"找到源头呢？弗洛伊德认为，欲力的发展是从口唇开始的。吮吸本身也能产生快感，婴儿不饿的时候也会自发地出现吮吸现象，仅仅是渴望得到快乐、舒服的感觉。每个人都会经历口唇期的阶段，甚至到成人期，还会出现吮吸或者要东西的愉快、吸烟和饮酒等的快乐，这些都是口唇快感的延续。案例中的小梓涵妈妈恰恰不理解慢慢吮吸带来的口唇快感对于婴儿的重要性，剥夺了小梓涵在口唇期通过口唇吮吸获得舒适感和安全感的需求，导致小梓涵长大后在口唇快感上的自我补偿，他通过大量地进食有嚼劲的肉类食品来补偿儿时口唇需求的缺失，从而导致了体重过重。

在这个案例中，如果一味斥责孩子贪吃，不懂得节制，不仅不能从根本上解决问题，还会加重小梓涵的情绪问题，很可能使小梓涵更需要通过饮食来安抚自己。如果家长能意识到自己在这个问题上负有更多的责任，更耐心平和地与孩子沟通，并且和老师一起，寻找更合适的能够安抚情绪的方式（如让孩子做喜欢的事情或者发展兴趣爱好等），才能促进孩子的身心向着健康的方向发展。

（三）肛门期理论

六年级女生萌萌的爸妈都是医生，爷爷奶奶是教师，一家子大人都是极其爱干净的。走进萌萌家，真是肉眼可见的一尘不染。但是推开萌萌房间的门，简直可以说是别有洞天了，各种物件散落得到处都是，角落里堆放着陈年玩具，十几个整理箱，萌萌说什么就是不让扔。因为房间太脏乱而且不让扔东西，爸爸妈妈和萌萌不知道吵过多少次。有一次爸爸强行帮萌萌整理房间，扔了萌萌两整理箱的东西，萌萌气得不带手机手表离家出走，最后报警才把她找了回来。萌萌的家长希望老师能够帮助教育萌萌整理东西，老师还送了萌萌《断舍离》的书，但是都无济于事。萌萌的爷爷奶奶经常感慨，小时候干干净净粉妆玉琢的一个女孩子，怎么长大了变成这样。萌萌3个月时奶奶就开始给她把尿，13个月时就成功脱掉了尿不湿，玩具总是在奶奶的教导下放回原位，这些都是爷爷奶奶带萌萌时引以为豪的事情。而在心理专家看来，恰恰就是爷爷奶奶津津乐道的教养方式，导致了萌萌长大后的"脏乱不堪"。

弗洛伊德认为，自12个月起到3周岁，儿童的快感集中到肛门区域，排泄或类似排泄的行为是儿童快乐的重要来源，这个阶段儿童的家长往往会经历一次又一次将儿童扔散落的玩具捡起来的过程。而如果这一时期的家长不理解儿童这种看似"不卫生不清洁"却充满乐趣的行为，提出超过其发展阶段的强迫性的、有秩序而干净的要求，反而会使儿童以凌乱、肮脏来反抗。案例中的萌萌就是非常典型的例子，因为父母和祖辈是医生、教师而无一例外地重视秩序和卫生，要求孩子过早地遵守秩序，而让萌萌直接跳过了本该尽情享受自主排便、打乱玩具的正常发展阶段，导致了萌萌长大后，变本加厉地通过凌乱和堆积来补偿这部分的快感，造成了更大的亲子矛盾。

这个案例中，一成不变的人是父母和爷爷奶奶——始终以自己的标准去要求孩子，所以萌萌只能用变本加厉的方式去反抗。如果萌萌的父母能尝试自己先发生改变，试试尊重孩子的乐趣，去了解"垃圾"的意义和快乐，相信萌萌得到充分的理解和尊重后，也会想要发生改变的。但如果父母意识不到自己的问题，还要联合老师额外向萌萌施压，效果是可以预见的，很可能换来萌萌更强烈的反抗和叛逆。

（四）俄狄浦斯期理论

小雨马上就要中考了，但是她最近迷上了选秀综艺，每天都要用手机给自己的"爱豆"投票，刷"爱豆"舞台视频，上微博超话给"爱豆"加油打气，还花了不少零花钱去买周边产品。小雨的爸爸每次看到小雨花时间在这些事情上，就气不打一处来，更让小雨爸爸这个当过兵的铁血汉子郁闷的是，小雨的"爱豆"在父母这代人眼里特别特别的"娘炮"，看不出一点男性气质，妆容比女明星还浓。为此，父女俩已经剑拔弩张，每次小雨爸爸看见小雨追星的样子就直言血压升高、心脏不适，差点就让"不男不女"四个字脱口而出了，而小雨不仅喜欢柔美的男生，还喜欢帅气中性的打扮，从不愿意穿裙子，头发也剪得很短很飒。每当爸爸对自己的穿着风格提出不同意见，小雨就会反过来讥讽爸爸是"钢铁直男"审美。

3～6岁，儿童进入俄狄浦斯期，到了这个阶段，儿童变得依赖于父母中异性的一方，这一早期的亲子依恋，被弗洛伊德描述为恋父情结和恋母情结（也称俄狄浦斯情结）。在这个阶段，儿童由于想要独占父母中异性的一方而不得，对父母中同性的一方产生了嫉妒和竞争的心态，从而努力模仿父母中同性的一方，形成了该性别角色的基本特征，比如女儿模仿妈妈的温柔体贴、爱打扮、爱美，并模仿妈妈温柔的样子，渐渐形成了典型的女性性别角色特征。

案例中的小雨仿佛不喜欢爸爸这样典型的"钢铁直男"，自己的性别角色特征也不明朗，倾向于中性风，一个很重要的原因就在于，小雨的爸爸是转业军人，在小雨3～6岁期间还在部队服役，长期和家人两地分离，小雨没有经历过真正的俄狄浦斯期，没有体验过因为希望独占爸爸而强烈地想要模仿并超越妈妈的过程，自己也就没有内在动力获得非常女性化的特质，这才是爸爸所介意的女儿喜欢"中性风"的问题根源。这种情况下，爸爸越是吃小雨偶像的醋，对女儿不喜欢自己这样的阳刚型感到愤怒，小雨就越感到疏离和不被理解，爸爸和女儿的关系就越紧张，反而会加剧女儿对"钢铁直男"的偏见。假如爸爸可以试着和小雨一起看一两期综艺节目，看见女儿所喜欢的偶像选手身上的积极品质，也许不仅可以缓和父女之间的对立，父女对努力、拼搏等积极品质的共同探讨和认同过程甚至可以激发女儿学习和备考的动力。想要女儿消除对"钢铁直男"的偏见，恐怕需要爸爸先消除对"花样美男"的偏见。

（五）潜伏期理论

谦谦快上小学了，在幼儿园大班的最后快乐时光里，他却连续几周放学回家闷闷不乐，原因是在班级里和女生吵架了。有一天更是哭着回家，事由是当天下午做书写练习的时候，他不小心把铅笔盒往同桌苏苏那里挪了一点点，就被苏苏给重重弹了回来，并大声告诉他："请你再也不要把笔盒歪到我这里来了，不然我就不让你坐这张桌子了。"而这个女孩子苏苏恰恰是谦谦中班和小班时最好的朋友，放学都拥抱着不舍得分开。谦谦的外婆听说后很生气，让谦谦妈妈去找幼儿园老师谈谈，不能让这个苏苏"欺负"自家外孙。谦谦的妈妈是心理老师，她不仅没有去找老师和对方家长理论，反而安慰了谦谦，并告诉谦谦："苏苏还是喜欢你的，只是苏苏和你都长大了，性格也不一样了，你们需要多问问对方喜欢什么、不喜欢什么，这样才能和平相处。"果然第二天谦谦去问苏苏"你是不是不喜欢我了"这个问题的时候，苏苏的回答是"在我们班的男生中你还是我最好的朋友"。

潜伏期发生在6岁至青春期，随着建立较强的抵御俄狄浦斯情结的情感，儿童进入潜伏期。弗洛伊德认为，在这一时期，性的发展呈现出退化或者停滞的现象，前三个时期的各种记忆都逐渐被遗忘，是一个相当平静的时期。案例中的男孩谦谦正是从俄狄浦斯期向潜伏期过渡的阶段，和班级女孩之间的亲密无间仿佛一夜之间就消失到连他们自己都不适应了，"三八线"也在进入潜伏期后悄然而至了。这个时候男生和女生之间彼此疏远、容易冲突，这是在进入青春期前孩子们必然要经历的过程。

在这个案例中，如果家长不理解这个阶段孩子心理发展的特点，把男女生之间的自然发展出的互动模式错当成同学矛盾甚至校园霸凌，动不动找老师理论，不仅会盲目增加老师的工作量，也会让孩子们的相处在家长的干预下充满压力。在这个阶段，多鼓励和支持孩子建立自信，接纳孩子在和异性同学相处时的阶段特点，才能帮助孩子更好地迎接青春期的到来。

（六）青春期理论

初二的乔乔在5·20那天收到了同班男生阿志动情的告白，而乔乔从初中开学那会儿就暗暗在操场边看阿志打球，觉得阿志过人的样子实在是很帅，没想到阿志竟然也喜欢自己，于是惊喜的乔乔就开始上学放学都和阿志一起走。两个人很开心地度过了甜甜蜜蜜的一个月后，梅雨季节来了，乔乔的妈妈每天开车接送乔乔。有次乔乔妈妈发现了阿志为乔乔撑伞，还搂着乔乔的肩膀，乔乔妈妈当时就有点心脏不适，但是按捺住了没有做声。后来期末考试的时候，乔乔的成绩滑落了10名，妈妈再也忍不住了，反复指责乔乔早恋，影响了学习。而妈妈反复强调这是"早恋"的过程也让乔乔真的觉得自己做错了事，不再是"好女孩"，像个异类一样，情绪一度低落，最后和阿志吵架分手了。分手后，乔乔的情绪并没有变好，学习也反而越来越懈怠了，每天都一副很疲惫低迷的样子。乔乔妈妈怀疑乔乔抑郁了，急忙求助老师和心理咨询师。

女生约从 11 岁，男生约从 13 岁进入青春期，弗洛伊德及其女儿安娜·弗洛伊德认为，青春期个体最重要的任务是要从父母那里摆脱自己。男女青年共同的一点是和父母逐渐疏离，并尝试去建立自己的生活方式，独立性倾向是青春期的特点，但又是很困难的事情，在情感上是痛苦的。同时，在青春期容易产生性的冲动，也容易产生类似成人的抵触情绪和冲动，或通过禁欲或通过理智化的方法来防御。

案例中的乔乔和阿志正处于青春期，情窦初开的冲动在所难免，这时候家长的态度和解读就尤为重要。事实上，青春期的个体本身的内在痛苦和冲突才是家长解决青春期孩子两性关系问题的重点，而很多家长和老师容易像乔乔妈妈那样，更关心和强调"恋情"这件事情而不是处于青春期中的两个"个体"。青春期中的青年个体需要通过异性同伴的认同来证明自己的"独立性"，而家长和老师看不到这点，反而用批判"早恋"的方式去攻击青年个体，就会加剧处在这个人格发展阶段中的青年的痛苦，不管恋情是否因为这种批判而终结，对个体的影响都是比较消极的。比如案例中的乔乔，她经历了妈妈的批判后将攻击转向自己，觉得自己不好，产生了抑郁倾向，就是一个非常典型的例子。所以当孩子们在这个阶段因为恋爱影响了学业，我们的沟通重点不应该执着于谁对谁错，而应该着力于孩子的真正的成长需求、人格特质方面，这样才能陪伴和带领孩子往积极健康的方向发展。

三、对策与建议

1. 当孩子出现问题行为时，教师应重点向家长了解关于孩子的成长信息——除了了解孩子是被如何教导的，还要了解孩子是如何"养成"的，以便和家长一起更好地应对孩子的问题。

2. 接纳是改变的前提。当孩子出现问题行为时，一味关注和压制，反而会导致更强烈的反弹。联合家长，给予孩子的行为尽可能平和的接纳，这是创造改变的前提。

3. 练习劣势自我新发现。往者不可谏，来者犹可追，当问题行为出现时，作为教师指责家长过去做得不好，往往会让家长更加泄气；关注孩子的问题行为，也并不会导致消退。可以带着孩子做劣势自我新发现的练习，帮助孩子更全面地了解自己，接纳自己，并成功创造新的行为模式。关于劣势自我新发现的练习，我们可以邀请孩子和家长一起来做，引导孩子回忆一个自己常常被长辈或者同学定义的"缺点"，然后在纸上写下"这个缺点为我的人生带来过哪些帮助"，看看做完后会发生什么，引导孩子接纳和正视每一个特质所带给我们人生的体验和意义。

第二节　教师应该知道的埃里克森（一）

一、案例导入

小舟是一名来参加新生心理访谈的博士研究生，今年读博士一年级。他从大一到现在的 7 年中，换了 4 个专业。他大一学了一学期理学的某专业后，觉得自己更喜欢动手做实验，于是挑灯夜战刷绩点取得了参加转专业考试的资格，成功转入某工科专业，学了两年工科，尤其进企业实习后，又觉得这个专业也不太适合自己，又跨考回理学的研究生，硕士期间他担心自己光做理论研究会坚持不下来，而且觉得自己如果就这样放弃人文社会科学很可惜，考博时再次跨考一个偏文科的专业。就这样他 7 年间付出了比别人多几乎三倍的学习时间，跨越了 4 个专业，但当心理老师问他将来想要从事哪个领域、什么职业时，他的答案仍然是"不知道"。

二、原理与分析

（一）埃里克森的人格发展八阶段理论介绍

埃里克森是美国精神分析医生，也是美国现代最有名望的精神分析理论家之一，师从弗洛伊德的女儿安娜·弗洛伊德。与弗洛伊德不同，埃里克森的人格发展学说既考虑到生物学的影响，也考虑到文化和社会的因素。他认为在人格发展中，逐渐形成的自我过程，在个人及其周围环境的交互作用中起着主导和整合作用。每个人在生长的过程中，都普遍体验着生物的、生理的、社会的事件的发展顺序，按一定的成熟程度分阶段地向前发展。埃里克森在他的《儿童期与社会》一书中提出了"人的八个阶段"及每个阶段的发展任务，建立了自己的心理社会发展理论，简称心理社会论。

埃里克森认为，人的一生可以分为既连续又不同的八个阶段。每一阶段都有其特定的发展任务。由于发展任务完成得成功不成功，就是两个极端，靠近成功的一段，就形成积极品质，靠近不成功的一端，就形成消极品质。每一个人的人格品质都出于两极之间的某一点上。教育的作用就在于发展积极品质，避免消极品质。如果不能形成积极品质，就会出现发展的"危机"，这八个阶段对应的品质如下表所示。

表1　八个阶段的对立品质

阶　段	年　龄	对立品质
一	0~1 岁	信任对不信任
二	1~3 岁	自主行动对羞怯怀疑
三	3~6 岁	自动自发对退缩愧疚
四	6~12 岁	勤奋进取对自贬自卑
五	12~18 岁	自我统合对角色混乱
六	18~25 岁	友爱亲密对孤僻疏离
七	25~50 岁	精力充沛对颓废迟滞
八	老年期	完美无缺对悲观沮丧

（二）婴儿期理论

诺贝尔奖得主都有同一个妈妈吗？

历届诺奖得主的母亲文化程度各不相同，有学者，也有白丁，但是都有同一个特点，就是在孩子早年的时候给予了他们浓厚的爱。杨振宁在论文集扉页写上了"献给母亲"，并多次在采访和回忆中提及母亲和他感情深厚，一直亲力亲为母乳喂养他到2岁，始终理解和宽容他，他形容自己和母亲有一种灵魂上的默契。

婴儿期是埃里克森人格发展的第一阶段，从出生到1周岁，婴儿在本阶段的主要任务是满足生理上的需要，发展信任感，克服不信任感，体验着希望的实现。婴儿从生理需要的满足中，体验到身体的康宁，感到了安全，于是对周围环境产生了一个基本信任感；反之则对周围环境产生不信任感，即怀疑感。

上世纪中叶，受到行为主义学派的影响，很多儿科医生提倡训练婴儿，按时喂养，减轻父母的负担，强化孩子符合父母便利的行为，消退孩子不符合父母需求的行为。这部分孩子长大后分别出现了不同程度的心理问题，主要表现是缺乏安全感，难以建立亲密关系，反复体验分裂和被忽视的创伤。这和诺奖得主们回忆母亲时重温无条件被爱的温情画面形成了鲜明的对比。当无条件被爱的婴儿在这个阶段获得了信任的品质后，将勇于探索和尝试、善于合作和结盟，走向更广阔的人生；而那些根据父母的需求被行为训练的孩子则在生命的最初体验了被忽视、无论怎么表达需求都不被看见的糟糕感受，形成了不信任他人和世界的消极品质，在之后的人生发展中更容易自我封闭、不信任他人、拒绝合作，从而失去很多获得广阔人生的机会。所以杨振宁的婴儿期经历几乎是每个诺奖得主的共同经历——拥有一个让他们感到信赖的母亲。

（三）幼儿期理论

同为华裔诺奖得主的朱棣文分享了母亲在他幼儿期对他的极大包容和理

解，幼儿期的朱棣文极其活泼好动，他母亲李静贞回忆说，他几乎没有一刻不在上蹿下跳，比别的孩子淘气许多。而朱棣文提及母亲时曾说"我一直感激母亲，我小时候总把家里弄得乱七八糟，而母亲从来都不说，'你得把那些垃圾扔掉'"。

幼儿期约从1岁到3岁，这个阶段儿童主要是获得自主感而克服羞怯和疑虑，体验着意志的实现。埃里克森认为，这是幼儿除了养成适宜的大小便习惯外，他已经不满足于停留在狭窄的空间之内，而渴望着探索新的世界。这一阶段相当于弗洛伊德的肛门期，但又有很大的发展，埃里克森借用弗洛伊德所强调的肛门活动的特点，指出这种方式不仅限于大小便这个真正的排泄活动本身，更体现在其他有类似特点的各种活动中，例如儿童抓起物品又抛开，把整齐的东西弄乱，总是缠着母亲却又总是要离开玩耍等，儿童一方面在信任感和初步的成熟基础上产生自信，有了一种自主感，另一方面又本能地觉得依赖过多而产生疑虑。这时成人和儿童之间的相互调节关系受到严峻的考验。在诺奖得主的分享中，我们可以感受到诺奖得主的母亲给予了这个阶段的儿童充分的自由，帮助孩子形成了自尊和自主的性格，为孩子今后探索世界留下了广阔的发展空间；而上一节肛门期案例中的萌萌，因为在这一时期排泄型行为的探索受到了来自爸爸妈妈和爷爷奶奶苛刻的制约和否定，对自身探索的行为产生了深深的困惑，从而诱发了这个阶段的心理社会危机，尤其当自己的收藏被父亲扔掉时，更感觉自身在家庭中的价值受到了完全的否定，从而选择了离家出走。

（四）学前期理论

美加净集团曾有一则被迫下架，由蒋雯丽代言的护肤产品广告。片中的蒋雯丽使用了美加净产品后光彩动人，饰演蒋雯丽儿子的5岁小男孩于是发出了"妈妈你真漂亮，我长大后要娶你"的感慨。该广告被观众质疑"乱伦"后被迫下架了。事实上片中小男孩的表达是该人格发展阶段小男孩经常会自发产生的一种表达，即恋母情结的流露。而这个时候孩子的爸爸如果像打电话的观众一样，站出来当面呵斥小男孩"怎么可以这样讲话，妈妈是爸爸的妻子，你要娶妈妈是不可以的"，小男孩一定会因为"入侵"了爸爸的生活，而产生道德上的内疚感。

第三阶段为学前期或者游戏期，从3岁到6岁，相当于弗洛伊德的俄狄浦斯期。本阶段儿童的主要发展任务是获得主动感和克服内疚感，体验目的的实现。本阶段儿童已经有了更多的自由，能从言语和行动上来探索和扩充他的环境。这时社会也向他提出挑战，要求他的行动发挥主动性并且具有目的性。在这个情况下，他感到向外扩展并不难于达到目的，担忧在闯入别人范围的同时，要与别人特别是自己以前信赖的人的自主性发生冲突，于是产生一种内疚感。这种主动感和内疚感的冲突构成了这个阶段的心理社会危机。埃里克森认为，个人未来在社会中所能取得的工作上、经济上的成就，都与儿童在本阶段主动性的发展程度有关。所以在这个阶段呵护孩子的主动性，尽可能减少不必要的内疚感的产生，对教育者来说十分重要。案例中对小男孩的训斥就属于不必要的内疚感来源，孩子发展到下个阶段的时候自然会认清自己和爸爸妈妈的关系。

（五）学龄期理论

小学生缪可馨作文课后跳楼自杀事件在全国引发了巨大的关注。从新闻报道的信息来看，撇开语文老师之前疑似多次索贿、体罚缪可馨，被历届学生反映喜欢讥讽和攻击学生的情况不谈，这位老师在事发当日将擅长写作的缪可馨所写的作文修改得面目全非后又当众尖刻批评了缪可馨，即便有30多位家长在群里为这位袁老师点赞，这位老师的行为也非常不妥。

第四阶段为学龄期，从6岁到青春期。本阶段的发展任务是获得勤奋感而克服自卑感，体验着能力的实现。埃里克森认为，本阶段是儿童继续投入精力和欲力，尽自己最大的努力来改造自我的过程，并且本阶段也是有关自我生长的决定性阶段。这时儿童已经开始意识到进入了社会。他在众多同伴中必须占有一席之地，否则就会落后于别人。他一方面在积蓄精力、勤奋学习，以求学业上的成功，同时在追求成功的努力中又掺有害怕失败的情绪。

因此，勤奋感和自卑感构成了本阶段的主要危机。随着学龄期儿童社会活动范围的扩大，儿童的依赖重心由家庭转移到学校、教室、少年组织等社会机构方面。埃里克森认为，许多人将来对学习和工作的态度和习惯都可以源于本阶段的勤奋感。

正读四年级、学习认真的缪可馨正处在努力用勤奋感克服自卑感的人格发展阶段，不幸的是，无论她怎么努力，她这个阶段最重要的权威角色——教师都会给予她无情的否定，让弱小的她不得不将攻击指向自己内部和自己的生命，来消化这对于小学生来说难以承受的否定。

（六）青年期理论

第五阶段为青年期，约从 12 岁到 18 岁，这一阶段的发展任务是建立同一感和防止混乱感，体验着忠诚的实现。埃里克森承认青年期内驱力的增加是破坏性的，但他只要把这种破坏性视为问题的一部分，他认为新的社会的冲突和要求也促使青年变得困惑和混乱。因此，建立自我统合和防止统合危机，是这一阶段的任务。其中，自我统合是指个人的内部和外部的整合和适应之感；统合危机是指内部和外部之间的不平衡和不稳定之感。埃里克森认为自我统合必须在七个方面取得整合，才能使人格得到健全的发展，这七个方面是：（1）时间前景对时间混乱；（2）自我肯定对冷漠无情；（3）角色试验对消极认同；（4）成就预期对工作瘫痪；（5）性别认同对性别混乱；（6）领导的极化对权威混乱；（7）思想的极化对观念混乱。这一阶段埃里克森提出了同一性延缓的概念，他认为这时的青年自觉没有能力持久地承担义务，感到要作出的决断未免太多太快，因此，在作出最后决断以前要进入一种"暂停"时期，用以千方百计地延缓承担义务，以避免认同提前完结的内心需要。

而本节开头所提到的研究生小冉就是典型的同一性延缓的个体。而中国的高校里实在是有许许多多的小冉，他们转了很多专业依然没有对自己的职业选择和人生方向作出决断，考研考博的目的并不是成为学者，动因也并不是喜爱科研，而是因为如此这般便可顺理成章地拖延同一性的统合和决断。而究其原因，除了他们自身的回避决断的倾向之外，基础教育的应试导向也负有一定的责任，因为应试的压力并不鼓励青年在中学阶段充分地探索、整合自我的同一性，反而束缚了青少年对自我角色的试验，对意义价值的探索和追寻。

三、对策与建议

1. 尊重各阶段的人格发展特点，静待花开。人格发展没有捷径，跨越发展危机并不能规避冲突，只会带来更大的问题。

2. 指导家长理解人格发展中的危机，帮助孩子渡过危机。首先是帮助家长接纳人格发展中各阶段的危机，比如，初中生的同一性迷乱，为喜欢的明星起骂战、争执，其实只是他们自我的各个部分的冲突，当冲突到来的时候，也是孩子整合问题的时候，这时应与孩子多交流，多沟通，帮助孩子呈现所有的部分，最终整合自我，形成同一性。

3. 摈弃功利性的教育目标和方式，呵护孩子的终身成长。从每个阶段的案例中，我们不难发现，孩子的行为问题并不一定是当下教养失当的结果，往往在前期就埋下了隐患；同样，当下有显著成效的教育方式未必利于孩子的终身发展，比如萌萌奶奶的教育方式。

4. 增强教师的自我觉察。教师应当首先了解到自身的言行对孩子的影响，增强自我觉察，节制对孩子的人格发展可能造成损害的言论和情绪。

第三节　教师应该知道的埃里克森（二）

一、案例导入

未未曾经是他的班主任最骄傲的学生之一。但是在班级毕业20年同学聚会的时候，班长用各种联系方式都没有找到他，电话打到老家之后，还是他爸爸接的。20周年纪念册的照片，其他同学都按时间线提交了照片，可未未的照片都是从他社交空间里找的十年前的照片了。能确认的是大学毕业后他几乎就和所有的同学断了联系。对于未未的失联，有同学猜是炒股亏本落魄，有人说是婚姻失败，还有人说他长期不出门参加正式的工作，宅家隐身，社会功能丧失了。最后班长找到了他的邻居，听说他经历了很多变故，没有变的是他始终不愿意接受事实，不想和之前的朋友建立联系，连邻居一年都见不到他几面，成了"宅神"。未未最终没能像他的名字一样，未来会一直来，他在社交网络中的时间停留在了大学毕业。

二、原理与分析

在弗洛伊德的人格发展理论中，我们几乎只能看到青春期也就是对于18岁之前的人格发展阶段的阐述和解读，对于18岁成年之后的人格发展的重要性和特点，弗洛伊德在其著作中并没有体现。而埃里克森的人格发展理论很好地补充和延伸了青春期之后的人格发展特点。事实上，成年之后的人格发展就像埃里克森的理论所呈现的那样，依然对健全的人格和终身发展起到了非常重要的作用。就像上面案例中的未未，又如下面案例中的颖儿，即便已经成年，未来不会一直来，要想获得终身幸福，仍然需要把握人生每一个重要的人格发展阶段。

（一）成年早期理论

颖儿是985高校的一名女大学生，在中学的时候，她牢牢听取妈妈的叮嘱，一直没有谈恋爱。高考结束后她满心期待一场恋情，但是当她跨进校门报到后，这个想法又动摇了，因为周围的同学都那么优秀，比高中的同学还要优秀。就在她纠结是否要和高中一直暗生情愫的男同学谈一场异地恋爱的时候，送行完回到老家的妈妈又打来了电话，妈妈对颖儿说："我看了你同学的家境都比咱家好，咱虽然考上了这个学校，恐怕将来发展的起点也未必如人家好，如果你再把时间都花在恋爱上了，恋爱结果成不成不好说，恐怕考研和找工作都得耽误了。不如现在克制一下，把精力都花在学习上，等有了好工作好前途，会遇到更优秀的男生的。"妈妈这番话和她离开学校时有些微微苍老的身影彻底让她又决心把所有的时间都倾注在学习和组织活动上，未踏足感情世界一步。如愿保研后，由于导师是著名教授，实验室工作繁多，就更没有时间恋爱了，等到颖儿毕业进了知名企业工作落定后，原先的蓝颜知己都已经纷纷结婚或准备结婚。颖儿在朋友家人的牵线下相过几次亲，但是对方都表示"颖儿确实比较优秀，但是见面的时候她总是把天聊死，让人很尴尬。就算是线上聊天，也好像没有恋爱或者伴侣的感觉"，因此不了了之。最后颖儿厌烦了一次次相亲不了了之，干脆也停止尝试了。就这样，一直渴望亲密关系的颖儿直到快40岁也没能等来她的爱情。

从18岁到25岁，发展任务是获得亲密感而避免孤独感，体验着爱情的实现。埃里克森认为这时的青年男女已经具备能力并自愿准备着去分担相互信任、工作调节、生儿育女和文化娱乐等生活，以期充分而满意地进入社会。这时，人们需要在自我认同的基础上获得共享的认同，这才能导致美满的婚姻而得到亲密感。但由于寻找配偶包含着偶然因素，所以也孕育着担心独身生活的孤独之感。埃里克森认为，发展亲密感对是否能满意地进入社会起着重要的作用。

案例中的颖儿和母亲将进入社会获得稳定的社会地位与获得亲密感这个重要人格发展任务对立了起来，认为两者在时间和精力上是相互冲突的。事实上，这两者是相互促进的。由于颖儿在青年期主动放弃了获得亲密感的人格发展任务，过了这一时期再来补偿这个发展需要因时机的错失而变得更加艰难。家长和教师在陪伴成年早期的青年度过这个阶段时，应当增强他们度过这个危机的信心，而不是加剧冲突的对立，鼓励他们合理规划自己的人生。

（二）成年中期理论

敏敏参加完大学毕业15周年聚会归来后，看着聚会的照片感慨万千。原先关系最好的三个室友都还没有成家，其中两个一直劝正在给二宝哺乳的她喝酒，好像不喝就是感情不深，让她心里感到有点不舒服，好在另一个当老师的室友体贴地帮她周旋了过去。晚上休息的时候，那两个舍友还在议论这次活动的组织者组织不力，订的酒店档次太低，床不舒服。与此形成强烈对比的是，原先上学时关系一般的一些同学，因为她们都当了一个或者两个孩子的妈妈，彼此更加包容和融洽了，感觉可以无话不谈，她们也都很理解组织者考虑到大家经济水平参差不齐，要照顾低收入的同学，所以才选择经济型酒店，没有人抱怨。而这些同学其实和她地域上离得更远，工作角色和性质差异更大。她一边感慨岁月让有些朋友渐行渐远，一边疑惑难道真的像电影《失恋33天》的台词里说的那样，你连人都没有生过，你拿什么质疑人生。

第七阶段是成年中期，约25至50岁，主要为获得繁殖感而避免停滞感，体验着关怀的实现。这时男女建立家庭，他们的兴趣扩展到下一代。这里的繁殖不仅指个人的生殖力，主要是指关切和指导下一代成长的需要。有的成年个体即使没有自己的孩子，也能产生一种繁殖感。缺乏这种体验的人会倒退到一种假亲密的需要，沉浸于自己的天地之中，只一心专注自己而产生停滞之感。

案例中的敏敏和她当了妈妈或者给自己的学生当"妈妈"的教师同学，都在生活和工作中发展出了繁殖感，更关注群体的均衡并懂得照顾不同同学的感受，而另外两位舍友仍然停滞在自身的感受和天地中，关注焦点更倾向于自身的体验而非更多对象的需求。这些人格细节的变化只有在亲密的互动中才能真正感受到，所以经过这次聚会，敏敏产生了和当初好友渐行渐远的感觉，这个疏远并非工作差异、经济条件带来的，事实上她和班级里其他同学的差异可能更大，而是由于人格发展的进度不同带来的。

（三）成年晚期理论

第八阶段为老年期，直至死亡，主要为获得完善感，避免失望和厌恶感，体验着智慧的实现。如果对自己一生的周期获得了最充分的结果，则产生一种完善感，这种完善感包括一种长期锻炼出来的智慧感和人生哲学，延伸到自己的生命周期之外，与新一代的生命周期融合为一体的感觉，如果产生不了这种感觉，就会恐惧死亡，对人生感到厌倦和失望。在我国，老年抑郁的发病率远远高于青少年抑郁的发病率，这和这一阶段的人格发展特点不无关系。同样，我们不仅会看到失望的老年人在公交车上掌掴不让座位的疲惫青年，也会看到把自己毕生积蓄都捐出来抗疫的拾荒奶奶。完整感是这个人格发展阶段的产物，不是老年教授、医生、退休干部所独有的，人格发展完善的拾荒奶奶也拥有这种完善和丰富的感觉。而即使身体健康的老人，如果人格发展的结果是失望沮丧的，也依然会在公交地铁上掌掴年轻人以宣泄愤怒。

三、对策与建议

1. 重视终身发展，对成年之后的学生，无论是作为教师的我们，还是作为父母的我们，都应该持续地帮助他们进行探索和规划。依然不能为了眼前的利益走捷径或跨越某个人格发展阶段，比如案例中颖儿的妈妈。

2. 了解人格发展理论不仅对于我们教育学生帮助很大，同样也有利于教师更有效地和家长沟通。二胎时代，学生家长的年龄更加参差不齐，有的可能还在成年早期，也有的甚至已经进入了成年晚期，还有的留守儿童是由爷爷奶奶代管的，这些不同年龄的家长也有对应的不同人格发展特征，作为教师可以适当根据家长的年龄阶段对应的人格特点调整沟通策略。

（注：本章所有案例均出自作者的心理咨询临床工作实践，所有当事人名字均为化名。）

参考文献

［1］林崇德. 发展心理学［M］. 杭州：浙江教育出版社，2002.

［2］［美］Jerry M. Burger. 人格心理学［M］. 陈会昌，译. 北京：中国轻工业出版社，2010.

第六章
教师应知的学生情绪和情感

作者：陶新华　李蕊　丁畅

　　情绪和情感是人对客观事物的态度体验及相应的行为反应。情绪像是涨潮时的海水，铺天盖地地涌来，极度不稳定，而退潮时，却也去得无声无息，留下的沙滩平静而辽阔。情绪具有情景性和易变性，主要包括心境、激情和应激三类，伴随明显的外部表现。情感具有稳定性和持久性，包括道德感、美感和理智感三类，比较内隐，较为深沉。而一般来说，情绪是情感的外在表现，情感是情绪的本质内容。

　　学生的情绪和情感发展主要包括以下几个阶段：

（1）小学阶段（6—11岁）。

　　小学生情绪、情感发展与他们自身遗传、成长的家庭环境和社会交往环境有关系，重要特征是稳定性逐步增强。小学低年级学生的情绪情感发展具有冲动性和易变性，而小学高年级学生的情绪情感趋向于平衡、稳定，自控力也不断增强。但是，小学高年级开始进入青春期，还未发展出良好的情绪认识和调节能力，他们处理负性情绪的方法往往不够成熟，或憋在心里，或任性爆发，或矛盾纠结，这些都不利于身心健康成长，需要得到关心、指导和情绪的疏通。

（2）初中阶段（12—15岁）。

初中生进入"小大人"时期，情绪表现充分体现出半成熟半幼稚的矛盾性特点。随着初中生心理能力的发展和生活经验的扩大，其情绪的感受和表现形式不再像以往那么单一，但远远不如成人的情绪体验那么稳定，表现出明显的两面性。主要表现在以下三个方面：强烈、狂暴性与温和、细腻性共存；可变性与固执性共存；向内性与外显性共存。

在初中生的情感表现中，他们的情感丰富多彩、富有朝气，但是情感体验的两极性明显。主要表现在对双亲表现出孝顺和叛逆等正反两方面的矛盾情感，对朋友表现出亲切和冷漠的矛盾情感，对老师的态度表现出冷漠和偏激。另外，这一时期也被称为"异性吸引期"，内心产生了与异性交往的渴望，这是正常的性心理发育的正常反应。但有些同学不能正确认识性心理、性意识，不能正确处理与异性同学之间的关系，由此容易产生异性交往方面的情绪问题。

（3）高中阶段（16—18岁）。

由于高中生认知能力、意识水平提高，其情绪体验呈现如下特点：情绪的社会性成分不断增强，对自我尊重有强烈的需要。在父母或教师等成人遇事"爱唠叨"，表现出不尊重的时候，他们容易出现逆反心理、对立情绪，甚至会表现出强烈的反抗情绪和冲动行为。

高中生的情感发展特点主要有以下两点。第一，高中生的情感开始向成熟方向发展。这一时期是建立自我同一性的关键期，他们对于"我是什么样的人"和"我想要成为什么样的人"有了更深刻的思考。同一性的确立，关系到一个人的健康发展，关系到他能否更好地适应社会，能否体验到自身的价值和人生的意义。高级的情感开始确立，有理想道德，有信念价值，爱恨情仇开始显著发展。第二，高中生的情感逐渐稳定。情感的稳定性表现在交到人生中最好的朋友、有了喜欢的异性等，但他们的情感又带有内隐性、曲折性的性质，常常将秘密憋在心里，不过仍然会随着年龄和学识的变化而发生改变。

为了进一步了解学生的情绪和情感发展，接下来将结合案例分阶段进行阐述。

第一节　无忧无虑多快乐

——试做情绪小主人（小学低年级）

七八岁的孩子像花朵般灿烂，心像雪花般纯洁。小学低年级的学生正处于天真烂漫的孩童时期，他们爱哭爱笑，真情流露，但他们常常会以自我为中心，情绪容易冲动失控，不过也会转化比较快。在这个时期，教师应该帮助他们做情绪的小主人。

一、案例导入

别看梅梅今年才8岁，可大家都说她"人小脾气大"，因为梅梅动不动就爱发脾气。只要稍有不顺心的事，她就很难控制自己的情绪，总要拿哪个人或哪件东西来出出气。她上课迟到受批评，回家后拿妈妈出气，怪妈妈没有早一点儿叫她起床；考试成绩不理想，她生老师的气，说老师出题太怪太难太偏，弄得她做不出来。总而言之，梅梅就是喜欢发脾气。而且，梅梅发脾气还有个特点，那就是怪别人不好，怪东西不中用，因而总要骂人、摔东西，把他们当成"出气筒"。比如，考试不理想，梅梅会气得把试卷撕得粉碎；和爸爸妈妈发脾气，梅梅还会摔碗、摔杯子。为此班上同学给她取了外号"脾气大王"。

二、原理与分析

1. 小学低年级学生如梅梅同学，情绪容易冲动，很容易随情境的变化而变化。这种情况可能与遗传和早期成长环境有关系，他们不善于掩饰也不善于控制自己的情绪。当他们受到批评时会表现得难过，当他们受到表扬时也会非常喜悦。除了在学习上，与同伴的交往也会产生各种各样的情绪。

2. 小学低年级学生的社会认知发展水平比较低。皮亚杰认为小学生最初的心理世界完全是以自我为中心的，只有当具备一定的了解他人看法的能力之后，才能实现真正的脱离自我中心。所以小学低年级学生很难从他人的角度理解体会和推测其心理活动，很难认识他人的情绪。

3. 小学生的归因能力较弱，很难理解情绪的原因。莫名其妙的情绪是很多的，但是所有的情绪也都是刺激反应的结果，所有的原因都是可以探索的。如果周边的成年人如父母或老师能耐心细致地观察、关心、引导，这对他们会很有帮助。

三、对策与建议

1. 开展情绪情感的主题班会。小学生在生活中会产生各种情绪体验，情绪本身是他们需要认识的重要对象，只有让小学生逐步认识情绪反应才能慢慢学会管理好自己的情绪。如梅梅摔东西、攻击别人就是负性情绪发作。当然也有小学生采用回避策略，如用哭闹、生气等策略表达自己的情绪。教师可以开展情绪主题班会，组织认识情绪小游戏，通过角色扮演，情景再现，使学生自愿积极主动参与其中，再现情绪发作的情景，重新体验当时的感受，帮助学生认识自己和他人的各种情绪及原因，获得掌控感。

2. 课堂上教师可以展开情绪辅导。老师可以通过绘本教学，或多媒体的材料，帮助儿童认识和觉察情绪，管理和体验情绪；老师也可以布置作文资料收集法，通过让小学生写作文，记录关于今天都发生了什么事情，以及自己的情绪，帮助学生认识情绪和进行反思。

3. 适当运动可以缓解情绪，尤其是集体运动效果尤佳。相当多的文献研究表明体育锻炼可以促进学生们保持积极情绪，因此可以要求学生适当地进行体育锻炼。

4. 教师处理学生问题时顺序很重要，首先处理情绪再处理问题。学生发生行为问题时，常常伴随亢奋情绪或负向情绪笼罩的状态。而情绪过度亢奋或焦虑、紧张都会窄化学生的认知，引起学生思维的片面、偏激，难以接受教导和建议。所以，经验丰富的教师总是能够首先处理学生的情绪问题，帮助学生调整情绪，使之趋于平和，这样再讨论学生的问题就比较容易解决。

需要注意，要帮助行为问题学生调整情绪，教师首先要调整自我，稳定情绪，传递出尊重、关爱的情感，而不是气急败坏、暴躁愤怒，也不是冷冰冰地面无表情。保持稳定情绪、充满尊重关爱情感的老师本身就对学生的情感具有抚慰、示范的作用。

化解学生情绪的方法很多，具体做法可依据他们的个性特点和具体行为问题而定。对于情绪过度紧张、激动、亢奋的学生，教师需要暂缓谈论行为问题，找一个安静、安全的空间，引导他们放松身心，做深呼吸，用不伤害自己和他人的方法表达自己的情绪。例如，请学生舒服地坐在沙发上，休息、深呼吸、平缓情绪，或者给学生彩笔和画纸，请他随意涂鸦来表达此时此刻的情绪情感；给学生各种情绪脸谱的图片，请他圈画出自己目前的状态，再画出希望逐渐拥有的情绪状态；在有条件的情况下，可让学生通过运动或游戏表达的方式缓解情绪。对于情绪起伏不剧烈的学生，教师可鼓励他们吐露心声，表达自己的所思所想，教师耐心倾听，不急于评判。

第二节　青涩小荷多烦忧
——积极情绪伴我行（小学高年级）

小学高年级学生的情绪逐渐稳定，道德情感逐渐发展，随着体能增强，情绪表达能力也会增强。小学高年级学生即将或者已经进入青春期，所以是青涩小荷多烦忧，却会于无声处听惊雷，这些情况是学生正常发育必然经历的过程，在青春期到来之前作好准备就比较容易度过，否则就会在人生的第二危险期（青春期）经受挑战和考验。

一、案例导入

媒体报道，2016 年 1 月 6 日，浙江杭州一名 9 岁男童因无法完成听写任务被老师批评责骂，上吊身亡；2018 年 12 月 27 日，陕西汉中一名 10 岁的五年级女孩因带糖果被老师批评，被要求请家长到学校，跳楼身亡。"人民网"公布的数据显示，中国是世界上儿童自杀第一大国。这些触目惊心的自杀案件和数据，除了反映出小学生的学习压力过大的现状，也暴露了他们情绪管理能力不足的问题。

　　小亮，男，10岁，某小学四年级学生，但进入四年级后成绩下降，状态不如从前。父母都是做日杂生意的。据班主任反映，小亮的智力属于中等偏上的水平，小学二年级下学期以前，其语文、数学成绩在班内也位于中等偏上水平，但后来成绩明显下降，特别是到了四年级时，语文、数学两科考试经常不及格，上课注意力不集中，经常不完成作业，经常心情不佳，闷闷不乐。在老师和同学的眼里，小亮的性格比较内向，平时话语不多，但是为人诚实，能讲实话。忽然变了，出状况了，小亮怎么了？

二、原理与分析

　　1.小学高年级学生开始进入生理快速发育期，青春期初期，他们开始经历情感的风暴期，会开始体验到复杂多变的情绪。小学高年级学生对情绪的认识不清，比较片面，对于外在世界的感知敏感而狭隘，容易夸大外界的影响，而使自己的情绪波动。因此，良好的生活习惯、良好的人际关系和良好的沟通习惯对于青春期情绪问题的应对都是非常重要的有利条件。这些小学高年级的学生，在出现愤怒、悲伤等消极情绪时，常否认情绪，将负性情绪憋在心里。他们因缺乏成熟的应对方法，长时间压抑消极情绪，累积到自己的极限时，容易引起负面情绪的集中爆发，而出现过激的行为，引发危机。因此，及时了解和疏导学生的心理情绪，引导学生保持健康积极向上的情绪状态是教师的重要责任，这也是学生心理健康成长的重要保障。

　　2.小学高年级学生学业压力增加，人际交往更加敏感，情绪反应也开始更强，因此，对小学高年级学生，教师要更加关注他们的自卑情绪、自我感知和接纳程度，关心他们的同学交往情况，了解他们学习过程中的感受。因为他们的焦虑、郁闷等烦恼的情绪都会与这些情况有关系。特别是部分成绩较差的学生（如案例中的小亮）可能出现不良情绪反应，甚至出现厌学和逃学的情况。身心发育、智力成长和学生面临的任务压力是否恰当，是这个阶段的主要矛盾，一旦不和谐，情绪体验就会很不好。

三、对策与建议

1. 利用各种生活事件和各种学习材料，丰富学生的情绪体验。可以通过学生自身经历的一些事件，电影、电视剧中的情节，或者课本上的学习材料，引导学生认识、体验情绪情感，学会自我调节情绪。也可以利用不同学科教师的资源，提高自我情绪管理意识，并能看到学生的情绪。当学生的情绪被看见时，他就会自然地表达情绪，而不再隐藏压抑。

2. 班级团体辅导以情绪问题为主题开展是一个很有效的方法。可以运用中文版儿童正负性情绪量表，了解学生的情绪水平。针对负性情绪水平较高的学生，有针对性地进行团体辅导。使学生正确地接纳和表达自己的负性情绪，学会合理宣泄自己的负性情绪，发掘自己的潜能并积极有效地利用自身已有的资源去看待事情，从而发现引起负性情绪事件的积极的一面。

3. 引导学生建立一个稳定健康、积极向上的情绪管理系统。引导学生学会利用人际资源化解自己的情绪问题。学生最重要的资源就是师生之间的信任关系，教师要善于与学生建立良好的信任关系，让学生感受到教师的理解和关怀，对教师敞开心扉。当教师能够真正站在学生的角度去思考问题时，师生就可以平等对话，商讨问题解决方案，从而进行情绪疏导。

教师也要懂得帮助学生排遣负面情绪，引导学生进行适当宣泄，运用不伤害自己也不伤害别人的方法将消极情绪释放出来。体育运动、集体游戏都是可以选择的方法。也可以采用间接宣泄的方法，如让学生去助人或者做自己喜欢的事情，从而转移学生的注意力。

4. 帮助学生调节学习心态。教师要帮助学生养成积极乐观的心态，去面对学业压力和挑战，体验成功经验。教师要将学生的成功归因为他们坚持不懈地努力和机智灵活地解决问题的能力，提升学生的自我效能感。教师在学生取得进步时，及时给予肯定和鼓励，以增强其成功体验，帮助学生走出"习得性无助"的误区。尤其对于厌学情绪严重的学生，教师应当给予积极的关注，关注他们的点滴进步，多多表扬他们，帮助他们重拾对学习的热情和信心。

5. 正确对待小学生的厌学情绪。小学生厌学情绪一般不是学习本身造成的，往往与教师、家长的目标要求和评价有关，或者与人际关系（包括家庭亲子关系、师生关系、同学关系等）有关。教师和家庭都不应该一味地督促学生学习，不让其参加其他活动，而应全面考虑，分析诸多因素。学生在生活与学习中获得愉快的体验才能积极投入学习和生活。教师重视对学生厌学情绪的疏导，以真挚的感情、诚恳的态度和小学生相处，取得他们的信任，学生才能"亲其师而信其道"，从而提升学习的兴趣和干劲。

第三节　风雨过后有彩虹
——多事的季节（初中）

进入初中，学生成为"小大人"，他们自身成熟需要经历一个较长的过程，而内心又渴望像成人一样有独立的掌控感、被认可、被尊重，可是想法与现实总是相背离的，这就是人生的"多事之秋"，心理学上谓之"心理断乳期"。在初中生的情绪、情感表现中，焦虑、紧张、兴奋、激动等交替发生，波澜起伏，难以平静。这个时期学生存在着半成熟半幼稚的矛盾，自我形象、人际关系都体现出两极性，情绪情感上两极性的特点更加明显。教师应关注学生的身心健康状态和情绪状态，远远地看着学生，在学生有需要的时候及时出现，这一方面是放手和尊重，另一方面也是保护和支持。

初中生情况复杂，列举三个案例来表达。

一、案例导入

案例一："我被监控了"

某学生从初二开始感到回家成了一种负担，一想到进了家门举手投足都要受父母的监控就心烦不安。该生父母是勤奋的知识分子，总是按他们的想法来塑造孩子，反对孩子看与考试无关的课外书和电视电影，禁止孩子与同学聚会等。某天晚上，该生下晚自习回到家后即安静地在房间里写日记。母亲探头探脑地走进来，装作漫不经心的样子往日记本上瞟了几眼，扔下一句"时间不早了，该干正经事了"。父母的过分操心和干涉，使该生感到讨厌、无奈和压抑，常和父母发生冲突，心生不想活的念头。

案例二："我们是网瘾重灾区"

中学生成为网瘾的"重灾区"，报告显示，网瘾群体中 13~17 岁的青少年网瘾比例（17.10%）最高。"手机控"是许多学生家长和老师头疼的问题，学生拿到了手机就不顾一切地上网；有了上网机会就不顾一切。与网友聊天没有时间节制，玩游戏更是流连忘返。学校禁止携带手机、禁止上网则好很多，但是疫情防控期间，学生要上网络课，父母要上班不能陪伴，结果学生在家自由使用网络和电子产品，沉迷网络、忘记学习、不顾一切玩乐的学生不在少数。有些学生因此成绩直线下降，他们自己也不能接受这种落差，同时与父母和老师的关系也很紧张。

案例三："不知所措的小亮"

小亮上初中以后，感到自己产生了一些奇怪的变化。他特别喜欢坐在他后面的一个女生，每天都忍不住想回头看她几眼，听到这位女生大声的说笑声，他心里就发颤，有一种异样的感觉。他为自己产生这种念头感到羞耻，以为自己变坏了；又怕其他同学知道后取笑自己，于是就拼命压制自己的想法，不让自己回头。实在忍不住，就用小刀在自己手腕上划。可是尽管手腕上伤痕累累，他仍然忍不住要回头。为此他变得精神恍惚，最后不得不请教心理医生。

二、原理与分析

案例一：

（1）此时对自主、独立、尊重的需要超过任何别的年龄段，因为他们自我形成过程中边界不清，分寸感把握不好，父母的管束很容易被理解为侵犯了他们的隐私，而实际情况是很多父母的确对孩子干涉过多。

（2）随着初中生心理能力的发展和生活经验的扩大，其社会高级情感需求迅速发展，情绪体验更加丰富和细腻。他们的情绪表现方式逐渐由外在冲动型向内在文饰型转变，其情绪持续的时间也逐渐增长，出现心境化的趋势。但另一方面，由于他们的情绪体验不够深刻，且情绪控制能力较弱，因此往往情绪反应较大，情绪变化较快，较易出现自卑、焦虑、抑郁、孤独等情绪困扰。

（3）他们容易动感情，但这种感情强烈而不稳定，且有两极性的特点。开始经常地、较明显地出现一些持续性的情感状态，如焦虑、憧憬等，代表性地表现为孤独、苦闷的闭锁心理。

（4）民主的家庭孩子较少叛逆，而专制的家庭孩子多叛逆。初中生常常对双亲表现出孝顺和叛逆等正反两方面的矛盾情感。他们对自己是否被平等、公正地对待非常敏感，自我意识快速发展，渴望独立和自主权。然而，父母习惯性地把他们当小学生一样教导，往往说话过于唠叨，限制了他们的交友和娱乐自由，容易引起他们的逆反心理；但是，初中生仍然在许多方面需要父母的照顾，因此又呈现出依赖的一面。

案例二：

（1）初中生网络成瘾率高，造成这种现象的原因比较复杂。初中生具有较强的好奇心、求知欲，而现实生活中只有日复一日的学习，其他的兴趣爱好往往是不被允许的。为了探索更多的新鲜事物，初中生非常容易被网络上的各类信息所吸引。再加上初中生的自我管控能力不是特别强，就很容易形成网络成瘾。

（2）初中生的人际交往很重要，他们的复杂情绪反应可以在交往中获得缓解，或被理解和支持。网络交友比较容易与自己相同或相似的网友交流，但是不一定有益于健康。中学生受复杂性和隐蔽性的情绪影响，可能会把自己内心的真实想法和真实情绪向父母和朋友隐藏起来，通过告诉网上认识的陌生人或者玩网络游戏来宣泄情绪。

（3）网络色情对初中生有很大的吸引力和消极影响，主要原因是青春期到来前的性教育不够，缺乏常识性知识储备，适当的好奇心没有得到满足，结果容易沉迷网络色情。

（4）网络游戏中的暴力倾向可以满足青春期孩子的宣泄情绪，但也容易与校园霸凌和自身的暴力倾向相呼应，导致青春期学生作出伤害自己或他人的不良行为。初中生在生理和心理的激烈变化中可能会无所适从，情绪变化剧烈，情绪难以表达和控制，如果再遇到校园暴力情况则容易失控。初中生一旦上网就容易沉迷其中，网络成瘾难以自拔。

案例三：

（1）异性交往是初中生成长发展的新课题，学生进入青春期，生殖系统开始发育，体内性激素分泌迅速增多，生理上出现巨大的变化，心理上也相应地产生许多变化。初中生内心产生了与异性交往的渴望，这是人类的本能反应，也是在性发育进入成熟阶段的正常的生理、心理需要。这一阶段的学生心理发展速度相对缓慢，自我控制能力和辨别是非的能力相对欠缺，可能会因此付出惨重的代价。

（2）初中生需要正确认识性心理、性意识的产生，需要有与异性正常交往的经验，防止在交往中遭受挫折和打击。有的同学在异性同学面前过分夸张地说话、做事，以引起异性同学对自己的注意；有的同学不能很好地控制自己对异性同学的好感，陷入感情的旋涡；有的同学为自己性意识的产生感到困惑，甚至以为自己变坏了，因而忧心忡忡。

（3）错把好奇和喜欢当成"早恋"。青春期异性交往真正能够进入恋爱的是很少的，有许多只是交往不是恋爱，说成"早恋"其实属于对这个时间段的学生异性交往的误解，他们如果将来能够真的走进婚姻实在是人生难得的幸事。但是多数情况是通过交往探索彼此，了解彼此，在经历中获得成长和自信。大多数所谓的"早恋"会不欢而散，要防止他们在这样的交往中受伤，就需要给他们指导、支持，甚至保护。

三、对策与建议

（1）教会学生正确看待父母的唠叨，让学生了解到父母唠叨的背后都是爱，共同探讨积极应对唠叨的好办法；也要及时和家长沟通，并对父母的教育方式提出中肯的建议。定期举办家长会，与家长沟通学生的情况，让家长看到学生的进步和长大的情况。良好的亲子关系更能使初中生具备稳定的情绪调控能力，亲子关系对初中生情绪调控有着极大的影响，教师对初中生的家庭关系应予以关注和适当的指导。

（2）提升学生情绪觉察、认知和管理能力。帮助学生了解情绪、认识自我和他人，帮助学生以第三方的视角重新观察自己，学会识别自身情绪并学习识别他人的情绪。教师可进一步通过心理学方面的电影和文学作品，帮助学生对自身情绪有更加理性的认识。例如，组织学生观看电影《头脑特工队》片段，让学生了解到情绪是心灵的反应，影响着行动和决策，人们有时作出的某种决定是由于被某种情绪控制，而消极情绪具有巨大的破坏作用。组织班级读书活动和主题班会活动，通过读书和集体研讨，引导学生理性认识情绪，帮助学生更加科学地认识和管理自己的情绪，了解他人情绪，提升处理人际关系的能力。

引导学生从自我经验中认识情绪对人际交往的影响，教会他们一些控制调节情绪的方法，如自我暗示、放松技巧等。另外，也可以通过角色扮演的方法传授给学生一些社会交往技巧。

（3）研究表明，表达艺术治疗对情绪问题的干预具有显著效果，由于它的参与性强，艺术媒介本身具有吸引力，以及游戏的因素等，学生参与度很高。教师学会了就可以将情绪管理类绘本作为与情绪互动的媒介，帮助学生有效提高对情绪的认知与调控能力。教师可以要求每名学生根据自己对情绪的理解创作完成情绪绘本，然后相互分享自己的理解和认识，以提高学生在自我情绪感知、他人情绪感知、情绪运用及情绪调控四个方面的能力，进而提升情绪智力水平。同时，学生在绘本创作中也能体验情绪的宣泄与转化过程，试图让他人阅读和理解相关绘本，也可以提升学生的情绪沟通能力。

（4）良好的师生交往关系对学生情绪成长和管理很有帮助。很多优秀教师都能与学生积极主动沟通，建立友爱、平等、民主、和谐的师生关系，这是引导学生成长的重要基础。在对学生的评价上，夸奖比批评更有用，尤其在教学的过程中，教师对于教学的内容进行抽查，有的学生对需要掌握的知识能够很好地掌握，娴熟地运用，教师应立刻对其进行表扬，让学生明白这种表扬是对其学习努力和认真的一种认可，是一种可影响自己未来的良好品质。

（5）认识互联网的发展历史和互联网工具的作用；认识到互联网是把双刃剑，有利也有弊；学会正确使用互联网。教师要主动学习网络知识，了解网络，同时提高自身的网络道德修养，做学生的表率。将一些优秀的教育网站介绍给学生，使其上网有明确性，引导学生选择上网内容，同时鼓励他们利用教育网站寻找资源，进行自主学习。教师要加强网络道德教育，引导学生理性上网，提升信息辨别能力。也要建议家长给电脑装上具有屏蔽过滤功能的软件，以屏蔽过滤不适合学生接触和浏览的网站内容。

（6）积极预防和应对校园暴力。学校应组织学生心理健康测试，建立学生心理健康档案。学生中存在的像学习成绩差、人际关系恶劣、酗酒、逃学、打架、携带刀具等危险情况和行为可以作为中学校园暴力的早期预报因子，应对这些学生给予更多的关注和疏导教育，积极预防校园暴力事件。

第四节　雏燕试飞多险阻
——积极情绪体验（高中）

高中阶段又被称为"心理自我阶段"。这一时期，学生的情绪社会性成分不断增强，对自我尊重有强烈的需要。这也是自我同一性建立的关键期。同一性的确立，关系到一个人的健康发展，关系到他能否更好地适应社会，能否体验到自身的价值和人生的意义。

一、案例导入

案例一："唠叨的大人"

场景：妈妈穿着围裙在拖地，在家里来回走，爸爸在看书，小明在写作业。

小明：戴着耳机在听音乐，边写作业边晃动身体，一会儿拿着笔随着音乐节拍敲桌子。

妈妈闻声赶过来，指着小明大喝一声："小明，你在干什么？还边写作业边听音乐？哪有这样写作业的？能学习好才怪！"

爸爸走过来："你说说你，现在不好好学习以后怎么办啊？你现在学习为了谁啊，不就是为你以后能上个好高中吗？我们能得到什么啊？不都是为你好吗！我们这是何苦！你说说，现在人口那么多，你再不努力怎么能竞争过别人呢？……"

小明："行了行了，你们烦不烦啊！说够了吗？在学校这个老师说完了那个老师来说，天天说大道理，回家你们又唠叨个不停，还让不让我活啊？"说完双手往桌子上一摊，歪着头趴在桌子上，头晕心烦。

案例二："早恋"的女状元

有一位重点中学的女生，学习成绩一向很好，父母引以为傲。后来，在一次省级夏令营活动中，她因病没有参加活动，与她同校但从未交谈过的一个夏令营男营员主动关心她，帮助她。两人因此结下了友谊。回校上课后，两人交往更加密切了，从经常来往发展到递字条、经常单独见面的地步。两人都对对方充满了好感，相处得非常愉快。不过没多久，问题就接踵而来。先是两人的学习成绩直线下降，后来双方的父母慢慢都觉察到子女的变化。事情最后报到班主任和校长处。在班主任、校长的帮助下，她经历了一段非常痛苦的时光。最后她果断地终止了两人的情缘，回到正常的学习生活中，全身心投入学习。高考时，考上了清华大学。

她就是媒体曾报道的江西高考文科状元袁红。袁红用诗一般的语言讲述了自己的体会："情窦初开的少女，是多么自作多情，将友谊拔苗助长成爱情。可是，不成熟的幼苗根本承受不了任何感情风雨，要么扭曲变形，要么枯萎坏死。如果自己能把握小船的航向，彼此间保持一段距离，也许能留下美好而不是痛苦的回忆。千万不要让船儿过早地靠岸。"

二、原理与分析

案例一：

面对父母的唠叨，小明大发雷霆。一方面是因为高中生处于人格转变和完成青春期自我同一性的关键期，面临的压力很多，比如人际交往的烦恼、升学考试的压力、生涯规划的苦恼以及身心发展的困惑等，所以他们积极情绪体验较少，而消极情绪体验较多；同时情绪表现存在明显的两极性，情绪易激动，不稳定。另一方面，小明的个人意识不断增强，可能会出现自我中心性的倾向，这使得他很难用同理心去理解和对待周围的人和事，在处理情绪问题时常以感性反应为主，理性反应较少。所以在人际交往增多的同时，也容易引发更多的人际摩擦。

案例二：

江西高考文科状元袁红，在高中时有了"早恋"的行为。一般在 16～18 岁，这个时期的青少年逐渐萌发了求偶的愿望。一些有胆量的男女学生开始主动寻找机会向自己爱慕的异性表白心迹，但他们对爱情的认识是朦胧肤浅的，容易全身心投入到恋爱中，这可能会因小失大。这个时候，如果有了老师、家长合理的指导和帮助，学生转而投身于高尚的精神追求和学业发展时，即可对这一问题进行化解。

三、对策与建议

（1）高中生学会学习，合理应对考试焦虑，是化解情绪问题的第一要务。高考的压力普遍存在，因此随着学习任务的繁重、难度增加，高中生要能从容应对，合理利用积极心理暗示应对考试焦虑。教师要关注每次考试前后学生的情绪状况，根据学生出现的情绪问题及时在班级组织主题班会教育活动，在对学生进行心理疏导的同时，提升其应对挫折的能力，培养其坚韧的意志力。考前的主题班会活动可以围绕考前焦虑、自我积极心理暗示和学生间互相借鉴学习方法、调节情绪技巧等展开。教师要引导学生认识到每个人在巨大压力前都会焦虑，这是一种正常的心理状况；接下来引导学生正确地看待考试，把考试和压力看成一种动力和机遇，学会对自己进行积极的心理暗示，把注意力集中到考试本身而不是考试结果上。

（2）开展生命教育的系列活动，让高中生找到自己生存和发展的意义。教师应关注班级学生的情绪表现，组织班级系列活动，阶段性有重点地进行集体教育和个别教育，不断渗透情绪教育，帮助学生提高情绪觉察和情绪管理的能力，把学生的心理健康教育落到实处，促进学生身心健康发展，让学生真正成为学习和生活的主人。

针对社会热点，引导学生管理情绪、学会自我管理。教师根据实际需要，有效利用社会新闻热点等教育资源，对学生进行情绪教育。教师及时组织召开主题班会活动，如以重庆公交车坠江事件为例，带着学生回顾惨剧发生的始末，引导学生分析原因，探讨如何避免此类事件的发生。学生们自然而然地谈到了情绪管控，想到了换位思考等。对新闻热点事件的原因分析和交流，以身边的案例让学生清醒地意识到了情绪失控带来的严重后果，真实而震撼。进一步引导学生看待问题时需要转换思维方式，换个角度看问题，提高自我情绪的调控能力，认识到只有同理心和利他精神才能真正化解情绪危机，从而促进学生学会调控自己的情绪，培养人际沟通能力，促进学生体验人际间积极的情感反应。

（3）教师要学会评估学生的情商发展状况，才可以更好地帮助和指导他们。教师可以运用情绪智力测试工具，采用国际较为认可的 EIS 情绪智力量表作为主要评估工具，确保学生情绪智力评估的客观性。根据对学生的情绪理解、情绪识别、情绪运用和情绪管理能力的测试结果，为学校、教师提供更有针对性的培养建议，设置课程，从而提高学生的情绪智力。

情绪智力教育仅仅停留于课堂推进是不够的，我们也要将课外活动作为课堂主渠道的补充和延伸，开展丰富多彩的校园活动，打开一扇培养学生情绪智力的窗。在学校层面，教师们也可以面向全校学生组织开展"五彩心情，快乐学习"心理格言等征集活动。各校根据自身情况利用课余时间、校班会课等，面向本校学生开展以情绪管理为主题的心理健康教育活动，采取心理剧、情绪绘画、心情涂鸦等形式吸引学生参与，从而帮助全体学生了解情绪特点，学会自我调节情绪。

（4）重视高中学生在异性交往中的积极情绪体验。老师和家长要正确地对待高中生与异性交往所产生的情感体验，将此作为判断他们是否拥有健康的异性交往心理与交往关系的重要反馈信息，帮助他们克服不良情绪。老师也可以通过一系列的专题教育活动创设异性交往情境，让学生在成功的交往中产生积极的情绪体验，以提高其异性交往水平。

学校可以开设情感教育课程，帮助学生树立正确的恋爱婚姻观，认识到恋爱婚姻是人生大事，需要慎重对待，"早恋"的危害性在于个人尚未成熟而要对如此重大事件作决定，变数太多，费时伤神又伤心。在处理"早恋"问题的整个过程中，老师要做到如下几点：一是向学生讲清"早恋"现象的利弊，重大事件延后决定，是比较讲策略的情感管理方法；二是尊重学生的人格、尊严和隐私，理解他们情绪情感的需要，让他们觉得老师值得信赖，探讨时他们就会把自己内心深处的一些看法和想法都说出来；三是对于已经"早恋"的学生，教师和家长不能采取简单粗暴的态度去严加阻止，而应顺势利导，把他们引导到集体活动中来，使之懂得相互尊重与彼此珍惜，努力为自己的美好前程而奋斗。当学生热情投身于高尚的精神追求和学业发展时，可以有效地抑制激情冲动，在团队合作中男女同学和谐交往，共同进步。

参考文献

［1］陈军.初中生异性交往心理发展的调查［J］.心理科学，2009，32（5）.

［2］方晓义.青少年网络成瘾的预防和干预研究［J］.心理发展与教育，2015，3（1）.

［3］任俊.积极心理学思想的理论研究［D］.南京：南京师范大学，2006.

［4］王晨光.绘画治疗对大学生抑郁情绪的干预研究［D］.南昌：南昌大学，2017.

［5］刘肖岑.青少年自我提升的发展及其与适应的关系［D］.上海：华东师范大学，2009.

［6］詹方圆.高中生分离－个体化、父母教养方式和自我同一性的研究［D］.南京：东南大学，2016.

［7］罗祖雪，王开碧.预防小学生厌学情绪产生的几点建议［N］.贵州民族报，2020-05-13（B03）.

［8］付越.心理绘本在初中生情绪管理中的应用［J］.现代教学，2020（8）.

［9］陈文娴.高中生情绪觉察与管理能力提升的教育实践［J］.江苏教育，2019（71）.

［10］马丽铭.基于元情绪理论的高中生情绪教育校本课程的开发与实践［J］.现代中小学教育，2019，35（7）.

［11］戴小燕.站在烦恼里拥抱幸福——高中生情绪管理教学设计［J］.江苏教育，2018（12）.

［12］马学才.如何正确对待小学生的厌学情绪［J］.课程教育研究，2017（32）.

［13］吕美清.简析教师评价语言对初中生情绪状态及学习状态的影响［J］.学周刊，2017（23）.

［14］戴耀红，牛燕华.高中生情绪智力的培养［J］.现代教学，2017（8）.

［15］陈文娴.高中生情绪觉察与管理能力提升的教育实践［J］.江苏教育，2019（71）.

第七章
教师应知的智力理论及智力观

什么是智力？智力与能力之间存在何种关系？智力
分为哪几种类型？在人的一生中，智力水平是如何发展
变化的？在本章节的内容中，我们将会详细探讨。

第一节　智力是什么？

一、案例导入

小颖是一个聪明可爱的孩子。妈妈在怀孕的时候，就觉得很喜欢这个孩子，相信他（她）将来一定聪明，而且妈妈还预期这个孩子将来能够遗传自己的美丽和丈夫的睿智。在小颖两三岁的时候，她就能够背诵20多首古诗，爷爷奶奶夸这个孩子聪明，记忆力好，将来一定能够成为大学生。在上小学的时候，小颖活泼可爱，得到了老师们的一致好评，尤其是语文成绩特别好，经常获得满分。现在，小颖正在读高二，她的语文成绩依旧很好，只是在数学和物理课程上有些吃力，因为这些课程内容经常涉及逻辑推理，她好像不太擅长逻辑推理与空间思维。期末考试之前，小颖也会表现出考试焦虑，她也不确定在一年之后自己是否能够考上心仪的大学。

二、原理与分析

（一）智力的含义

智力是人们在认识客观事物的过程中所形成的认识方面的稳定心理特点的综合，它足以保证人们有效地进行认识活动，包括注意力、观察力、记忆力、思维力和想象力等多个基本因素（燕国材，1981）。智力不是个体认知能力的某一组成部分，而是各种认知能力的有机结合，抽象逻辑思维能力是其核心，创造力是其高级表现形式之一（朱智贤，1989）。

（二）智力与能力

在心理学中，智力是"能力"的一种表现形式。能力可以分为一般能力（general ability）和特殊能力（special ability）。研究者通常将一般能力称为智力（intelligence）

一般能力，是指在不同种类的活动中表现出来的能力，如观察力、记忆力、抽象概括力、想象力、创造力等，抽象概括力是一般能力的核心。人类要完成任何一种活动，都与一般能力的发展分不开。特殊能力，是指在某种专业活动中表现出来的能力，它是顺利完成某种专业活动的心理条件。例如，画家的形象记忆力与色彩鉴别力，机械修理师的空间表象能力，钢琴家的演奏音乐旋律能力等，都属于特殊能力。

（三）斯皮尔曼的智力理论

从古代到近代，人们在不断地探索智力的本质，在近代，随着研究者对智力的认识逐步深入，提出了多种不同的智力理论，其中比较有代表性的是斯皮尔曼（Spearman）的智力的二因素理论。斯皮尔曼根据人们完成智力任务时成绩的相关程度，提出智力由两种因素组成：一种是一般因素（general factor），简称 G 因素，代表人的基本心理潜能，是决定一个人智力水平高低的主要因素；另一种为特殊因素（special factor），简称 S 因素，它是人们完成某些特定的任务所必需的。人们在完成任何一种任务时，都有 G 因素和 S 因素两种因素参加。

（四）广义的智力

现代学者认为，广义的智力由液体智力、晶体智力，以及智力的其他领域构成。

液体智力（Fluid intelligence）是指个体在问题解决与信息加工过程中所表现出来的智力。例如对于事物间关系的认识，演绎推理能力，形成抽象概念的能力等。液体智力属于人类的基本智力，受到先天生物学因素影响较大，后天的教育与文化因素对其影响较小。

晶体智力（Crystallized intelligence）是指个体获得语言、数学等知识的智力。晶体智力受到后天的学习与教育因素影响较大，与社会文化有密切的关系。

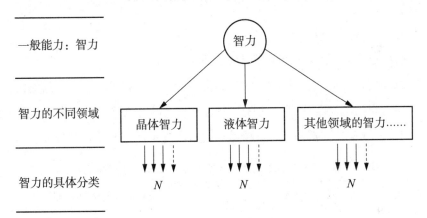

图 1　广义的智力的构成要素

来源：Barbey A K.（2018）Network Neuroscience Theory of Human Intelligence. *Trends in Cognitive Sciences*, 22（1），8–20.

智力的其他领域是指，除液体智力和晶体智力之外的智力领域，这个领域的智力成分，更多属于未知的因素，但是对智力活动产生重要影响，需要研究者继续进行探索与发现。

在人的一生中，智力水平是发展变化的。对于液体智力来说，从出生到青年早期，都在不断提高，在 20 岁以后，液体智力逐步发展达到顶峰，30 岁以后将随年龄的增长而降低。对于晶体智力来说，由于受到学习与教育因素影响较大，它在人的一生中都在不断发展，只是到 25 岁以后，它的发展速度才渐趋平缓。图 2 为智力水平随年龄的变化趋势图。

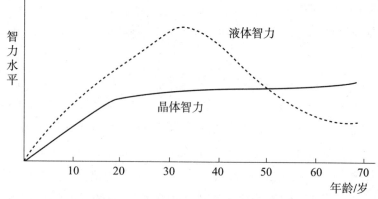

图2 液体智力和晶体智力随年龄增长的变化情况

（五）狭义的智力

从狭义上讲，智力是指由智力测验得出的智商分数。

常见的智力测验有斯坦福－比奈智力测验、韦氏智力测验（儿童版和成人版）、瑞文智力测验等，其中最常采用的为韦氏智力测验。下表为韦氏智力测验的测验领域及其因素构成，该模型是通过大样本调查和数据建模而获得的。

表1 韦克斯勒成人智力量表（第三版，WAIS–Ⅲ）的项目内容

名 称	四个分量表	每个分量表所包含的小因素
智力 （G因素）	言语理解 （Verbal comprehension）	词汇、相似性、信息、理解
	知觉组织 （Perceptual organization）	完成图形、区块设计、矩阵推理、图形排列
	工作记忆 （Working memory）	算术、数字跨度测试、字母－数字排序
	加工速度 （Processing speed）	数字符号编码、符号搜索

来源：Deary I J.（2001）Human intelligence differences：a recent history. *Trends in Cognitive Sciences*, 5（3），127–130.

Wechsler D.（1997）Manual for the Wechsler Adult Intelligence Scale–Ⅲ, Psychological Corporation.

Bentler P M.（1995）EQS Structural Equations Program Manual, Multivariate Software, Inc.

三、对策与建议

（一）教师需要了解"智力"的一般理论，不断提高教学水平

案例中，小颖在两三岁时就能够背诵 20 多首古诗，爷爷奶奶称赞小颖很"聪明"。在普通人的观念中，"聪明"就代表智力水平高；此外，人们也常用"聪慧、天资高、大脑灵活、智力超常、有智慧"等词语形容一个人的智力水平高。公众关于"智力的一般认识"有许多合理的成分，但是它不能完全概括"智力"含义。从学术角度分析，智力包括观察力、记忆力、想象力、思维力和注意力等多个基本因素，一个人的智力水平高低，反映了他 / 她的一般能力水平的高低。

作为一名教师，理解智力的内涵和外延，对于提高自己的教学水平，具有积极意义。

（二）在学校教育中，充分认识学生个体的智力发展差异，鼓励个性化教学

案例中，小颖在高中阶段擅长语文课程的学习，不擅长数学、物理等学科知识的学习，从这个角度来说，我们不能认为小颖不够聪明。虽然说智力是个体一般能力水平的高低的反映，但是，在智力发展过程中，会存在个体差异，例如：唐朝著名诗人李白 5 岁通六甲，7 岁观百家；奥地利著名音乐家莫扎特 5 岁作曲，8 岁创作交响乐，11 岁创作歌剧；英国科学家达尔文年轻的时候，被认为智力低下，但是后来成为进化论的创始人；爱因斯坦 3 岁时才开始学说话，第一次大学考试未被录取，但是后来成为著名的物理学家；画家齐白石，40 岁时才刚刚出名，70 岁时其绘画技能达到巅峰。有的人观察能力强，有的人记忆力好，有的人擅长数学运算，有的人具有音乐天赋，还有的人善于人际沟通，等等。

这些事例都说明了在个体成长过程中，其智力水平存在发展时间早晚和发展类型的差异。中小学教师在教学过程中，了解学生智力发展的个体差异，开展个性化教学，可以有效促进学生学习水平的提高。

第二节　智力与遗传

一、案例导入

才华出众的作家与美丽的舞蹈演员的一次通信

某位著名作家获得文学大奖后，吸引了许多倾慕者，此时，一位出色的舞蹈演员写信给他，说："假如我们两人结婚，生育孩子，像你一样聪明和有才华，像我一样美丽，那该有多好啊。"

作家收到信，笑了笑，经过认真思考后，写了一封回信，信中这样写道："要是我们俩生育的孩子，头脑像你，而面孔像我，那岂不是糟透了！"

人类的身高与外表，可以在一定程度上从父母那里获得遗传。从我们的外表上，可以或多或少地看出自己父亲或母亲的影子。那么，我们的智力水平，是不是高度遗传的呢？遗传因素与后天教育因素，哪一项对孩子的智力发展影响更大？随着生物学、医学和神经科学的快速发展，科学家们不断地试图揭开一个个谜团：为什么有些人更加"聪明"？是否存在"聪明基因"？……本节，我们将从生物遗传学和心理统计学的角度回答以上问题。

二、原理与分析

（一）智力水平可以遗传吗？—— 一项双生子研究

从进化论及物种差异的角度来说，智力是高度遗传的；但是，在物种内部，人类个体之间的智力水平是否高度遗传，一直以来都是科学界争论的问题。一般认为，从先天的角度来说，智力具有一定的遗传性，同时，个体智力水平发展也会受到后天因素的影响。

从遗传学角度来讲，智力的遗传力有多高呢？一项关于11000对双生子的元分析结果显示，从儿童期到成年早期，双生子智力水平的相关性会显著增加，双生子智力水平的相关系数从童年期（0.41），发展到青少年期（0.55）到成年早期（0.66）（见图3）。另外一项关于双胞胎的纵向收养研究也发现了类似的结果，即从儿童早期到中期的纵向研究中，双生子智力水平的相关性也表现出增加的趋势。

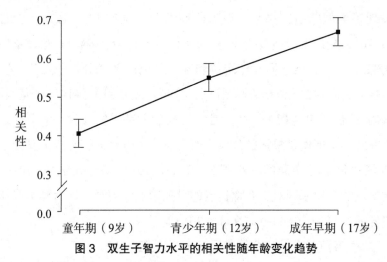

图3　双生子智力水平的相关性随年龄变化趋势

来源：Plomin，R.，Deary，I. J.（2015）Genetics and intelligence differences：five special findings. *Molecular Psychiatry*，20（1），98–108.

　　这一研究结论似乎与人们的认知常识不符。为什么会出现这样的研究结论呢？一种可能的解释是，在童年期，儿童的智力发展水平容易受到家庭教育条件等外部环境的影响，而表现出较大的个体差异；到了成年早期，人类的智力已经基本发展成熟，达到高峰水平，成年双生子智力水平的个体差异相对较小。成年双生子的智力水平受到自然成熟的影响更大，如果再附加另外一个条件——双生子从童年期开始，就在相似的环境中成长，那么到了成年早期，他们的智力相关性就会更高，如图3所示。

（二）寻找聪明基因

　　随着基因测序技术的快速发展，大规模且快速的基因测序工作已经成为可能，而且已经顺利开展。但遗憾的是，迄今为止，在寻找复杂人类行为背后的"聪明基因"的研究工作进展非常有限。一项针对7000名受试者的全基因组测序工作（Butcher，et al.，2008）仅发现了6个与认知能力相关的遗传标记（SNP），但是，一旦对多个测试的临界值进行调整，其中只有一个具有统计指标显著性。当把这六个遗传标记放在一起考虑时，它们对一般认知能力变化的解释力不足1%。

最近，另外一项（Savage，et al.，2018）更大规模的基因组测序研究也发现了类似的研究结果。该项研究综合了全球 14 个研究中心的数据（n=269876），受试者群体包括儿童、成年人和老年人。通过表达数量性状位点（eQTL）定位、染色质互作定位和基于基因的关联分析的方法，研究发现了与智力关联的 205 个相关基因位点（190 个新基因）和 1016 个基因（939个新基因）。但研究还指出，智力是一种高度多基因的性状，单个等位基因的效应非常小（即使是最强的效应，通常也小于 0.1%），并且全基因组的综合效应仅解释了总变异的一小部分（Lam，2017；Goriounova，2019）。例如，已鉴定的等位基因对受教育程度的最强影响仅解释了平行样本群体中的表型变异的 0.022%（Okbay，et al.，2016）。

（三）智商测验分数的个体差异——渐近正态分布

研究者通过大规模的调查研究表明，人类群体的智商测验分数的分布形态为渐近正态分布，即大部分人的智商测验分数为中等水平，仅有不足 1% 的个体智商测验分数高于 140 分，大约 3% 的个体智商测验分数低于 70 分。具体分布形式如表 2 所示。

表 2　智商在人群中的分布

智商测验分数	70 分以下	70—79	80—89	90—109	110—119	120—139	139 分以上
分　类	智能不足	临界不足	愚鲁	中等	聪慧	优秀	资赋优异
百分比	3	6	15	46	18	11	1

人类的智力分布呈现出中间大、两头小的形态，有大约 50% 的人的智商在 90—110 之间，有大约 90% 的人的智商水平在 80—139 分之间，即大部分人的智力水平中等。

三、对策与建议

（一）重视"遗传与教育"的共同作用对智力发展的影响

针对本节"案例导入"的问题，大规模的双生子智力发展水平相关性的研究给出了一个比较可信的答案，即实证研究结果并不支持"智力可以从父母那里高度遗传"的结论。子代的智商水平可以从父母那里部分遗传，但并不一定是高度遗传。应该说，一个人的智商水平，可以部分地从父母那里遗传，同时受到后天环境因素的影响。

作为教师，需要充分认识到后天的教育对于学生智力发展的重要性。后天教育，既包括学校教育，也包括家庭教育，只有家庭教育与学校教育密切合作，才能共同提高教育教学质量，促进学生智力水平的发展。

（二）重视家庭与环境因素对智力遗传性的影响

许多研究显示，在孕前和孕期，父亲或母亲的吸烟、酒精因素（尤其是母亲在孕期过量饮酒）、药物因素、化学因素（重金属、甲醛、甲苯等）、过量接触放射性物质、情绪等会对孩子的智力发展产生影响。还有研究指出，家庭和睦能够促进孩子智商水平的提高。

（三）重视家庭教育环境对孩子智力发展的影响

许多人认为，孩子的智力水平与父母的智力水平之间存在关联，这种关联，一方面可能是受遗传因素影响，另一方面也可能是受家庭教育环境因素影响。

弗林（Flynn，1984，1987）研究发现，从 1932 年到 1978 年，美国年轻人的 IQ 平均指数大约每 10 年增长 3 个智商分。随后，他在欧洲的 14 个发达国家同样也发现了这一规律，智力测验结果逐年持续增长的现象，被称为弗林效应（Flynn effect）。弗林效应的发生，与该地区人群的平均受教育年限的逐步提高存在一定联系。在我国，儿童智商测验是否也存在弗林效应？王爱平等（2016）通过实证分析发现，在我国也存在着智力测验的弗林效应。研究还发现，父母的受教育水平不同，其儿童的智商测验分数也存在显著差异，父母学历为大专及以上家庭的孩子的智商测验分数最高，其次父母学历为高中或职高，再次父母学历为初中和小学。研究表明，家庭教育环境对儿童智力发展产生一定的影响。

良好的家庭教育环境对于孩子的智力发展，具有积极的推动作用，这也充分说明家校合作的重要性。一方面，通过家长学校，不断改善每位学生的家庭教育环境；另一方面，通过良好的家校合作，增强学校与学生家庭之间的相互沟通，不断提高教育和教学工作水平。

第三节　智力：学校教育的作用

一、案例导入

金溪民方仲永，世隶耕。仲永生五年，未尝识书具，忽啼求之。父异焉，借旁近与之，即书诗四句，并自为其名。其诗以养父母、收族为意，传一乡秀才观之。自是指物作诗立就，其文理皆有可观者。邑人奇之，稍稍宾客其父，或以钱币乞之。父利其然也，日扳仲永环谒于邑人，不使学。

余闻之也久。明道中，从先人还家，于舅家见之，十二三矣。令作诗，不能称前时之闻。又七年，还自扬州，复到舅家问焉，曰："泯然众人矣。"……（王安石《伤仲永》）

仲永，具备较好的先天智力条件，但是在其成长过程中，未接受正规的教育，其智力水平的发展速度平缓，"作诗的才华"逐步消失。足见接受教育并长期接受良好的教育，适当增加受教育年限，对于智力的发展与提高具有重要的作用。

二、原理与分析

学校教育能够提高孩子的智商吗？答案是肯定的，学校教育可以显著提高孩子的智商测验成绩，下面几项研究充分证明了这个结论。

（一）增加受教育年限可以提高个体的智商测验成绩

在世界范围内的一项大规模实证研究表明，增加受教育的年限，对于孩子的智力水平提高具有积极的作用。该项研究采用元分析的方法，对世界范围内近20年的44项调查数据进行统计分析（被试数量为600,000），研究结果显示，在学生时代，每增加一年的受教育时间，被试的智商测验成绩（IQ）便会提高1~5分；而且研究结果还显示，被试的年龄越低，其智商测验成绩提高的分数就越多。增加受教育年限，不仅可以提高学生时代的智商测验成绩，而且这种成绩水平的提高，在整个生命周期内都持续存在。这项研究也充分证明学校教育对于提高学生智力水平的重要性。研究结果如下图所示：

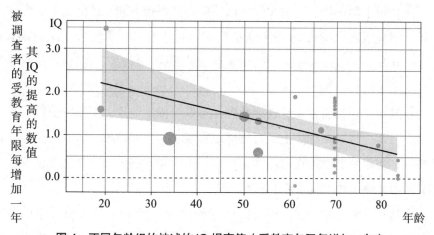

被调查者的受教育年限每增加一年其IQ的提高的数值

图 4　不同年龄组的被试的 IQ 提高值（受教育年限每增加一年）

来源：Ritchie, S. J., Tucker-Drob, & Elliot M.（2018）How much does education improve intelligence? A meta-analysis. *Psychology Science*, 29（8）, 1358-1369.

图 4 中的直线代表 IQ 的提高值，直线上下范围（浅阴影区域），表示该年龄阶段被试智力测验成绩提高的上下浮动值。从右往左，年龄越低，增加一年的学校教育对于提高 IQ 值的影响越大。

（二）改变教育条件可以影响学生的智商测验成绩

有研究表明，在自然实验中，由于不可抗拒的原因，儿童被剥夺了一段时间的学校教育后，智商成绩的下降分数高达 2 标准差，降低 1~10 分的智商测验成绩（Neisser，1996）。另外，世界经济合作组织（OECD）开展的一项国际比较研究发现，处于同龄阶段的两个孩子，一位读小学五年级，一位读小学四年级，在学年结束的时候，五年级的孩子相比于四年级的孩子，语言智商测验的成绩平均高 5 分（Cahan & Cohen，1989；Bedard & Dhuey，2006）。在发展中国家，相关研究数据也支持了上述观点。研究结果显示，对于相同年龄的学生，有些读八年级，有些读七年级，八年级学生比七年级学生的语言智商测验成绩高出 9%（Bedard & Dhuey，2006）。

（三）教育期望对学生智力发展水平产生影响

1968 年，两位学者罗森塔尔和吉布森（Rosenthal & Jacobson）在美国的一所乡村小学进行了一项实验。该实验在征得校方同意的前提下，在学期伊始，研究者对该学校 1—6 年级的所有学生进行了一项名为 "The Harvard Test of Inflected Acquisition"（哈佛学业成就测验，研究人员罗森塔尔就职于哈佛大学）的实验。

在测验之前，研究人员告诉教师，根据哈佛学业成就测验的成绩，可以预测一名学生将来在学业上是否能够取得成功。换句话说，研究人员是让教师相信，如果一名学生在哈佛学业成就测验上得了高分，就能预测他们在一年后学习成绩上将取得进步和成功。

在这所小学中共有六个年级，每个年级有三个班，这些班级中的班主任教师（18 名，其中 16 名女教师和 2 名男教师），在测验结束之后每人都获得了一份名单，即本班同学参加该项测验成绩排名前 20% 的学生的名单。研究者还特别指出，这份名单上的学生将会在学业上取得好的成绩（即实验组），其他学生作为对照组。

八个月之后，研究人员再次回到这所学校，对所有学生进行了第二次测验，测验成绩如图 5、图 6 深色数值所示，图中的纵坐标为百分比。

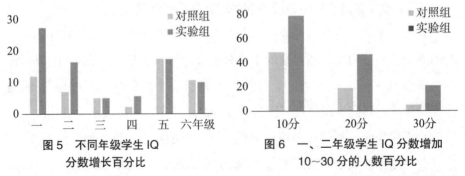

图 5　不同年级学生 IQ
分数增长百分比

图 6　一、二年级学生 IQ 分数增加
10~30 分的人数百分比

来源：a Rosenthal R，& Jacobson L.（1966）Teachers' expectancies：Determiantes of pupils' IQgains. *Psychological Reports*，19，115-118.b Roger R，Hock. *Forty Studies that Changed Psychology*. Englewood Cliffs New Jersey：Prentice Hall，2002，92-99.

实验结果令学校的教师们感到惊讶，低年级（一年级和二年级）实验组学生的 IQ 分数得到了大幅提升，令他们更为惊讶的是，研究人员交给他们的名单（测验成绩排名前 20%）并非真实名单，名单上的学生并不是测验成绩最好的学生，而是从班级里随机挑选的学生。研究采用的"哈佛学业成就测验"，其真实名称为"综合能力测试"（The Test of General Ability），该测验由弗拉纳根（Flanagan）在 1960 年编制，它是一种公平性的智力测验量表（该测验可以避免或降低由于家庭背景不同而带来的儿童早期智力测验的不公平性）。

这就是著名的罗森塔尔实验，研究发现，对于小学低年级的学生来说，教育期望可以影响学生学业成就，积极教育期望可以促进学生智商测验成绩的提高。这也就是我们常说的"罗森塔尔效应"。

三、对策与建议

（一）早期学校教育对于学生发展的重要影响

王安石的名篇《伤仲永》及"原理与分析"部分的研究充分证明，在学龄期，缺失"科学与合理的教育"将会影响学生智商水平提高。科学合理的学校教育，将会有效促进学生智商水平提高。研究还发现，增加学生的受教育年限，可以提高个体的智商测验成绩，而且对于年龄越小的受教育者来说，增加其受教育年限，他们的获益将会更多。

良好的学校教育需要遵循科学规律，需要依据学生年龄特点和智力发展水平，安排恰当的教育内容。心理学家维果茨基的"最近发展区理论"（跳一跳，摘桃子）对于学生智力开发具有积极的指导作用；此外，儿童发展心理学家皮亚杰在其"认识发生论"中关于儿童智力发展的阶段理论（感知运动、前运算、具体运算和形式运算四个阶段）也具有良好的指导意义。我国学者在儿童智力发展方面也开展了大量研究，取得了一系列的研究成果。研究者们初步探明了小学生和中学生思维发展的特点，为学校教育中科学开发学生智力和提高学生智力水平提供了理论支持。建议教师尊重教育规律，从学生智力发展的实际出发，设计科学的教学方案，提高教学效果。

（二）教师需要依据小学生智力水平发展的基本特点，开展有效的教学活动

在小学教育阶段，思维发展是智力发展的核心。在小学一年级和二年

级，学生的思维活动以具体形象思维为主，在进行数学运算及字词概念学习的时候，大部分学生仍然依赖于具体实物。随着年龄的增长，这种趋势开始逐步减弱。大多数研究认为，小学四年级（9~10岁）是具体形象思维向抽象逻辑思维过渡的关键时期。在小学阶段，学生的思维结构不断趋于完善。一方面，思维类型由具体形象思维逐步向抽象逻辑思维发展，另一方面，思维的目的性和思维监控能力也在不断发展与完善。

了解小学生的思维发展特点，是开展有效教学活动的基础。小学教师需要有意识地探索和理解不同年龄阶段的学生的思维发展特点，选择合适的教学难度，提高教学质量。

（三）中学教师需要了解不同年龄阶段学生的思维发展特点，开展有效的教学活动

作为一名中学教师，掌握不同年龄阶段学生的思维发展特点，对于提高其教学水平，具有重要的意义。在初中阶段（12~14岁），学生的形象思维趋于成熟，抽象逻辑思维开始占据优势。从初中二年级开始，学生的抽象逻辑思维开始由经验型水平向理论型水平转化。在高中阶段（15~17岁），学生的形象思维已经发展成熟，抽象逻辑思维的发展也开始步入成熟期。在高中二年级（约16岁）时，学生的抽象逻辑思维趋向成熟。

教师在熟悉不同年龄阶段的中学生的思维发展特点的基础上，选择适合中学生学习难度的教学任务，因材施教，可以不断地提高教学效果。

第四节　智力理论的新进展及创造力

一、案例导入

常春藤八大名校同发录取书，美国一名高中生愁选择

美国纽约州长岛的一位名叫夸西·恩宁（Kwasi Enin）的高中生表示，自己被全部八所常春藤大学录取。恩宁是纽约州人，就读于位于长岛附近的

威廉弗洛伊德中学，父母都是护士，他本人想学医。据悉，恩宁在学校里担任铅球选手，还在乐团里负责拉大提琴，大家对他能被全部常春藤联盟学校录取都感到惊讶，因为他不是班里学习成绩最优的学生。

"被耶鲁录取时我就惊呆了，"恩宁说，"然后又接到哈佛的录取电子邮件，我激动坏了。"

对于这位17岁的高中生来说，在一个月的时间里，选择和决定"入学"普林斯顿大学，还是哈佛大学、耶鲁大学，或者哥伦比亚大学读书，确实有点儿难。

不过，恩宁自己说："我觉得目前最感兴趣的是耶鲁，因为该校提供的助学金'接近'四年全额奖学金。"（中国新闻网：http://edu.china.com.cn/2014-04/03/content_31994618.htm.）

二、原理与分析

（一）加德纳的多元智力理论

多元智力理论最初由哈佛大学教授加德纳及其合作者经过多年研究提出。该理论（1983，1998，2003）认为，智力的内涵是多元的，由八种相对独立的成分构成。这八种成分分别为：言语智力、逻辑－数理智力、身体－动觉智力、音乐－节奏智力、视觉－空间智力、人际智力、自省智力、自然观察智力。

多元智力理论丰富了智力的概念，突破了传统智商理论限制，使智力理论研究向更为宽广的领域延伸。多元智力理论对于基础教育改革具有一定的启发意义。

（二）成功智力理论

成功智力理论是斯滕伯格在智力的三元理论基础上结合大量实验研究于1996年提出的，该理论具有更高的实践价值，是对传统智力理论的又一次突破。斯滕伯格认为，传统的智力理论仅关注学生的学业方面，关注的方面过于狭窄。斯滕伯格还认为，新的智力理论应当与真实世界的成功相联系，应当能够解释生活中的各种成功，即所谓成功智力。成功智力包括分析性智力（analytical intelligence）、创造性智力（creative intelligence）和实践性智力（practical intelligence）三个方面。

成功智力理论认为：（1）成功智力是指促使个体在生活中取得成功的能力；（2）个体取得成功的能力，依赖于充分发挥自己的长处并有效弥补自己的不足；（3）成功是通过三个方面智力（分析性、创造性和实践性智力）的平衡获得的；（4）智力平衡是在适应、塑造和选择环境过程中实现的（传统的智力理论过分强调个体对环境的适应，譬如皮亚杰认为，智力的本质就是适应）。

关于成功智力的一则故事

一个名叫罗伯特的小男孩出生在美国新泽西州的纽华克小镇，他的父母都没有受过大学教育。在读小学的时候，罗伯特有严重的测验焦虑症，因为面对团体智力测验，他经常失败。在读小学四年级时，一位名叫阿列克莎的教师，不像其他教师那样（过分相信智商测验成绩），而是给予智商测验成绩低的学生更多的信任，给予他们更多的学习自由，这让他逐步摆脱了以往因智商分数带来的不良自我预期，逐渐成为一名优等生。中学毕业后，他考入耶鲁大学心理系，但由于自己不擅长"心理学导论"课程内容的死记硬背，被迫转入数学系学习。在心理系时，一位教师甚至对他说，心理学界已经有一个著名的斯滕伯格（Saul Sternberg，信息加工"加因素法"的提出者）了，不可能再有第二个。多年之后，罗伯特通过自己的不断努力，获得博士学位，并到耶鲁大学任教，2003年任美国心理学会主席。

故事的主人公罗伯特，为心理学家罗伯特·斯滕伯格，他提出了著名的智力三元理论和成功智力理论。

（三）创造力

创造力，有时也称为创造性，是指个体不受成规的束缚而能灵活运用知识、经验，产生新思想，或发现和创造新事物的能力。创造力是成功完成某种创造性活动所必需的心理品质。

吉尔福特把思维分为发散思维和辐合思维，他认为发散思维是创造力的主要成分。在创造力测验中，研究者经常用发散思维的流畅性、变通性、独特性这三个特性来衡量创造力水平的高低。发散思维的流畅性是指个体在单位时间内列出发散项目的数量多寡，个体创造力水平越高，其在短时间内想出的项目数量也就越多。变通性是指发散项目的范围或维度，个体创造力水平越高，其在解决问题时就越能够触类旁通，举一反三。独特性是指个体能够针对问题，提出新颖、独特的见解（彭聃龄，2011）。

三、对策与建议

（一）学校教育中，应当鼓励学生全面发展

在案例中提到的恩宁并不是因为考试成绩最高，而是因为他在学校中全面发展，最后被多所著名高校同时录取。在学校教育过程中，应该逐步摆脱传统智力测验和传统考试方式中仅关注学生"言语能力、逻辑思维能力"的思想束缚，应该更多地关注学生的个体差异性，鼓励学生发展自己的优势和长处，提倡全面发展。从教学目标、教学内容、培养方式、评价方式等多个方面进行改革，促进学校教育教学质量的提高，促进学生健康发展，造就高素质人才。

（二）在学校教育中，教师需要科学认识智商测验的价值

从本节关于罗伯特·斯滕伯格的成功智力理论的案例中，我们可以看出，传统的智力理论存在许多不足，此外，传统的智商测验分数对于学生学业成就的预测效果，也相对有限。研究表明，智力测验的成绩与学生的学业成就存在相关。一般来说，普通智力测验成绩与学生学业成就的平均相关系数约为 0.46。在小学阶段，二者相关系数较高，在 0.60~0.70 之间；中学阶段二者的相关系数在 0.50~0.60 之间；大学阶段二者的相关系数在 0.40~0.50 之间；在研究生阶段，二者的相关系数在 0.30~0.40（Jensen，1986；Sternberg，1986）。

作为一名中小学教师，可以充分认识智力测验的价值，但不应该盲目相信智力测验。通过智力测验，教师可以了解某位学生智力发展的一般特点，或者某领域的智力特长（言语、数理逻辑、空间思维等），开展个性化的教学。

（三）在学校教育中，重视智力因素和非智力因素的共同培养

作为一名教师，不应仅仅关注学生的考试成绩，尤其不能够仅仅看重学生语文、数学、英语等主干课程的考试成绩。多元智力理论认为，言语智力、逻辑－数理智力仅是构成智力的其中两个因素，自然观察智力、视觉－空间智力、音乐－节奏智力、人际智力等在个体智力发展中也具有重要作用，重视学生多元智力的培养，对于改善教育评价体系，提高教育水平具有重要的作用。

智商与个体成功之间并非一一对应关系。对于许多优秀的科学家、企业家、管理者来说，在学生时代，其智力水平并不是特别出众，但是凭借着"Genius is 1% inspiration and 99% perspiration"（天才是 1% 的灵感加上 99% 的汗水——爱迪生）、"聪明出于勤奋，天才在于积累（华罗庚）"的精神和干劲，他们最终取得骄人的业绩。智力因素是促成成功的一个重要因素，但不是唯一因素；非智力因素，例如远大理想、执行力（目标）、坚持不懈的精神、创新精神、自信心、合作能力等，都是影响个体成功的重要因素。

阅读材料

1. 韦氏成人智力量表题目举例。

测验名称		测验内容	测验实例
言语量表	常识	知识的广度	水蒸气是怎样来的？
	两物相似	抽象概括能力	圆形和三角形有何相似？
	词汇	语词知识	"类似"是什么意思？
操作量表	填图	视觉记忆及视觉的理解性	指出每张图缺少了什么，并说出名称。
	图片排序	对社会情景的理解能力	把三张以上的图片按正确顺序排列，并说出一个故事。

资料来源：韦氏成人智力量表，1955.

2.瑞文智力测验题目举例。

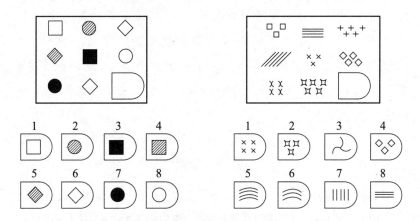

3.在教育中，教师为什么（口头上）喜欢创造性，但是实际行动中却不是这样呢？

大部分人认为，创造力是科学发现的引擎，是积极变化的根本动力。（Hennessey & Amabile，2010）然而，在现实教育生活中，我们却不鼓励创造性的想法。

Mueller J. S.，Melwani S. 和 Goncalo J. A.（2012）通过内隐测验和实验法的方式，探讨"结果不确定性""不确定性回避"（风险偏好水平）与被试对"创造性的偏见"之间的关系。研究结果表明，在不确定性的环境中，随着"结果的不确定性"水平升高，被试对"创造性的偏见"水平也逐步升高；研究还表明，被试对"不确定性容忍程度越低"，其"创造性的偏见"越高，他们的创新行为也越少。

教育启示：在教育过程中，学校教育鼓励学生的创造性行为，但是在进行学业评价时（期中与期末考试），试题的参考答案多为"标准答案或唯一答案"；另外，很多学校采用大班额教学的方式（每个班级45~60人），任课教师的精力有限，难以采用个性化教学或辅导；加之，在课堂作业批改过程中，教师为了节省时间，多采用流水化批改作业的形式。这些方式和行为都不利于学生创造性的培养。

改变教学评价形式，改变授课形式，改变教师的课堂提问形式，鼓励学生的批判思维、质疑精神，提高学生的创造力。

推荐阅读图书：白学军《智力发展心理学》（安徽教育出版社 2004 年版），蔡笑岳等《智力心理学》（暨南大学出版社 2012 年版），陈琦、刘儒德《教育心理学（第二版）》（高等教育出版社 2011 年版），林崇德《发展心理学（第二版）》（人民教育出版社 2008 年版），朱永新《教育的奇迹》（上海教育出版社 2009 年版）。

参考文献

［1］林崇德.发展心理学（第二版）［M］.北京：人民教育出版社，2008.

［2］王爱平，周黎明，张厚粲.中国儿童智力测验的弗林效应及其影响因素［J］.中国考试，2016（5）.

［3］燕国材.智力与学习［M］.北京：教育科学出版社，1981。

［4］朱智贤.心理学大词典［M］.北京：北京师范大学出版社，1989.

［5］Barbey A K.（2018）Network Neuroscience Theory of Human Intelligence. *Trends in Cognitive Sciences*，22（1），8–20.

［6］Bentler P M.（1995）EQS Structural Equations Program Manual，Multivariate Software，Inc.

［7］Brown A L，& French A L.（1979）The zone of potential development：implications for intelligence testing in the year 2000. In R. J. Stemberg & D. K. Detterman（Eds. ），*Human intelligence：Perspective on its theory and measurement*（pp. 217–235）. Norwood, NJ：Ablex.

［8］Butcher L M, Davis O S P, Craig I W, & Plomin R.（2008）Genome–wide quantitative trait locus association scan of general cognitive ability using pooled DNA and 500K single nucleotide polymorphism microarrays. *Genes*，*Brains and Behavior*，7，435–446.

［9］Deary I J.（2001）Human intelligence differences：a recent history. *Trends in Cognitive Sciences*，5（3），127–130.

［10］Flynn J R.（1984）The Mean IQ of Americans：Massive Gains 1932 to 1978. *Psychological Bulletin*，95（1），29–51.

［11］Flynn J R.（1987）Massive IQ gains in 14 nations：What IQ tests really measure. *Psychological Bulletin*，101（2），171–191.

［12］Goriounova N A, Mansvelder H D.（2019）Genes, Cells and Brain Areas of

Intelligence. *Frontiers in Human Neuroscience*, 13(44), 1–14.

[13] Lam M, Trampush J W, Yu J, et al. (2017) Large–scale cognitive GWAS meta–analysis reveals tissue specific neural expression and potential nootropic drug targets. *Cell Report*, 21, 2597–2613.

[14] Mueller J S, Melwani S, & Goncalo J A. (2012) The Bias Against Creativity : Why People Desire but Reject Creative Ideas. *Psychological Science*, 23 (1), 13–17.

[15] Okbay A, Beauchamp J P, et al. (2016) Genome–wide association study identifies 74 loci associated with educational attainment. *Nature*, 533, 539–542.

[16] Plomin R, Deary I J. (2015) Genetics and intelligence differences: five special findings. *Molecular Psychiatry*, 20 (1), 98–108.

[17] Richard E, Joshua A, et al. (2012) Intelligence: Knowns and unknowns. *American Psychologist*, 51, 77–101.

[18] Savage J E, et al. (2018) Genome–wide association meta–analysis in 269, 867 individuals identifies new genetic and functional links to intelligence. *Nature genetics*, 50, 912–919.

[19] Sternberg R J. (1986) *Handbook of Human Intelligence*. Cambridge: Cambridge University Press, 526–527.

[20] Wechsler D. (1997) Manual for the Wechsler Adult Intelligence Scale–III, Psychological Corporation.

第八章
教师应知的学生异常心理

作者：郭海峰

近年来中小学学生心理问题为大家所关注，社会及家庭开始慢慢转变观念，从只重视学生的学业能力，转为也关心重视学生的心理健康。对于学校教师而言，学习心理健康方面的知识，显然很有必要，因为青少年处于生长发育阶段，心智还未发育成熟，很多时候会受到周围人、事、物的影响而产生一些心理问题。这一章，我们就和大家探讨学生的异常心理。

第一节　异常心理概述

人的心理用二分法可以划分为正常心理和异常心理，那么，怎么来区分正常心理和异常心理呢？

郭念锋教授认为，区分心理的正常和异常，就应该从心理学角度切入，以心理学对人类心理活动的一般性定义为依据，才能使该问题明确化，根据心理学对心理活动的定义，即心理是客观现实的反映，是脑的机能，他提出判断正常和异常心理的三条原则（也称为判断病与非病的三原则）。

一、主观世界与客观世界统一性原则（有无幻觉、妄想、自知力）

因为心理是客观现实的反映，所以任何正常心理活动或行为，必须就形式和内容上与客观环境保持一致性，不管是谁也不管是在怎样的社会历史条件和文化背景中，如果一个人说他看到或听到了什么，而客观世界中，当时并不存在引起他这样感觉的刺激物，那么我们可以肯定，这个人的精神活动不正常了，他产生了幻觉。另外，一个人的思维内部脱离现实，或思维逻辑背离客观事物的规定性，这时我们便说，他产生了妄想。这些便是我们观察和评价人的精神和行为的关键，我们称之为统一性（或同一性）标准。人的精神或行为只要与外界环境失去统一性，必然不能被人理解。在精神科临床上，常把有无"自知力"作为判断精神病的指标，其实这一指标已涵盖在上述标准之中。

二、心理活动内在协调性原则（知情意协调一致）

人类的精神活动虽然可以被分成认知、情绪情感、意志、行为等部分，但它自身确乎是一个完整的统一体，各种心理过程之间具有协调一致的关系，这种协调一致性，保证人在反映客观世界过程中的高度准确和有效，比如一个人遇到一件令人愉快的事，会产生愉快的情绪，手舞足蹈，欢快地向别人述说自己的内心体验，这样我们就可以说他有正常的精神和行为，如果不是这样，而是用低沉的语调向别人讲述一件令人愉快的事，或者对痛苦的事作出快乐的反应，我们就可以说他的心理过程失去了协调一致性，称为异常状态。

三、人格的相对稳定性原则（没有外在原因，人格稳定性出了问题）

每个人在长期的生活道路上，都会形成自己独特的人格心理特征，这种人格特征一旦形成，便有相对稳定性，在没有重大外界变革的情况下，一个人的人格相对稳定性出现问题，我们也要怀疑这个人的心理活动出现了异常。这就是说，我们可以把人格的相对稳定性作为区分心理活动正常与异常的标准之一，比如一个用钱很仔细的人，突然挥金如土，或有一个待人接物很热情的人，突然变得很冷漠，如果我们在他的生活环境中找不到足以促使他发生改变的原因，那么，我们就可以说，他的精神活动已经偏离了正常轨道。

根据郭念锋教授提出的"病与非病三原则"，当一个人突破了其中的一个原则时，我们可以认为他当时的心理状态为异常，或称为病态。当前国内普遍认可把人的心理分为正常心理和异常心理，在这个基础上，又把正常心理分为心理健康和心理不健康两种情形，把异常心理分为神经症和精神障碍两种（具体见表1）。心理不健康包含一般心理问题、严重心理问题及可疑神经症，属于心理咨询范畴，一般通过自我调节或心理咨询可以调适好，而异常心理中的神经症和精神障碍，需要到专科医院进行心理治疗或药物治疗。

表1　人的心理分类

正常心理	心理健康		
	心理不健康	一般心理问题	
		严重心理问题	
		神经症性（疑似神经症）	
异常心理	神经症		恐惧症、焦虑症、抑郁症、强迫症、神经衰弱、躯体形式障碍
	精神障碍		人格障碍、性行为障碍、精神分裂症、心境障碍、生理障碍与疾病

作为中小学教师，了解中小学生的一些异常心理非常必要，它能让我们更加全面地了解学生，遇到一些特殊情况也能有针对性地进行教育，同时可以反思自己之前的教育是否有不当之处。接下来几节，将要讲述考试焦虑、抑郁症、网络成瘾及精神分裂四种较为典型的异常心理，当然，异常心理不止这四种，列举它们是因为它们更有代表性且更加常见。

第二节　考试焦虑症

一、案例导入

他为什么越来越怕考试?

江聪（化名），平时学习刻苦努力，成绩一直很好，但心理压力十分沉重，正如他自己所说：进入初三，情况发生了变化，学校的要求高了，家庭的期望大了，心理不知不觉就变得沉甸甸的，总怕自己考不上重点高中。从进校门的第一天，他学习就相当刻苦，家里也从来不会让他多干活，他几乎把所有的时间和精力用在了文化学习上。最近每次考试前一天，他就开始紧张，怕考不好，总是复习到很晚，睡觉也睡不着。进入考场手发抖、出汗、心慌，总想上厕所。一拿到试卷，一旦有不会的题大脑就一片空白，明明会的知识也很难想起来。与此同时，他也很怕看到老师和家长期待的目光，唯恐出现失误，对不起学校和老师，对不起父母，对不起自己的努力。可是他越紧张越考不好，现在很苦恼，不知道怎么办。考试的分数像一块巨石压在他的心上，久久不能移去。无疑，这对学习和健康都产生了不利的影响，他也知道这样不好，但是不能自拔。

二、原理与分析

（一）何为焦虑症

焦虑是一种不愉快的、痛苦的情绪状态，同时伴有躯体方面的不舒服体验。而精神专家指出焦虑症就是一组以焦虑症状为主要临床表现的情绪障碍，往往包含三组症状：

（1）躯体症状：患者紧张的同时往往会伴有自主神经功能亢进的表现，比如心慌、气短、口干、出汗、颤抖、面色潮红等，有时还会有濒死感，心里面难受极了，觉得自己就要死掉了，严重时还会有失控感。

（2）情绪症状：患者感觉自己处于一种紧张不安、提心吊胆、恐惧、害怕、忧虑的内心体验中。紧张害怕什么呢？有些人可能会明确说出害怕的对象，也有些人可能说不清楚害怕什么，但就是觉得害怕。

（3）神经运动性不安：坐立不安、心神不定、搓手顿足、踱来踱去、小动作增多、注意力无法集中，自己也不知道为什么如此惶恐不安。

（二）考试焦虑症形成的原因

考试焦虑症是焦虑症的一种特殊类型，由对考试的担忧造成，其表现比一般的焦虑症要轻微一些。考试焦虑形成的原因包括两个方面：一是微观方面，即个体身心因素对考试焦虑水平的影响；二是宏观方面，即外部因素（包括家庭教育、学校教育和社会环境）对个体焦虑水平的影响。

个体身心因素：

（1）遗传。考生受父母遗传基因影响而导致神经类型强弱不同，这使得一些人对环境刺激较为敏感，易产生紧张反应。这一类人的考试焦虑程度较高。

（2）成熟水平不同。在不同的年龄阶段，个体的考试焦虑程度有所不同，这是由于生理成熟水平对个体考试焦虑的影响。一般来说，中学生因心理开始成熟，而且开始面临前途的选择，因此最易产生焦虑。

（3）健康状况。身体健康与否，也影响考试焦虑。身体健康，精力充沛，情绪稳定，能够正确面对考试；而身体不健康的人，对将要面对的考试尤其是重要考试会产生心理焦虑。

（4）自我期望过高。根据耶克斯－多德森定律可知，当动机太低或太高时，都不能够很好地完成任务。

（5）认知偏差。学生对考试的性质、利害关系认识存在偏差，过分看重，过于绝对化，并且对自身的能力评价过低，会给自己造成很大的压力，情绪反应强烈，从而产生紧张焦虑的情绪。

外部因素：

（1）家长或学校给予的期望过大，超出学生的能力范围，这种外在并不可改变的压力使得学生变得惊恐不安。

（2）环境的改变：学生考试时到一个全新的教室中，对里面的环境感到陌生，可能会产生孤独无助感，加重考试焦虑。

三、对策与建议

当学生出现考试焦虑时，教师能起到很大的作用。学生面临巨大的压力，教师或父母如果不顾一切地给学生施压，不仅不能提高其学习效果和成绩，反而会导致一系列心理问题，从而"弄巧成拙"。作为教师，当发现学生心理压力过大时，应当允许、鼓励、引导孩子适当地放松，把自己放到一个平稳、开阔的心理环境中。考试期间焦虑情绪适度，有助于考生考出好成绩；而过度焦虑，一定会影响考生正常发挥。下面谈谈如何帮助学生面对考试焦虑。

（一）认知调整：端正考试动机，调整期待水平

可以找学生谈话，了解其考试动机，帮助学生将考试动机调整到适当水平。告诉学生，期待水平过高，超过自身的实际水平和能力，会因没有把握实现目标而失去信心，影响复习效果和质量，也会在考试期间因过分忧虑而心烦意乱，影响正常水平的发挥。要正确认识考试目的，一次考试只是对自己的一次测验而已，即使是高考，也并非可以决定人的一生。

（二）自信心训练

首先，指导学生把一些朦胧的消极暗示用清晰的书面语言表达出来。叫学生坐在桌前，静下心来，在一张白纸上把自己对考试的所有担忧逐条写下来，使他清楚地意识到自己当前消极的自我暗示究竟有哪些。

其次，对消极暗示中的不合理成分进行自我质辩，指出这种消极暗示的不现实性和不必要性，阐明由此对个人造成的危害，并明确今后应采取的态度，给自己积极的自我暗示。

最后，养成向消极自我意识挑战的习惯。反复运用对抗手段，让积极的自我意识最终战胜消极的自我意识。不断地自我暗示，不断地重复，即运用自我暗示中的替换规律，将积极正面的思想反复灌输给大脑中的潜意识，原来消极的思想就会慢慢萎缩，最终被替换掉。

（三）行为矫正法

行为矫正法包括放松训练和系统脱敏两种方法，假如你是具有国家二级心理咨询师资格的老师，可以尝试在学校对考试焦虑的学生做一做这方面的训练，假如你不具备国家心理咨询师资格，你可以把有考试焦虑的学生推荐到学校的心理咨询中心，请专业老师来帮助学生矫正。

（四）其他方法

1. 睡眠消除法。

事实证明，很多临考学生的"考试焦虑"是由学习过度疲劳、睡眠不足引起的。针对这种情况，学生一般不适宜"夜半挑灯"苦读，要养成中午小睡的习惯。因为良好、充足的睡眠可以消除大脑疲劳，带来充沛的精力和清醒的头脑。充足的睡眠是从容应考的前提，也是克服考试焦虑情绪行之有效的方法。

2. 运动消除法。

学生以脑力活动为主，而适当的运动是消除大脑疲劳的有效方法。广大临考学生可根据自己的实际情况，散散步、打打球、做做体操。因为运动可以消除人体内一些令人紧张的化学物质，虽然肌肉会出现疲劳，但可以放松神经。

3. 兴趣消除法。

人们在从事自己感兴趣的事情时，整个身心都会投入进去，进入一种物我两忘的境界，什么忧愁烦恼都会抛到九霄云外。因此，学生在紧张的学习之后，做一些感兴趣的事情，如唱歌、看报、听音乐等，都可以消除疲劳，化解烦恼，远离考试焦虑情绪。

4. 情绪宣泄法。

情绪宣泄是缓解压力、保持心理平衡的重要手段。众所周知，有些考试焦虑情绪是由于坏情绪的不断积压引起的，如升学压力使人透不过气来、考试成绩不理想、家长的啰嗦等，都可能使心情变坏，久而久之，就会出现"考试焦虑情绪"。针对这种情况，可采用以下方法：聊天法，即通过向亲人或朋友述说自己的压力，求得他人的理解和同情，让自己的内心得到调整；

哭笑法，如果内心憋得难受，又无法与人倾诉，可以找一个适宜的地方，放声大哭或大笑，以宣泄自己内心的不平；书面释放法，可以用写日记或书信的方式，释放自己的苦恼；上网法，有条件、会上网的学生可适当通过电脑网络与网友交流思想，排遣烦恼。

5. 游戏转移法。

游戏转移即通过开展游戏活动，让处于"考试焦虑情绪"中的临考学生参与其中，进入角色，忘记疲劳，转移注意力，释放体内积聚的负能量，调整机体的平衡，摆脱内心的烦恼。

6. 食疗法。

食疗法就是增加身体营养的方法，临考学生脑力劳动强度大，能量消耗大，需补充充足的营养。因此，应当为考生们提供更多含蛋白质、脂肪、碳水化合物的食物，同时还要补充大脑所需的维生素、氨基酸以及钙、铁、锌等微量元素。

7. 音乐疗法。

音乐能影响人的情绪行为和生理机能，不同节奏的音乐能使人的生理、心理节律发生良性的变化。如：圣洁、高贵的音乐，可净化灵魂、开阔境界；平缓的音乐给人以安全感、舒适感；清澈、高雅的古典音乐，可以提高人们的记忆力、注意力；流行音乐，可使人感情投入；时尚音乐，可使人释放心声。

8. 寻找专业心理咨询（含心理治疗）。

对于比较严重的考试焦虑症，如出现了比较频繁的躯体症状，严重影响学生的正常学习和生活时，我们要高度重视，拖延下去情况会变得更糟，教师要做的就是帮助家长树立生病就医的意识，到一些大型医院或专门的精神卫生医院的心理科或身心科，寻找专业的心理治疗，听从医生安排。

目前大多数家长对心理健康的知识还比较缺乏，自己的孩子有了心理上的问题不愿意承认，害怕孩子会被歧视，尤其是对去医院就诊比较排斥。教师要做的工作就是说服家长，生病了就要就医，告诉他们心理健康问题已经是个普遍问题，不要有太多顾虑，要相信专业的力量，相信科学。当然，教师在这个过程中，一定要为学生保密，不要在班上讲述该生就医的情况，以避免引起其他学生的误会和歧视，否则给学生当事人带来的伤害将无法估量。作为学校，在一些大的考试之前，可以邀请一些心理专家到学校开展如何应对考试焦虑的讲座，让学生增加这方面的知识储备，做到有效预防。

第三节　抑郁症

一、案例导入

他为何想不开？

求助者王抗抗（化名），17岁的初三男生，由于长期莫名其妙地压抑痛苦，对一切了无兴趣，情绪极度低落，有自杀倾向。

小学的时候，他是开朗的、快乐的，天天高高兴兴的，同学们都叫他"开心果"。他是家里的好孩子，学校的好学生。但现在变得十分抑郁，情绪总是很差，整天提不起精神，感觉生活很无聊，常常感到莫名的压抑和痛苦。每当情绪低落的时候，总感到浑身不舒服，头昏昏沉沉的，虽然他极力去控制，但依然对什么都提不起兴趣。有时候特别能吃，有时候又吃得很少，晚上睡不着，即使睡得了也很不踏实。他常常责备自己，一点小事情就情绪低落，活得很累。在家里总是和父母唱反调，容不得父母责备自己，常常默不作声地表示愤慨和抗议，虽然有时也理解父母的苦心，却控制不了自己，经常伤害他们。初二的一次考试全班倒数，还有一次老师点名回答问题，结果他什么也没答，老师挖苦，同学嘲笑……他都不想活了。

"我感觉前途渺茫，自己是世界上最不幸的人。难过的时候，我不知道怎么办，站在大桥上，望着河水，我是多么想一死了之，远离这个世界，安静地生活在另一个天地里。"

该同学经过专业精神科大夫的诊断，确诊为中重度抑郁症。

二、原理与分析

（一）何为抑郁症？

抑郁症又称抑郁障碍，以显著而持久的心境低落为主要临床特征，是心境障碍的主要类型。临床可见心境低落与其处境不相称，情绪的消沉表现为闷闷不乐，悲痛欲绝，自卑抑郁，悲观厌世，有自杀企图或行为，甚至发生木僵；部分病例有明显的焦虑和运动性激越；严重者可出现幻觉、妄想等精神病性症状。每次发作持续至少两周以上，长者甚或数年，多数病例有反复发作的倾向，每次发作大多数可以缓解，部分可有残留症状或转为慢性。

（二）抑郁症的诊断标准

在我国，由于大多数人对抑郁症认知不足并存在诸多误区，抑郁症就诊率不足10%。多项针对中学生的流行病学调查发现，中学生抑郁症状的检出率为23.7%~54.4%，其中重度抑郁症状检出率为3.3%~9.68%。抑郁症可以表现为单次或反复多次的抑郁发作，以下是抑郁发作的主要表现。

1. 心境低落。

主要表现为显著而持久的情感低落，抑郁悲观。轻者闷闷不乐、无愉快感、兴趣减退，重者痛不欲生、悲观绝望、度日如年、生不如死。典型患者的抑郁心境有早晨重夜晚轻的节律变化。在心境低落的基础上，患者会出现自我评价降低，产生无用感、无望感、无助感和无价值感，常伴有自责自罪，严重者出现罪恶妄想和疑病妄想，部分患者可出现幻觉。

2. 思维迟缓。

患者思维联想速度缓慢，反应迟钝，思路闭塞，自觉"脑子好像是生了锈的机器"，"脑子像涂了一层糨糊一样"。临床上可见主动言语减少，语速明显减慢，声音低沉，对答困难，严重者无法顺利进行交流。

3. 意志活动减退。

患者意志活动呈显著持久的抑制。临床表现为行为缓慢，生活被动、疏懒，不想做事，不愿和周围人接触交往，常独坐一旁，或整日卧床，闭门独居、疏远亲友、回避社交。严重时连吃、喝等生理需要和个人卫生都不顾，蓬头垢面、不修边幅，甚至发展为不语、不动、不食，称为"抑郁性木僵"。严重者常伴有消极自杀的观念或行为。

4. 认知功能损害。

研究认为抑郁症患者存在认知功能损害。主要表现为近事记忆力下降、注意力障碍、反应时间延长、警觉性增高、抽象思维能力差、学习困难、语言流畅性差，空间知觉、眼手协调及思维灵活性等能力减退。认知功能损害导致患者社会功能障碍。

5. 躯体症状。

主要有睡眠障碍、乏力、食欲减退、体重下降、便秘、身体任何部位的疼痛、性欲减退、阳痿、闭经等。躯体不适的体诉可涉及各脏器，如恶心、呕吐、心慌、胸闷、出汗等。自主神经功能失调的症状也较常见。睡眠障碍主要表现为早醒，一般比平时早醒 2~3 小时，醒后不能再入睡，这对抑郁发作具有特征性意义。有的表现为入睡困难，睡眠不深；少数患者表现为睡眠过多。体重减轻与食欲减退不一定成比例，少数患者可出现食欲增强、体重增加。

（三）抑郁症的成因分析

迄今为止，抑郁症的病因没有定论，但可以肯定的是，生物、心理与社会环境诸多因素参与了抑郁症的发病过程。生物学因素主要涉及遗传、神经生化、神经内分泌、神经再生等方面；与抑郁症关系密切的心理学易患素质是病前性格特征，如抑郁气质。成年期遭遇应激性的生活事件，是导致出现具有临床意义的抑郁发作的重要触发条件。然而，以上这些因素并不是单独起作用的，强调遗传与环境或应激因素之间的交互作用以及这种交互作用的出现时点在抑郁症发生过程中具有重要的影响。

三、对策与建议

调查显示，我国每年有 28.7 万人死于自杀，其中 60% 有精神障碍，40% 患有抑郁症。因抑郁症而自杀的不乏名人，包括凡·高、海明威、三毛、张国荣等。消极悲观的思想及自责自罪、缺乏自信心可萌发绝望的念头，认为"结束自己的生命是一种解脱""自己活在世上是多余的人"，并会使自杀企图发展成自杀行为。这是抑郁症最危险的症状，应提高警惕。

（一）如何做到早发现

因为心理健康知识的缺乏，很多人对抑郁症仍是"不识庐山真面目"，加上孩子不会表达，所以要学会细心观察。下面，我们就来看看学生有抑郁症的前兆表现有哪些。

（1）成绩下降：孩子的成绩突然下降，青少年时期的抑郁使孩子很难集中精力，这会使孩子很难听老师的话，难以继续完成家庭作业。

（2）缺乏兴趣：达到目的也不开心，对以往感兴趣的事情不太热衷。快乐的回忆也勾不起愉悦的心情。没有小伙伴也不以为意。

（3）身体出问题：患者一般年龄较小，不会表述情感问题，只说身体上的某些不适。比如有的说头痛头昏；有的说呼吸困难；有的说嗓子里好像有东西，影响吞咽。他们的"病"似乎很重，呈慢性化，或反复发作，但做了诸多医学检查又没发现什么问题。还有一些厌学特征，如孩子一到学校门口、教室里，就感觉头晕、恶心、腹痛、肢体无力等，当离开这个特定环境，回到家中，一切又都正常。

（4）自我评价低：总是说自己不好，别人不喜欢自己，做事做不好等，思维比较负面。

（5）要换环境，饮食睡眠结构改变：他们可能会觉得目前的环境不好，寻找各种理由想要离开目前的环境，如转学或者退学等。当真的到了一个新的地方，他们的状态并没有随之好转，反而另有理由和借口，还是认为环境不尽如人意，反复要求改变。饮食睡眠也变得不一样，有些孩子会暴饮暴食，或者厌食挑食。有时也会出现睡眠紊乱、早醒、不易入睡等现象。

（6）脾气暴躁，易怒，有点反常：一般表现为总是与父母顶嘴，而后父母不轻不重的话都能引起情绪的波动和剧烈反应。不整理自己的房间，乱扔衣物，各种事情都拖延等。较严重的表现为逃学逃课，夜不归宿，离家出走等。

（7）自残、自杀行为：比较严重的孩子，还会有割腕、划伤自己的冲动，他们并不一定是想自杀，只是这种身体上的伤害是他们表达自己情感的方式，以此来证明平时压抑得都快找不到自己了。

（二）班主任和任课教师可以做些什么

因为每天都会和学生接触，班主任和任课教师有比较方便的渠道去发现学生是否有抑郁症，如果有学生出现疑似症状，这时我们需要采取以下做法。

（1）联系家长，正确面对问题。

当在学校发现学生有比较多的行为表现符合抑郁症的症状时，及时联系家长，告知其小孩的表现，并询问其在家里的具体行为。一般情况下，父母不太会承认小孩"病"了，会认为是小孩厌学的借口。这时，教师要以科学的精神，本着对学生负责的态度，消除家长对心理疾病的误解，突破"病耻感"，鼓励家长带小孩去看医生。

（2）不歧视学生。

如果学生经过医院诊断为抑郁症，该休学的要休学。如果医生同意学生回学校继续读书，作为教师要从内心接受这样的学生，学生只是暂时生病了，经过治疗是可以恢复正常的，不可歧视学生。

（3）做到保密。

其实家长不愿意承认小孩得了心理疾病，主要的原因是这个社会对心理疾病存在比较大的误解，把心理疾病等同于精神疾病。现实当中也确实存在这种现象，所以，作为教师我们要更加懂得为学生保密，不在任何不必要的场合（尤其是课堂上）谈论这个学生被诊断为抑郁症，非要作出解释的话，可以找一个身体上的病来代替，比如说因肠胃不适，某某同学请假 3 个月，这种善意的谎言，可以保护学生免受二次伤害。

（4）关爱学生。

患抑郁症的学生往往内心敏感，自尊心强，需要大家的关爱。作为教师，平时的一句问候，一句温暖、鼓励的话，可以让患病学生获得巨大的心理支持，对其病情好转有着不可估量的作用。

（三）当前抑郁症的最佳治疗方案

目前，抑郁症的最佳治疗方案有：

其一，正确对待，当孩子患抑郁症后，应以抗抑郁药物治疗与心理治疗并重为原则，单纯靠药物治疗或靠心理咨询效果都不是很好。一般药物作用一到两周后改善情绪状态，再配合心理治疗，才能让他们认识本病，改变认知，完善人格，增强应对困难和挫折的能力与自信。

其二，家庭和学校要增加情感投入，给孩子更多的心理支持，而不是一味地讲道理，让孩子不要多想。要相信抑郁症是可以治愈的，理解孩子现在的痛苦，不要试图去压抑孩子的感受。陪伴孩子动起来，做一些运动和外出活动。

第四节　网络成瘾

一、案例导入

不玩游戏他坐立不安

李主任是一家国有企业的中层干部，老婆是公务员，他们对小孩的期望很高，但最近，夫妻俩快要崩溃了。因为新冠疫情的影响，学校不能正常上课，省里就开通了网上教学平台，他们的儿子豆豆（化名，小学六年级学生）在家用平板电脑上课，姥姥在家看着，但姥姥还要带一个弟弟（二孩），对豆豆的管理形同虚设。晚上夫妻俩回来，检查小孩的作业，发现一塌糊涂，起初以为是不太适应网络教学，后来发现班上其他同学都能完成作业，而且完成质量也很高，就怀疑豆豆不认真听课，但豆豆狡辩，说自己很认真。爸爸开始怀疑豆豆偷偷玩游戏，因为现在的他和以前很不一样，作业没心思做，毛毛躁躁，坐不住，静不下心来。爸爸有一次特意中途回家，发现豆豆听课听到一半就不听了，在平板电脑上玩游戏，玩得非常投入、非常开心，根本不把上课的事放在心上。

夫妻俩有点绝望，这么沉迷于游戏，可怎么办呢？他们非常想找到能帮豆豆戒除网瘾的机构。

豆豆痴迷游戏已经达到影响学习的程度，停止玩游戏，就会显得焦躁不安，出现了一些网络成瘾的症状。

二、原理与分析

网络成瘾是指重复地使用网络所导致的一种慢性或周期性的着迷状态，并带来难以抗拒的再度使用之欲望，同时产生想要增加使用时间的张力与耐受性、克制、退隐等现象，对于上网所带来的快感会一直有心理和生理上的依赖，包括网络游戏成瘾、网络交际成瘾以及网络色情成瘾。

（一）成瘾症的生物机理

造成网络成瘾的原因，一般分为外因和内因。外因即社会环境和家庭教育，社会环境包括网吧的出现、网络游戏的流行等；家庭教育包括家庭环境和教育方式，家长忙于工作没时间管理孩子导致他们对网络产生依赖等。但是，这些外因只是被动因素，是形成网瘾的诱因。根本的原因是内因，包括网瘾患者的满足感缺失、独特的生理人格迷失。比如，大部分网瘾患者会出现学业失败，从而导致心理空虚，缺乏自信，为满足自己的内心，通常会选择逃避，最容易在虚拟的网络世界中重新找到失去的自我和可以满足的成就感，这就是典型的满足感缺失。

（二）游戏成瘾的诊断标准

对于网络成瘾的诊断与鉴别，并没有公认的标准，我国学者陶然经过研究，制定出一个诊断标准。确诊须具备前两条核心症状及后六条附加症状中的任意一条。

（1）对网络有强烈的渴求，上网占据生活中的主导地位，如头脑中常常浮现和网络有关的事，回忆上一次上网的情境或期待下一次上网。

（2）几天不上网就会出现烦躁不安、焦虑、易激惹等症状，上网后上述症状可迅速减轻或消失。

（3）要花更多的时间上网才能感到满足，且时间不断延长。

（4）曾经努力过多次，想控制、减少或停止上网，但没有成功。

（5）尽管知道上网会给自己带来或已经带来危害，仍然忍不住继续上网。

（6）除上网之外，对其他事物的兴趣明显减少，以至失去以前的爱好和娱乐。

（7）用上网来回避现实或缓解不良的感受和情绪。

（8）对家人、老师、同学、朋友或专业人员撒谎，隐瞒涉入网络的程度，包括上网的真实时间和费用。

对于网络成瘾的判断要谨慎，很多青少年青春期的时候，有一种很强的逆反心理，有回避大人监视的意识，对新鲜事物又充满了好奇，网络是最好的躲避环境，所以容易沉浸于网络，在虚拟的情境中跟人交往、游戏以躲避父母的监视。因此，父母要重视网络对孩子的影响，包括好处和坏处，采取积极、主动的防御措施，帮他们增强生活信念，树立远大的目标，这样他们才能够较好地控制欲望，从而合理地使用网络。

三、对策与建议

（一）认清网络是把双刃剑

网络本身并没有好坏之分，关键在于如何使用网络。网络是把双刃剑，用好了可以带给人们很多好处，比如查阅资料，观看新闻，适当的消遣娱乐，无成本的人际沟通等；网络使用不当，则会带来很大的危害，比如游戏成瘾、色情成瘾等，给青少年的身心带来巨大的伤害。所以，引导青少年正确使用网络，是一个重要的课题。

（二）充分运用家校合作的合力

对中小学生网络行为的管理，还要形成家校合作的合力，学校与家庭保持密切联系，互相知晓学生在学校及在家庭中的表现，掌握全面信息，一旦有异常的行为发生，家庭和学校双方能够及时发现和了解，进而把一些使用网络不当的现象消除在萌芽之中。

（三）加强平时教育

中小学教师尤其是班主任，在学校期间，可以利用课堂进行思政教育，开展"健康使用网络"的主题班会等，不断灌输健康使用网络的理念，讲清游戏成瘾等的危害，对已经表现出成瘾现象的学生进行严厉批评，发挥学校教育的导向作用。

（四）戒除网瘾的方法

下面的几种具体办法都属于认知行为疗法，也是控制网络过度使用的优选方法。

（1）认知疗法。教师和家长跟有网瘾的孩子要像朋友一样协商，不要说教，双方互相尊重，首先明确网瘾的不良影响，比如荒废学业，损伤身心健康等，使网瘾患者内心对于成瘾行为有较为本质的认识，慢慢戒除。

（2）系统脱敏疗法。家庭成员与网瘾患者协商制订计划，在一定时期内逐步减少上网时间，最终达到偶尔上网或不上网。

（3）代替疗法。网瘾患者在现实生活中需要充实的精神生活和娱乐，家长可以一起寻找其他的爱好替代网络，比如游泳、打球、登山、旅游等户外运动。

有一部分人行为难以控制，带有冲动控制或者强迫色彩，需要考虑配合药物，在专业医师系统的指导下来控制他们的强迫和冲突，就像治疗强迫症一样，情况比较复杂，需要药物治疗加上心理治疗、认知行为治疗。医学界用于治疗网瘾的药物主要为抗抑郁药和情绪稳定药这两大类。药物疗法之所以能在一定程度上起到戒除网瘾的目的，是因为药物可以抑制多巴胺等神经递质的产生，减少人的兴奋度，从而起到戒除网瘾的目的。对于已出现心理障碍、精神症状及人格改变等严重的网瘾患者必要时需要住院治疗。

最后提醒一下，与物质依赖的成瘾行为相比，网瘾患者没有受到任何摄入物质的影响，是一种最为单纯的行为成瘾。所以针对网络成瘾的问题要未雨绸缪，以预防为主，社会、学校、家长等多方面配合营造好的环境。

第五节　精神分裂症

一、案例导入

现实还是幻觉？

某市一高中发生了一起学生"自杀"事件，但是，经过专家研判，不属于自杀。究竟是怎么回事呢？

刘慧杰（化名），女，高二，来自农村，在市里的高中寄宿读书。前天下午在学校运动场旁边的男生洗手间割腕，幸亏被两名男生看到，报了警，把她救了下来。

第二天心理专家找到刘慧杰的室友，问最近刘慧杰有没有什么比较奇怪的地方，刘慧杰的室友们反映了几个情况。一个室友和刘慧杰周末时从图书馆看书回来，走到半路，刘慧杰用低沉的声音说道：那两个家伙，又在跟踪我，图谋不轨。室友转身往后看，却发现后面空无一人，觉得非常奇怪。还有一次，大家在寝室（住6楼）聊天，刘慧杰靠着窗户，望着远处的操场（直线距离足有300米远），告诉大家说，操场上有一对恋人，大家问她怎么知道是谈恋爱，她指着那两个人说："你看男生在向女生表白呢。"还把他俩的对话一五一十地复述出来。可是大家怎么竖起耳朵也听不到那里有什么声音传来，但感觉刘慧杰复述的话很有逻辑，像是真的听到了一样，大家更是奇怪。再有，有一天晚上，刘慧杰同时跟班上的七八个男生发短信表白，语言比较暧昧，事后自己也解释不了这是为什么。

心理专家问刘慧杰昨天下午发生了什么，她说："昨天下午有两个歹徒，在我跑步的时候，一直追着我，试图非礼我，我很害怕，就跑到操场边的洗手间躲起来，但还是被他们追上了，他们强暴了我。我非常愤怒，我要把他们从我的身体内驱除出去，于是我划开自己的手腕，把他们从我的血液里流了出去。"

心理专家建议学校请精神卫生专家来学校研判。最终结论是，刘慧杰患了精神分裂症，割手腕不是自杀，而是意识不清醒下的行为。

二、原理与分析

（一）精神分裂症的主要表现

精神分裂症是一组病因未明的重性精神病，多在青壮年缓慢或亚急性起病。其临床症状复杂多样，可涉及感知觉、思维、情感、意志行为及认知功能等方面，个体之间症状差异很大，即使同一患者在不同阶段或病期也可能表现出不同症状。

1. 感知觉障碍。

精神分裂症可出现多种感知觉障碍，最突出的感知觉障碍是幻觉，包括幻听、幻视、幻嗅、幻味及幻触等，而幻听最为常见。

2. 思维障碍。

思维障碍是精神分裂的核心症状，主要包括思维形式障碍和思维内容障碍。思维形式障碍以思维联想过程障碍为主要表现，包括思维联想活动过程（量、速度及形式）、思维联想连贯性及逻辑性等方面的障碍。妄想是最常见、最重要的思维内容障碍。最常出现的妄想有被害妄想、关系妄想、影响妄想、嫉妒妄想、夸大妄想、非血统妄想等。据估计，高达80%的精神分裂症患者存在被害妄想，被害妄想可以表现为不同程度的不安全感，如被监视、被排斥、担心被投药或被谋杀等，在妄想影响下患者会做出防御或攻击性行为，此外，被动体验在部分患者身上也较为突出，对患者的思维、情感及行为产生影响。

3. 情感障碍。

情感淡漠及情感反应不协调是精神分裂症患者最常见的情感症状，此外，不协调性兴奋、易激惹、抑郁及焦虑等情感症状也较常见。

4. 意志和行为障碍。

多数患者的意志减退甚至缺乏，表现为活动减少，离群独处，行为被动，缺乏应有的积极性和主动性，对工作和学习兴趣减退，不关心前途，对将来没有明确打算，某些患者可能有一些计划和打算，但很少执行。

5.认知功能障碍。

在精神分裂症患者中认知缺陷的发生率高，约85%的患者出现认知功能障碍，如信息处理和选择性注意，工作记忆、短时记忆和学习、执行功能等认知缺陷。认知缺陷症状与其他精神病性症状之间存在一定相关性，如思维形式障碍明显患者的认知缺陷症状更明显，阴性症状明显患者的认知缺陷症状更明显，认知缺陷可能与某些阳性症状的产生有关等。认知缺陷可能发生于精神病性症状明朗化之前（如前驱期），或者随着精神病性症状的出现而急剧下降，或者是随着病程延长而逐步衰退，初步认为慢性精神分裂症患者比首发精神分裂症患者的认知缺陷更明显。

（二）精神分裂症的成因分析

业界对精神分裂症产生的原因进行了大量研究，但至今也没有一个确切的定论。一般认为，精神分裂症产生的原因是综合的，包含三个因素：遗传因素、个性因素、社会因素。遗传因素认为，一部分人先天就具有患精神分裂的遗传素质，比较容易在现实中发作，这个理论有很多实际的案例支持，比如精神分裂具有遗传性，长辈中有患精神分裂症的，晚辈中患精神分裂症的概率大大提升，但精神分裂的遗传性并不是说下一辈一定会患上，遗传的是病灶，就是他的易感性更强，比一般的人更有可能患病。个性因素的研究也有很多，比如偏执型人格的人患精神分裂的概率比其他人格要高很多。社会因素，就是一个人在社会生存中遇到的打击较多，负面的事件发生多，这个人患上精神分裂的比率也要比一般人高。

（三）精神分裂症的危害

精神分裂症是比较严重的精神类疾病，之所以在这里讲这种疾病，是因为在中小学，这种情况的发生并不罕见，它可以归为异常心理（变态心理）的范畴，危害性当然很大。

对于患精神分裂的个人来说，因为有些患者会意识不清楚（俗称"疯子"），行为不能自控，造成的危害可想而知。另外，精神分裂症是可以治好的，但复发的概率也比较大，对于个人来说，外界对他的歧视及负面看法，都将让其背负沉重的心理压力。

对于家庭来说，假如家庭成员或孩子得了精神分裂，这个家将被搞得鸡犬不宁，整个家庭都将因为这样的孩子而感到无奈和心酸，家庭的生活秩序将被打乱，生活重心将回到照顾这个小孩的身上，严重影响家庭的幸福感。

对于社会来说，精神分裂患者有时会造成社会秩序的混乱，有的甚至给他人的人身安全带来危害。所以我们要特别重视精神分裂症患者的治疗和看护，将他可能造成的影响降到最低。

三、对策与建议

1. 多留意学生的奇怪行为。

作为中小学教师，我们平时要留意学生是否有奇怪的行为，包括学生举报上来的一些事情也要多加注意。比如，上课的时候，突然有个学生指着窗外大喊"拉登接我来了！"，搞得大家都莫名其妙，这样的情况要重视，并全方位了解这个学生的情况，进行排查。比如，有的学生向老师"举报"，同班同学有很多人想害他，这个时候，老师就要去问问那几个学生是否有这样的情况，如果那几个学生说根本没有这样的事情，老师就要对这个"举报者"加以重视，看他是否有被害妄想。

2. 发现疑似及时上报和咨询。

当我们发现学生有疑似感知觉障碍、被害妄想、奇怪行为，作为中小学教师，要做的不是去为他诊断，而是要重视学生的情况，将其报告给学校，请学校心理咨询中心的人来介入干预。

3. 与学生家庭取得密切合作。

发现学生的疑似表现，除了上报给学校以外，还要配合学校，与学生家长取得联系，双方展开密切合作，帮助家长消除对精神分裂的误解和偏见，鼓励其到专业的医院就医，采取正确的科学的应对方法，帮助学生应对危机。

4.保护好学生的隐私，避免二次伤害。

学生到了医院，一般挂号身心科或者精神科，接受专家的分析与诊断，假如诊断为精神分裂，要遵医嘱进行治疗，该吃药的吃药，该休学的休学。这时候，家庭监护人是他的重要支持者，学校要做的是，不要把学生的情况在班级和学校里公布，要保护好学生的隐私，不要让其他学生对该生产生不必要的二次伤害，然后定期跟踪学生的治疗进展。

本章因篇幅所限，没能对大多数异常心理作出解释，对此感兴趣的老师，可以参考《变态心理学》一书。本章对正常心理和异常心理作了区分，主要列举了四种较为常见的异常心理。中小学教师，了解一下这方面的内容，建立起心理疾病的概念，大概能够识别就很好了。但我们要记住一点，根据国家精神卫生法的规定，心理咨询师和中小学教师没有资格去给各种症状下诊断，我们不能去给学生定义什么症状，这个要交给专门的医生来做，我们要做的就是在发现学生有疑似表现的情况下，谨慎做好推介和转诊以及其他相关工作。

参考文献

[1][美]米勒，米尔，霍金斯．无忧是一种选择：焦虑症完全自助手册[M]．吴国雄，译．北京：中国轻工业出版社，2006．

[2]张晓杰．抑郁症研究概要[M]．长沙：湖南科学技术出版社，2018．

[3]贺金波．网络成瘾的发生机制和防治[M]．武汉：华中师范大学出版社，2015．

[4][美]富勒·托里．精神分裂症：你和你家人需要知道的[M]．陈建，译．重庆：重庆大学出版社，2018．

[5]王建平．变态心理学[M]．北京：高等教育出版社，2005．

教育与教学篇

第九章
教师应知的德育心理

作者：何源

> 人之生也，不能无所为，而为其所当为者，是谓道
> 德。道德者，非可以猝然而袭取也，必也有理想，有
> 方法。
>
> ——蔡元培

第一节 认知：道德发展的水平与阶段

一、案例导入

小学三年级的张明和李浩（均为化名）是好朋友。有一次考试张明作弊，李浩就跟班主任王老师说了这件事。王老师一方面表扬了李浩，但另一方面又觉得李浩"不简单"。李浩和张明两人平时关系这么好，怎么就这么轻易背叛了朋友呢？

二、原理与分析

中小学德育心理中有一个特别重要的现象，就是不同年龄的学生道德发展匹配着不同的水平与阶段。学生的行为选择本身其实不是最重要的，最重

要的是要了解行为选择背后的目的与动机，它们可以反映学生道德发展所处的阶段与水平。所以，行为道德的价值是通过动机来赋予的。正如在《我不是药神》这部电影中，从法律角度来说男主人公程勇的做法有问题，但从人性角度却应该得到歌颂与赞扬，不同的人对程勇该不该做的行为背后动机的解读恰恰体现了人的不同道德发展阶段。

瑞士心理学家皮亚杰通过对对偶故事的大量研究，概括出儿童的道德发展大致分为两个阶段：10岁之前对道德行为的思维判断主要依据他人设定外在标准，称为他律道德阶段；10岁之后对道德行为的判断多半可以依据自己的内在标准，称为自律道德阶段。美国心理学家科尔伯格又将皮亚杰的对偶故事法改进为道德两难故事法，包含道德价值相互冲突的内容，其中最具代表性的就是海因兹偷药的故事：有个妇人罹患癌症，生命垂危，付不起高昂的药价，最后她的丈夫海因兹撬开药店的门为妻子偷药。由此提出问题：这个丈夫应该这样做吗？为什么应该或者不应该？法官该不该判他的刑，为什么？科尔伯格并不关心"是否偷盗"与"是否救人性命"中的"该不该"，他真正关心的是"为什么"。科尔伯格正是通过儿童对"为什么"的回答来了解个体道德判断的依据，依此推导出儿童所处的道德发展阶段与水平。

通过研究，科尔伯格发现儿童道德判断分为三个水平、六个阶段。前习俗水平，分为避罚服从与相对功利阶段；习俗水平，分为寻求认可与遵守法规阶段；后习俗水平，包括社会契约取向与普遍伦理取向阶段。举个例子，小强如果因为害怕被老师批评才严格遵守上课纪律，那他就处于避罚服从取向阶段；如果是希望得到"好孩子""好学生"的称赞而遵守上课纪律，那他就属于寻求认可取向阶段。

皮亚杰与科尔伯格在这里用简单的办法发现了一个重要的真相，那就是人类道德发展按照特定顺序进行，而且道德判断与认知可以在教育过程中得到培养与提升。如果对道德认知处于第一阶段的学生用第四阶段或第五阶段的要求来进行教育，显然不会产生好的教育效果。所以我们需要遵循维果茨基的最近发展区原理，在学生已经达到的发展水平与可能达到的发展水平之间建立有效桥梁。值得注意的是，并非年龄和道德发展必然对应，所以我们才需要剖析行为背后的动因。

三、对策与建议

（一）客观澄清：教师对学生的道德思维及行为预期要符合儿童年龄

教师要秉持一种非评判的态度去了解自己的学生。如上述案例中王老师可以进一步询问李浩："你怎么看待张明作弊这件事情？"这样就可以了解李浩的动机而不拘于自己的假设。也许李浩认为作弊是错误行为，所以他需要汇报，否则他自己也会被老师惩罚；也许李浩认为大家都需要遵守考试规则，我的好朋友也需要如此；也许李浩认为向老师汇报，这样他是先进学生，老师会表扬他……如果教师知道学生怎么想，就不会用成人世界中的规则去评判，甚至贴上像李浩那样"不简单"的标签。须知，教师理解学生道德发展阶段，是推进学生道德发展的前提，也会从真正基于人性的角度助力学生自我蜕变。

（二）道德判断：组织学生讨论两难问题，帮助学生发展道德推理

首先，我们可以在生活与学习中积累可供学生讨论的素材。诸如是否帮助同学作弊、隐瞒同学偷盗、隐瞒同学打游戏等常常发生在他们身上的两难情境，或者为了开车送人去医院连闯很多个红灯、代购便宜的仿制药与救人性命之间、遇到老人跌倒是扶还是不扶、公交车上自己太疲劳了是否一定要让座等社会热点问题。

其次，选择灵活有效的讨论形式。如果你是富有创新思维的教师，可以编一些情景剧，将冲突包含在剧情中，以此观察学生的不同反应；如果你是擅长问题解决的教师，可以将日常教学中遇到的问题拿出来和学生进行简短的讨论；如果你是擅长理性分析的教师，可以直接开展两难问题讨论或与学生一起探讨班级规则的制定；等等。总之，结合自己的长处，利用多种形式引导、启发学生进行头脑风暴、相互碰撞。

最后，要注意教师在讨论中的角色，将平等与信任作为逻辑。比如两难问题的讨论，需要学生说出真实想法进行价值判断，所以师生必须平等对

话。教师在组织讨论的过程中，也必须敏锐捕捉学生的观点同时具备思辨能力，方能引领学生发展到适合的水平。

（三）灵活运用：道德发展阶段理论成为班级文化

将学生的道德发展理论建设成为班级文化，真正做到懂得、接纳与提升——这是道德发展理论应用的华丽转身。新教育实验团队曾经在科尔伯格的道德发展六阶段理论和新儒家代表冯友兰的道德三重境界学说的基础上，提出了新教育实验的道德人格发展图谱。人的道德发展，要经历自然功利境界（包括逃避惩罚和渴求奖励两个阶段）、习俗规则境界（包括"我要做个好人"和"我要捍卫游戏规则"两个阶段）和道德仁爱境界（包括将心比心与惠泽天下两个阶段）这三个相继的境界（六个发展阶段）。

四川宜宾人民路小学的郭明晓老师在她的教室里常年挂着两张图，一张是幸福需要层次，另一张便是我们前面说到的道德发展的三境界六阶段。郭明晓老师不仅将图挂在教室墙上，也在与学生朝夕相处中润物细无声地让图中展示的境界浸入学生内心。例如，班上有个男生与女生发生肢体冲突，郭老师经过了解，发现原因是按照班级规定，任何人犯同一个错误超过三次均要受到惩罚，男生认为女生在他面前犯了三次同样的错误，所以他就理直气壮地打了这位女生。但郭老师没有说教或责骂，而是和这位男生一起梳理他犯错的次数，结果是应该被打好多次。就这样，男生推翻了自己设定的惩罚措施，而他也在这个情境中顺利地从"我要捍卫游戏规则"阶段上升到了"将心比心，己所不欲勿施于人"阶段。

第二节　体验：道德情感认同

一、案例导入

从心理学角度来说，人只有当自己有了情感体验才能学会移情，德育才能有成效。

　　某学校组织和一所偏远小学联谊，大家都带了礼物并要阐述送该礼物的理由。贾娴（化名）家境不是很好，就没有专门购买礼物，而是送了一枚自己收藏的最喜爱的书签，结果遭到有些同学的嘲笑，被李老师听到了。于是，李老师在去联谊之前专门组织了一次主题讨论活动。李老师让大家写下自己喜爱的物品有哪些（列 10 个），喜爱的程度是多少，逐一打分（0—10 分），送给别人的这个礼物是否在这个名单里。结果除了贾娴，其他人的礼物几乎都不在里面。经过这次活动，大家深刻体验到：爱心不能用金钱衡量，与其他人分享自己珍爱的东西才是更有意义的境界。或者说，人与人的交流不是仅在于物质给予，更重要的是情感表达。

二、原理与分析

（一）道德品质的心理结构

　　道德品质的结构，是知、情、行三位一体。此结构表明培养道德品质不仅要晓之以理，还要动之以情，再加以行动引导，并结合道德意志的心理过程，最终形成道德行为的信念。

　　在一个人的道德成长过程中，认知、判断、推理等理性能力和情感能力应该同时培养和成长，但现实情况往往缺乏对道德情感的重视。因为德育的逻辑起点、运行过程及价值终点的指向都是人，道德行为本质上是源于人（对自身生命和他者生命之关心）的情感。所以如果情感缺位，德育便丧失了对人的观照，也无法与教育对象进行深层对话。只有让学生体验到情感的德育，才有可能是成功的德育。那么，如何才能让学生体验到德育中的情感与情绪呢？下面介绍两个相关的理论，一是凯尔曼态度形成三阶段论，二是霍夫曼道德移情理论，前者又是后者的逻辑前提。

（二）凯尔曼态度形成三阶段论

　　从态度理论视角透析道德体验，也是非常必要的。美国学者凯尔曼（Herbert C.Kelman）曾提出态度变化过程的模式：态度的形成会经历服从、认同和内化三个阶段，服从阶段是指个体在外界压力下为得到报酬或避免惩罚表面上持有被迫顺从行为；认同阶段是个体自愿与其他个体或群体取得一致而接受某种态度，但未能做到与自己的态度体系相融合；内化阶段则是内心深处相信并真正把某种态度纳入自己的价值体系。其中服从阶段的态度稳定性最差，内化阶段才最为持久并逐渐固化。而在态度的三个构成部分中，情感是态度的核心，改变难度最大但也最内在最持久。

（三）霍夫曼道德移情理论

美国心理学家霍夫曼（Martin L.Hoffman）认为，道德发展中起首要作用的就是移情。所谓移情，是指能够站在他人立场上接纳他人观点，感受并理解他人情绪，进而引发出与他人相似情绪体验的一种心理过程。移情属于非常重要的社会技能，对促进道德行为产生起动机作用。个体移情能力越强，就越能激发出相应的道德情感，作出更多符合社会规则的道德抉择并完成道德行为，进而促进道德内化。上述案例中的李老师通过设计精巧的德育活动，让同学们体验到了自己和贾娴的礼物代表了不同情感，值得点赞。

人的移情能力也有发展规律。霍夫曼（1982）将个体移情能力分为四阶段。第一阶段为普遍式移情，大约发生在 1 岁之前，此时无法区分自己与其他个体，别人的遭遇就是自己的；第二阶段为自我中心移情，大约发生于 1~2 岁，此时可以区分自己与他人，认识到别人的经历与自己无关，但对别人的内心状态不甚了解，以为与自己相同；第三阶段是对他人情感的移情，大约发生于 2~3 岁，开始意识到自己与别人有不同的理解、情感及需要，并尝试用各种方式对他人情绪进行反应与表达；第四阶段是对他人生活状况的移情，发生于童年晚期，逐渐认识到要立足于更广更大的角度看待他人正在经历的情绪，并开始注意生活事件带来的长期影响。移情水平的四个阶段整体上符合上述认知规律，然而也存在着个体差异。比如我们经常看到一些案例报道，有些成年人做出违反道德甚至违法的行为，很大程度上是因为难以像大多同龄人那样感受他人的情绪与情感，移情水平与年龄不相匹配。

三、对策与建议

（一）以己动人：教师本身需要具有情感

道德教育不能仅关注德育客体的情感体验，而且要关注德育主体的情感体验。因为只有德育主体——教师有充沛的情感，才能去关爱学生和感染学生。教师的表情、语言、肢体动作，都在发出情绪情感的信号，让学生感受、体会并下意识地模仿。比如教师讲授中国革命史，对敌人杀戮所表达出来的愤怒与悲痛情绪，可以让学生深切体会到革命胜利及和平稳定的不易。但如果讲述这类课程像白开水一样没任何情感色彩，就不会引起情感共鸣，从而屏蔽德育机会。

教师都是活生生的人，有七情六欲，有喜怒哀乐，完全可以根据情境有选择地与学生分享交流。例如王老师亲人去世，丧亲假结束后回到课堂仍难掩悲伤，就在一次班会上将自己的心路历程与同学们进行了分享，让学生标记出感受，意识到情绪虽然暂时影响正常生活但同时也证明亲人的重要性，从而理解他人。

（二）以情生情：引导学生将心比心，换位思考

当我们感知到别人具有某种情绪时，也可以唤起相应的自我情绪。下面用例子说明如何引导学生进行情感的迁移，实现将心比心，换位思考。

张老师班上一个叫李然的孩子养的小金鱼死了，同桌说的时候哭了，其他同学看到后七嘴八舌地说："不就一条小金鱼吗？再买一条就是了，你真不是男子汉。"张老师抓住这个机会，问同学们"李然正在经历着什么？李然的哭表明他有什么感受？为什么他会哭而你却没什么感觉？"于是同学们给出各种不同的回答，张老师归纳之后，向同学们呈现如下思路：李然同学的情绪是悲伤，悲伤之下的想法是"我失去了我心爱的东西（小金鱼）"，有些同学可能也失去过金鱼，有的同学没有失去过金鱼，失去过金鱼的同学回忆自己当时的心情，没有失去过金鱼的同学一定失去过其他心爱的东西，比如钢笔、玩具等，尽管东西不一样，但情境都是类似的，即失去了一个心爱的东西。所以悲伤的认知核心是一样的，那就是丧失。这里隐含的逻辑同时

也是最关键的部分在于：将当下情境中的情绪与曾经发生在自己身上的类似情绪勾连起来，提高敏感性，这样才能真正做到将心比心，换位思考。

（三）以文生情：文学作品让学生产生道德情感认同

上面的金鱼事件说明，青少年对与自己"不一样"的行为或感受往往缺乏移情能力。面对这种情况，我们还可以通过文学作品来提高他们的移情能力。以《一百条裙子》为例，主人公旺达·佩特罗斯基由于名字有点奇怪且始终穿一条旧裙子，遭到了同学的嘲笑和捉弄。当旺达说家里有一百条裙子的时候，嘲笑声更大了，旺达的好朋友玛蒂埃虽然不希望其他人如此对待旺达，却没有勇气阻止。老师可以让学生自行阅读这篇小说，然后带着问题进行小组讨论：作品中的角色，你最像谁？你是否曾经扮演过旺达、佩琪（带头嘲笑旺达的女生）或者玛蒂埃的角色，哪怕是很短的时间之内或者在很小的事情上？随着讨论深入，引导学生思考：如果你是玛蒂埃，你会怎么做？有没有更好的办法？如果以后在班级里你遇到类似的情形，你会怎么做？有哪些可以采取的行为？学生将打算采取的行为列出，便可以形成精彩纷呈的思想及行动火花。

（四）以境生情：设计移情训练活动，转变道德态度

创新移情方法也是非常重要的途径。在诸多创新移情方法中，角色扮演经久不衰，因为它最可以让扮演者直观地站在他人立场上理解他人处境，体验他人内心的情绪及情感。心理学研究表明，角色扮演是应用范围最广泛、实施简单易行、卓有成效的方法之一。比如当产生冲突的时候，教师可以在双方冷静的基础上进行角色互换，诸如用两把椅子，每把椅子都贴上名字，冲突当事人可以站在或坐在椅子上，站在彼此的立场上体会对方的想法和感受等。角色扮演的具体方法还有很多，比如假以他人身份写一封信、续编故事、情景剧表演、玩偶对话等，教师根据需要自行设计与创新。必须指出的是，通过创新移情方法转变道德态度，需要先评估教育对象目前的态度与将要实现的态度之间的距离。如果距离太大，则需要循序渐进，不能企望一蹴而就，从一个极端跳到另一个极端。

第三节　践行：道德目标落实

一、案例导入

中小学生基本都接受过思想品德课的教育，老师和家长平日也会有意无意地进行德育，帮助孩子树立正确的人生观、世界观与价值观。对于道理，阳阳和他的几个好朋友似乎都明白，小学生守则也可以背个八九不离十，但在实际生活中拒不遵守，调皮捣蛋，屡教不改。

二、原理与分析

（一）以行育人，知行合一

上述案例说明：成功的德育一定要基于实践的情感体验。比如培养同学们的爱国主义，我们不能仅仅告诉他们"皮之不存，毛将焉附"的道理，还要利用各种途径如观看经典电影、参观革命根据地、阅读书籍等实践活动共同培育爱国主义情怀。陶行知先生在1927年6月写的《行是知之始》中对此有生动而精彩的论述，这里不妨转引如下：

> 阳明先生说："知是行之始，行是知之成。"我以为不对，应该是"行是知之始，知是行之成"。我们先从小孩子说起，他起初必定是烫了手才知道火是热的，冰了手才知道雪是冷的，吃过糖才知道糖是甜的，碰过石头才知道石头是硬的。太阳地里晒过几回，厨房里烧饭时去过几回，夏天的生活尝过几回，才知道抽象的热。雪菩萨做过几次，霜风吹过几次，冰淇淋吃过几杯，才知道抽象的冷。白糖、红糖、芝麻糖、甘蔗、甘草吃过几回，才知道抽象的甜。碰着铁、碰着铜、碰着木头，经过好几回，才知道抽象的硬。才烫了手又冰了脸，那末，冷与热更能知道明白了。尝过甘草接着吃了黄连，那末，甜与苦更能知道明白了。碰着石头之后就去拍棉花球，那末，硬与软更能知道明白了。凡此种种，我们都看得清楚"行是知之始，知是行之成"。

简言之，每个人要做到知行合一，都需要亲身实践，并在一边实践一边体验中获得真知，获得的真知又反过来进一步指导实践，最后形成良性互动。我们作为教育者，在对学生进行德育的时候应该注重过程，从小事做起，从点滴改变做起，逐步引导学生思考、判断与推理，将德性内化于心，外化于行。

（二）目标设置理论

目标设置理论是美国管理学家兼心理学家埃德温·洛克（Edwin A.Locke）于20世纪60年代提出的，该理论非常契合于学生的德育生活。目标设置理论认为，目标具有较大激励作用，人为了实现目标，需要才可能转化为动机，并朝一定方向努力；目标的设置不仅可以告诉人们需要接下来做什么，而且还可以告诉人们需要付出多少努力。如果始终了解自己阶段性目标与最终目标的距离并及时调整，将更有利于目标的实现。如果让学生一起来参与制定目标，就会有更多优势，如可以提高学生对目标的可接受性，容易作出承诺，提高自我效能感等。

（三）班杜拉社会学习理论

心理学家班杜拉的社会学习理论也很有启发性。他认为，人的行为是通过直接经验的学习以及对榜样的观察学习两种途径习得的。班杜拉于1961年开始了著名的波波玩偶（与真人体型接近的一种充气玩具）实验，这是研究儿童如何习得攻击性的经典实验。该实验选取幼儿园3~6岁之间的36名男孩和36名女孩，平均年龄是4岁零4个月，两名成年人（一名男士，一名女士）在实验中扮演榜样的角色。实验分为攻击性榜样组、非攻击性榜样组及无榜样组即控制组。比如在攻击性榜样组中让这些孩子观看一名成年男子（榜样人物）对一个波波玩偶做出各种攻击性行为，如拳打脚踢或说攻击性的语言等。实验结果给了我们如下启示：攻击性行为通过观察模仿就可以习得，也就是说儿童仅通过观看含有暴力成分的视频就能习得攻击性行为。该研究证明了暴力性榜样和不良社会环境对青少年攻击性行为的恶劣影响[1]，

---

[1]　如果对波波玩偶实验的研究背景、研究假设、实验过程、行为反应结果感兴趣，可深入阅读杨莉萍的《社会心理学经典研究》。

但也从侧面提供了可操作性的建议，因为观察学习同样适用于好的行为示范，如果青少年可以学会如何使用非暴力和建设性的办法，那他们自主解决问题的能力和行为将提升、增多。

三、对策与建议

（一）榜样力量：创设良好的环境助力行为改变

以上讨论让我们看到了榜样的力量。学生可以通过观察榜样，对内容及行为进行习得并迁移。青少年具有很强的模仿性与可塑性，同时也具有追求美好事物的向善性，所以教师要利用正面榜样的示范作用将良好品德内化于学生心灵。

具体方法如教师将有影响力的学生树为榜样发挥示范作用。假设案例中的阳阳正是几位调皮学生中的"小首领"，教师就不妨先尝试改变阳阳的想法与行为，然后再通过他的改变来带动其他同学的改变。教师还可以将班级同学进行好朋友分组，自然而然将阳阳和几位好友分为一组。再利用分组举办班级小组竞赛，如各种拓展训练、好人好事榜、环保小达人、主动助人榜等，让阳阳有机会成为榜样并培养小组荣誉感与自豪感。教师在此过程中，要悦纳每一位学生，及时捕捉学生的闪光点，表扬不能仅用类似"很好、很棒"的模糊表达而要说出具体行为，如："我看到某组的同学把打扫卫生的用品都规整到了一个地方并把它们分类放好，这样做很有条理，值得表扬。"要让学生们看到具体做了什么而受到表扬，继而归纳出有条理的品质，使之感到模仿学习起来并不困难。

（二）动机激发：让改变成为学生自己的需要

其实，在未成功激发出学生改变的动机之前，要求遵规守纪更多的是教育者的需要。所以，学生自我改变的动机才是根本动力。然而，激发动机并非易事，我们仍然用阳阳这个事件来举例，并选择用彩色画笔填"好处坏处图"的方法，和学生一起（几个学生一起或者单独均可）填写现在行为的好处是什么，坏处是什么；如果改变之后好处是什么，坏处是什么。不过，年龄太小的学生不适合此方法。教师应根据学生的年纪各显神通，创新方式。

	好　处	坏　处
改变后的阳阳的行为（团结同学、认真学习、遵守课堂纪律等）	1.学习成绩变好 2.受到父母、家长、同学的认可和欢迎 3.证明自己是有能力的 4.喜欢自己 5.为实现自己的理想奠定扎实基础 **A**	1.作出这样的改变有点辛苦 2.不知道自己能否做到，会怀疑自己 **B**
现在的阳阳的行为（打人、骂人、破坏课堂秩序等）	1.可以看到自己是有力量的，可以控制别人 2.不受拘束，想干吗就干吗 3.这是自己的习惯，做起来比较容易 **C**	1.成绩下降，上不了好初中 2.同学们不喜欢自己，远离自己 3.老师和父母总是批评自己 4.成为一个不受欢迎的人 **D**

图 1　好处坏处图

假如处于低学段，只使用 A 框与 D 框，高学段可以使用 ABCD 四个框。在这里，用心理咨询中的沙盘及沙具进行脑力激荡是个不错的选择。老师带领学生选出经常打人、骂人、破坏课堂秩序的沙具以及形象相反的沙具，摆放在沙盘中，进而借他人的形象说出玩偶行为导致的好处与坏处。这种方法的实质是学生看到无论自己是否改变都有好处与坏处：享受坏习惯带来的好处是让坏习惯得以维持，但这种好处都是短期的，长远来看只会形成更多负面效应。相反，虽然作出改变短期有点艰难，但带来的是长久的利好。当学生们清晰地看到目前行为产生的种种结果，自然会激发改变的动力。

（三）目标设定：优秀习惯的培养需要循序渐进

不可否认，阳阳离真正的优秀还存在着距离，但改变是一个过程，像阳阳这样的孩子可依照目标设置理论进行目标制定。首先，教师与他一起参与制定目标。目标提出本身就有激励作用，不仅利于提高学生对目标的可接受性，而且容易作出承诺。上文中的小组竞赛也是一种与学生共同制定目标的形式；其次，目标设定要厘清目前状态与目标状态之间的距离，将大目标分解为一个个小目标并逐一执行是效率最高的途径。阳阳的不良习惯也可以一个个纠正。最后，要给学生希望，培养其意志力、自制力、坚韧性、能动性与自觉性。在通往大目标的过程中，要不断反馈已经达成的小目标，尤其要注意反馈第一个小目标的完成，激励学生坚持。教师怀有一颗耐心，就定能静听花开的声音。

第四节　启示：典型德育问题心理分析

问题一：利他行为的缺失

一、原理与分析

　　一般情况下，利他与利己被认为是一对矛盾，其境界亦高下立判。然而，个体的生存很大程度上与利己行为是休戚相关的。利己本身没有问题，不知道利己的人一定不知道如何保护自己。所以，利己合理且必要。那么，教育者应如何理解利己与利他之间的关系呢？我们可以这样看待利己与利他之间的关系：如果通过利他而达到利己的目的，这种利己我们是提倡的，也是道德的；但如果通过损人而利己，那就是不道德的，也是不公正的。人之所以与动物不同，恰恰体现在人类的利己是有前提与条件的，即要受到社会规则、道德与法律层面的约束。因此，教育者要让学生明白利己与利他的统一辩证，告诉他们人是通过利他间接得到利己的结果。

二、对策与建议

（一）搭建平台：学校"利他"德育品牌融通学校日常德育

学校从宏观层面为学生创造良好的利他环境是特别有效的举措。

苏州工业园区翰林小学的做法值得推荐。首先，围绕"利他"德育开展各种活动，如"利他"主题的摄影比赛、书法展示、小故事、小榜样等班级文化建设评比等，营造学校的利他德育氛围，既主题统一又彰显个性。其次，在校内开设"利他"礼仪课程，编印相关教材，培养学生的利他意识。再次，组织丰富多彩的"利他"实践课程，向学校三年级以上的学生、老师和家长进行开放并招募，大家可以选择做环保小达人、图书整理小能手、爱心志愿者或者陪伴慰问老人小天使等。最后，针对利他行为制定激励措施，通过低年级"利他树"、中年级"利他礼仪墙"、高年级"利他银行"系列活动，每做到一条利他的言行，就进行奖励。这些举措将利他品牌建设与日常德育生活相融合，成为一个又一个培养德行的抓手，共同提升学校的德育水平。可以说，该学校通过创建"利他"德育品牌，将德育工作推到一个全新的高度。

（二）转变认知：利他＝付出＋分享＋提升＋机遇＝利己

教育者可以通过移情训练、主题探讨、小组讨论等一系列活动转变学生认知，让他们看到抛弃利他行为带来的结果便是：社会变得自私、冷漠、疏离，个体的生活变得更加困难。所以，必须让学生深刻地理解利他不仅仅是单向付出，它同时还与别人分享自己的爱心、情感，从而提升自己的幸福感与成就感。其实，学生在帮助别人的过程中，也可以提升组织、协调、指挥等能力，并且锻炼毅力、培养心理韧性……无论对现在或将来都将是一种投资，给自己的成长提供了更广阔的空间与机遇。

问题二：理想目标的迷失

一、原理与分析

理想就像一个灯塔，指引着每个人前进的道路。

树立远大理想是中小学思想品德课的必学内容，之所以出现理想目标迷失，是多种原因造成的。比如，设置的理想过于脱离实际。理想不是做白日梦，要具有实现的可能性。比如有人先天嗓音条件不足，但对当大歌唱家充满向往，这种理想将使孩子极易受挫。再如，缺乏正确的实现路径。推进理想照向现实的阶段性目标制定是否合适、有效，同样需要正确引领，否则就导致实现理想的过程停滞不前甚至严重偏离轨道。又如，有些家长会经常在孩子面前表示只需要考个好分数或者以后能赚钱就行，在这样环境下成长起来的学生也往往无法确立远大的理想与抱负。此外，社会外部环境的诱惑，沉溺网络游戏、网络社交软件等虚拟空间，也会导致学生理想目标迷失甚至放弃理想。

二、对策与建议

（一）积极引导：教师要善于激励学生

首先，发掘学生的闪光点，让学生知道自己原来有这个能力和天赋。其次，教师可以讲述自己的故事。对学生而言，教师是有影响力的重要他人，所以教师个人的体验与人生感悟，可以作为特别珍贵的礼物馈赠给学生。当然也可以例举周围的人、教师们自己的榜样，让大家从间接经验中培育自己的理想萌芽。

（二）理想澄清：正确评价学生的理想

有时候，学生不是没有理想而是理想不够清晰。例如成老师问张亮理想是什么，张亮支支吾吾说："我不知道，我就是想这样活着。"面对这种情况，教师应该如何引导呢？我们看成老师怎么处理。成老师说："嗯，我觉得张亮同学表达了这样一种想法，那就是对现在这种生活状态比较满意，是吗？"张亮感觉得到了老师的理解，眼睛一亮。成老师接着问："你觉得现在的生活是什么样的？每天做了些什么让你觉得挺好的？"张亮说："我每天可以和爸爸妈妈爷爷奶奶一起，我和他们在一起很开心。我养了只小鹦鹉，它很俏皮。我来上学，虽然有点学习压力，但我发现在学校和同学们一起也很愉快。我希望我以后一直能有这样的生活……"可见，通过成老师的引导，张亮的理想被清晰化了，那就是过一种愉快温暖的生活。

一、原理与分析

道德是由社会舆论力量和内心驱使支持的行为规范的综合，而品德是道德的个体化，是个体依据道德规范在一系列行为中表现出来的比较稳定的心理特征与倾向。品德问题往往与价值观有直接关系，而心理问题则与价值观问题的关联度较小。心理问题更多表现为认知上存在扭曲或偏差，导致出现各种情绪问题，容易恐惧、愤怒、抑郁、焦虑等，行为上容易攻击他人或各种回避，性格上偏执、敌对，这些可能导致学生人际关系紧张，心理不平衡，学习习惯差，对未来丧失希望等。所以，产生心理问题的人一般难以自我控制，但品德问题可以选择某种应对方式加以解决。

例如同样都是偷东西，甲同学偷了同学宿舍的钱去买手机就属于品德问题，但如果是男生偷女生的内衣或者男生窥视女厕所就可能属于心理问题；学生青春期性发育日益走向成熟，对性知识充满好奇，这种情况下偷看黄色视频，不能简单粗暴地对他们下结论，更不能在班级里公开批评他们无耻、品行不端；有些孩子患有注意缺陷多动障碍（attention deficit and hyperactive disorder，ADHD，俗称多动症），在课堂上常表现出各种不遵守纪律的行为，也容易被教师定义为集体观念不强、蓄意破坏纪律等；还有一些学生由于抑郁倾向较为明显，对周遭人和事持有悲观的认知，教师可能会觉得这类学生缺乏正确的人生观、思想有问题；甚至有些谈不上是问题，只是正常的人生发展须经历的阶段，但由于教师缺乏相应的心理学知识与储备，容易出现错误评估。

二、对策与建议

（一）正确评估：慎贴品德问题标签，对事不对人

面对学生存在的问题，教师第一步是评估与诊断，慎贴标签。当然，既然是评估，就不能仅仅根据表面现象武断下结论，要尽量搜集更多的信息，

客观了解情况。中小学生的问题往往不仅是单纯的品德问题或心理问题，而是心理问题与品德问题交织在一起，两者相互影响。这就需要仔细甄别。

（二）理解感受：走进内心方能找到原因

当学生出现一系列不符合常态的行为之后，教师得努力去理解学生的感受。理解学生的感受并不意味着认可其态度与行为，而是从情绪中看到其内心所想。比如，鑫鑫是班上著名的火药桶，一点事情就会让他暴跳如雷，几乎每天都会由于一点小事和同学们发生争执，甚至肢体冲突。班主任经过了解得知，鑫鑫幼年一直和外婆生活在一起，从小觉得自己是被抛弃的人，所以认为这个世界是危险的，必须穿上"铠甲"保护自己。于是一点点事件发生在他身上，都会引起他情绪的轩然大波，因为他将这个事件看作对自己的一种侵犯，从而导致他和周围同学的交往方式就是战斗。对此，教师就需要接纳鑫鑫的所有感受，让他意识到有人在尝试理解他，接纳他的感受和想法。

（三）恰当引导：改变陈旧无效的教育方法

所谓陈旧无效的教育方法，是根据具体情况而言的。但无论是哪种情况，循循善诱，不断学习并尝试新的教育方法都是教师应有的态度。我们可以利用本节所学过的技术、方法，比如换位思考、转变认知、动机激发、目标制定等帮助学生自我改变。比如上文提到的鑫鑫，就可以用换位思考，让他知道他的想法不一定是事实。再多角度评估一下可能的版本有哪些，还有他习惯采用的应对行为是不是合适，应对行为会导致哪些结果，他是否喜欢这个结果，我们可以用哪些行为来替代。让学生顺着教师的思路逐渐意识到自己的问题所在，发现看待问题、思考问题、处理问题绝不会只有一种方式。总而言之，根据现实情况，教师可以随时调整陈旧或者无效的教育方法，并在这个过程中为学生的心灵打开更多的窗户，使其看到更多更美的风景。

参考文献

［1］黄希庭.心理学［M］.上海：上海教育出版社，1997.

［2］张瑞敏.德育人文关怀的追寻、失落与建构［J］.当代青年研究，2017（5）.

［3］方德志.移情的启蒙：当代西方情感主义伦理思想述评［J］.道德与文明，2016（3）.

［4］Kelman H C.（1958）Compliance，identification and internalization：there processes of attitude change. *Journal of Conflict Resolution*, 2，51-60.

［5］周晓虹.现代社会心理学：多维视野中的社会行为研究［M］.上海：上海人民出版社，1997.

［6］常宇秋，岑国桢.霍夫曼的道德移情及其功能述略［J］.上海师范大学学报（教育版），2000（9）.

［7］胡晓风.陶行知教育文集［M］.成都：四川教育出版社，2007.

［8］杨莉萍.社会心理学经典研究［M］.合肥：安徽人民出版社，2010.

［9］扈中平，刘朝晖.对道德的核心和道德教育的重新思考［J］.华东师范大学学报（教育科学版），2001（2）.

［10］冯凌燕.创建学校"利他"德育品牌的实践研究［J］.教育现代化，2017（46）.

第十章
教师应知的激励心理

作者：宋春蕾

教育家夸美纽斯说：教师应该用一切可能的方式，把孩子们求知与求学的欲望激发起来。教师要有效激励学生，首先要明确激励的目标；其次要遵循激励的学习机制；还要选择有效的激励方法。本章将具体讨论这些内容。

第一节　明确激励的目标

一、案例导入

很多家长和老师都有一个共同感受：现在的孩子不喜欢去学校，他们似乎不喜欢学习。怎么才能激励他们提高学习积极性呢？这成了现代教育的难题。让我们先来看"新教育"App中"新教育晨诵"栏目中的美国儿童绘本故事——《梅梅在学校的第一天》。

故事的主人公是一个名叫梅梅的小女孩，开学第一天，妈妈让她上学去，她不愿意去，藏在床下面。妈妈在上学的路上一直在讲学校里可能发生的各种好玩的事情，像班级宠物、大型图书馆，还有可以尽情疯玩的课间休息等。可梅梅还是想象可能会在学校里遇到各种糟糕的事。比如，幼儿园的小朋友不喜欢她怎么办？如果她想妈妈了怎么办？为了躲避上学，梅梅在半路上爬到了一棵树上。在树上，她遇到了同样不想上学的罗茜。罗茜的担心和她相似：如果没有人和她玩怎么办？如果老师让她朗诵，她又不识字怎么办？如果她想爸爸了怎么办？这个时候，一位高个子的女士也爬上了树，她对两个小女孩说：我也不想去上学。原来，她是幼儿园的珀尔老师，她故意说自己的害怕和她们一样，因此赢得了女孩的信任。珀尔老师还对她们说，其实根本不用害怕，因为学校就是学习新东西的地方。最后，她们三个人一起高高兴兴走进了学校。

二、原理与分析

梅梅的故事给我们的启发是多方面的。首先，如果我们要激励儿童，就要先问问他们，在他们的眼中，学校、同学、老师是怎么样的。如果在孩子们的眼里，学校是个可怕和讨厌的地方，怎么能激发他们对学校和学习的热爱呢？其次，如果我们要激励儿童，就要知道他们要什么，不要什么。故事里的梅梅和罗茜害怕不被幼儿园小朋友喜欢，没有人跟她们玩，害怕跟爸爸妈妈分离，她们在能否达到学校的学习目标上也是恐惧的，她们害怕不识字，不能达到老师让她们朗诵的要求。这个故事描述的是幼儿的入学焦虑，很多已有学校经历的儿童的需求和体验会更丰富。因此，要激励学生，就要尊重他们在安全、爱、尊重、伙伴关系和娱乐等方面的身心需求，换而言之，他们需要的是一种幸福完整的教育生活。而一些教师和家长可能以牺牲儿童的其他需求为代价，来推行他们设定的学习目标，所以孩子才会有不能完成目标的挫败感。再次，树立了激励目标，还要知道怎么去做。故事中的珀尔老师很懂两个女孩的心理，她用女孩们的语言去贴近她们的内心，让她们放下害怕，给她们安全感，这些都为引导儿童进入幸福完整的学校生活奠定了基础。

上述故事反映了心理学的重要原理：激励离不开动机和需要。心理学中有很多这方面的研究成果，了解这些理论有助于我们更好地理解和尊重学生的需求，实现激励目标。

（一）需要、动机与学习效果的关系

1.动机、需要与诱因。

动机常常被定义为引起并维持个体活动，使该活动朝向某一目标进行的内在动力，它对活动具有导向性和维持性。动机的产生依赖两类因素——需要和诱因。动机是在需要的基础上产生的，诱因是指能诱发个体产生动机的刺激情境。诱因可以分为正诱因和负诱因，使个体趋向刺激而获得满足者，称为正诱因；使个体逃避某种刺激而获得满足者，称为负诱因。例如，小伙伴的接受对一个儿童来说是正诱因，而无法完成老师要求的朗诵对于儿童来说是负诱因。诱因可以是物质的，也可以是精神的。人的行为往往取决于需要和诱因的相互作用。

2.学习动机与学习效果的关系。

动机在学习中的作用，是个不断引起争论的问题。一般认为，学习动机越强，学习活动的积极性就越高，从而学习效果越佳，但事实并非如此。心理学家耶基斯和多德森经过研究发现，在各种学习活动中存在着一个最佳的动机水平，它随着学习任务的不同而不同。在比较容易完成的任务中，中等偏高的动机水平学习效率最好；在比较困难的任务中，学习效率反而会由于学习动机强度的增加而下降，这样的情境下，中等偏低的动机水平学习效率最好；在中等难度的任务中，学习动机强度的增强有利于学习效率的提高，这种情境下，学习动机水平为中等时学习效果最好。随着任务难度的不断增加，动机的最佳水平随之下降这一现象称为耶基斯－多德森法则（见图1）。

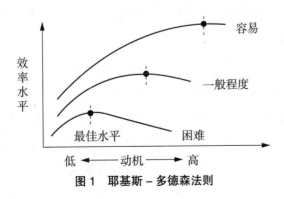

图1　耶基斯－多德森法则

美国教育心理学家奥苏贝尔明确指出：动机与学习之间的关系是相辅相成的关系，绝非一种单向性的关系。成功学习的结果一方面是知识、技能的获得与掌握，另一方面是求知欲、自信心等心理品质的发展和提高。这些都可以大大满足人的各种社会需要，如求知、自尊、获得他人赞扬等，并促使人把通过进一步的学习以获得更高程度的满足当作一种新的需要，产生强烈的学习动机。学习动机作为一种学习结果，强化学习行为本身，促进学习—动机—学习的良性循环。

（二）需要层次理论

人本主义心理学家马斯洛认为，人的行为是由一定的需要所驱使的，他把人的需要从低级到高级划分为五个层次：生理需要，例如，食物、空气、水等生命必需品的需要；安全需要，例如，生命的安全和工作的安全；归属和爱的需要，例如，爱情、友情、亲情等人际交往情感的需要；尊重的需要，例如，自尊和他尊，即基于自我评价形成的自信以及希望得到他人尊重和赏识；自我实现的需要，即实现个人理想、最大程度发挥个人的潜能。马斯洛认为，前四种需要是低级的缺失需要，也就是说，是不可或缺的需要，它们是动机的潜在因素。而自我实现的需要是一种高级的生长需要，包括认知和理解、审美、创造三种需要。

（三）成就动机理论

麦克勒伦（David C.McClelland）和阿特金森（John W.Atkinson）发展了成就动机理论。麦克勒伦认为，成就动机是一个人的个性中非常稳定的特质。个体记忆中存在着与成就相联系的愉快经验，当情境能引起这些愉快的体验时，就能激发起个体的成就动机。他指出，成就动机强的人对学习和工作都非常积极，能够控制自己不受环境的影响，并且善于利用时间。一般来说，成就动机高的人会比低的人取得更好的成绩。

阿特金森关于成就动机的研究主要集中在失败的恐惧和成功的期待对冒险行为的影响上。他认为，人在竞争时会产生两种心理倾向：追求成功和回避失败的动机。对每一个人来说，这两种心理倾向的相对强度是不同的，一种人力求成功，另一种人避免失败。研究表明，成就动机强的学生倾向于选择中等难度的学习任务，而避免选择非常容易或非常难的学习任务。这是因为中等难度的任务既存在成功的可能性，也存在足够的挑战性，能满足个人的成就动机。回避失败动机强的学生则倾向于选择非常容易或非常难的学习任务，因为选择容易的任务可使他们免遭失败，而选择的任务极其困难，即使失败，也可找到适当的借口，从而减少失败感。

（四）动机的内驱力理论

根据学习动机的内驱力成分，可以将学习动机分为认知动机、自我提高动机与附属动机。认知动机是以求知为需要，以理解和掌握为目标，指向学习任务本身的一种动机。认知内驱力源于学生天生的好奇心和探究环境的心理倾向，它最初缺乏特定的内容和方向，当儿童在实践中不断取得成功的体验，反过来强化了这一好奇心后，才能具有特定的内容和方向，从而形成认知动机。自我提高动机是一种因自己的能力或成就赢得相应地位的需要而引起的内驱力。它的内驱力不同于认知内驱力，因为它并非指向学习任务本身，而是指向地位和自尊心。附属动机则是指学生为了获得长者们（如家长、教师）的赞许或认可而把工作做好的需要。

认知动机、自我提高动机和附属动机在学生身上是普遍存在的，但它们的比例因年龄、性别、个性特征的不同而有所不同。在儿童时期，附属动机是一种主要的学习动机，到了少年期和青年期，附属动机不仅在强度方面有所减弱，而且开始从家长和教师转向同龄伙伴。认知动机随着学生年龄的增长、学习目的性的明确和学习兴趣的增加而日益发展。

三、对策与建议

（一）缔造幸福完整的理想校园

需要、动机与学习效果是相互作用的，儿童的学习不只是为将来的工作和生活作准备，它应该是一个集娱乐、交友、求知和自我成长为一体的生活过程。因此，缔造一个师生共有的幸福完整的理想校园，满足学生由低级向高级逐级实现的需要，这样就能使儿童对学校有安全感和归属感，才能激发他们的生活热情和学习动力。它促使教育工作者不能单纯看重学生的学业成绩，忽视他们对游戏、伙伴关系和尊重的基本需求。同时，根据动机与学业成就的关系，在不同任务的学习活动中存在着一个最佳的动机水平，这样才能产生最好的学习效果。因此，教师要给予学生自主选择的权利，使他们在完整的生活中体验学习的价值和意义，将外部的学习目标内化为最佳动力的自我目标，这样才能使学生一步步达到自我实现。

（二）创设激发求知和审美的多元化学习情境

儿童的求知欲、审美兴趣和能力与认知动机的形成密切相关，而传统的学校教育提供的学习情境重理论轻实践，重结果轻过程，重形式轻实效，缺乏符合儿童青少年身心特点的趣味性、审美性和生活性。这些因素阻碍了儿童青少年的自我实现。

"未来教育将共同向教育生态系统升级、校内外教育资源融合、构建多元学习中心等目标发展。""技术不仅仅是工具，而是生活环境中自然存在的一部分。"因此，在未来学校里，需要契合儿童青少年对网络技术的好奇和审美需求，打破传统教育将课堂和书本知识作为唯一学习方式的界限，融合家庭、学校、社区和整个社会的资源，贯穿技术的运用，从教师提供学习目标和问题情境让学生解决问题的项目制学习进一步升级为由学生设计项目，通过个人和团队的沟通协作自主解决生活实际问题的挑战式学习。这样的学习源于儿童青少年的求知欲，成就体验反过来强化了他们对学习任务的兴趣和认同，进一步激发他们的认知动机。

（三）让儿童实现高峰体验

人本主义心理学家马斯洛将高峰体验称为"自我实现"或健康心理的倏忽短暂的插曲。它指的是瞬间产生的，转眼即逝的极度强烈的幸福感。这些美好瞬间体验来自爱情和异性结合，来自审美感受（特别是对音乐），来自创造冲动和创造激情（伟大的灵感），来自意义重大的顿悟和发现，来自女性的自然分娩和对孩子的慈爱，来自与大自然的交融，来自某种体育运动……他认为，高峰体验是自然产生的，不仅在健康人中产生，在一般常人甚至心理病态的人身上也能出现。

自我实现的高峰体验犹如天真自如、无忧无虑的儿童创造性，这样的心流体验能给儿童的心灵充电，激发他们的成就动机，帮助他们愈合，使他们的生活变得更美好。

让儿童实现高峰体验，不是根据成果判断，不是要求他们每个人都成为杰出的画家、诗人、作曲家、科学家，让他们成为特殊天才，而是让他们在真实的生活中自然感知，实现希望，满足需求，从而体验"自我实现的创造性"，从这点上看，幸福完整的校园可以让每个儿童都获得自己的高峰体验。

刻板的规则、过于理性的态度、过高的意志力要求都可能产生否认和压抑高峰体验的自我防御式的"反高峰体验"，因此，要时常给予儿童鼓励和信赖，允许他们依据天性不费力的感知，说真话，让儿童在实现高峰体验中获得幸福感。

第二节　遵循激励的学习机制

一、案例导入

很多父母和老师经常遇到喜欢捣蛋的孩子，这些孩子可能会让他们情绪失控，使他们在教育过程中产生挫败感。为什么孩子喜欢捣蛋呢？怎样智慧地应对孩子的捣蛋行为呢？让我们来看"新教育"APP中"新教育晨诵"栏目中韩国儿童绘本故事——《我就要捣蛋！》。

绘本扉页上就是典型的"坏孩子"的自言自语："我快被妈妈气死了。从今天开始，我再也不听她的话了。"书中的小男孩，感觉妈妈不喜欢他，因为妈妈动不动就批评自己，甚至自己做好事也经常挨批评。按照妈妈要求放学回家洗手，不能剩饭，把饭菜吃光，陪弟弟玩儿，但还是因为洗手没有洗脸，饭菜没有留给姐姐，把弟弟弄哭了而挨了妈妈的批评。小男孩干脆破罐子破摔，决定用捣蛋来反抗。他在家里乱放东西，在家里踢球，通过各种方式吸引妈妈的注意与关爱。但是，捣蛋的过程也没有想象中那么快乐，身边的家具、大树等也学起他捣蛋的样子，把生活搞得一片混乱。故事的结局是：妈妈依然唠叨不停，小男孩终于觉得世上还是妈妈好，还是家里最温暖。

二、原理与分析

这个儿童绘本故事能够帮助父母理解孩子的"问题行为"，也能够帮助孩子理解父母的"唠叨"行为，对建立正向的亲子关系很有帮助，它对教师在学校教育中与学生和谐共处也有同样的启发。在大部分家庭中，父母总是在孩子捣蛋时不问缘由地对他们发火。其实，在捣蛋的背后，蕴藏着孩子复杂的情绪。可以说，捣蛋的孩子和爱发火的父母是在互动的过程中习得了一种固定的行为模式。如果我们了解心理学的学习理论，知道学习的机制就能解释这些现象了。我们首先需要区分孩子捣蛋的不同情况，有时候，捣蛋也许正是孩子的天性，但这些童趣和父母心目中的好孩子标准相差甚远，所以，父母眼里看到的都是孩子的捣蛋行为。而另外一些情况下，孩子可能是在无形中用捣蛋来获得他们需要的爱和关注。问题是，父母和孩子为什么用彼此都觉得不愉快的方式互动呢？因为父母通过施加权威可以暂时让孩子达到他们的要求，而孩子则在无形中通过捣蛋和改正错误吸引父母的关注和认可。但这样做的长期后果却适得其反，父母的关注强化了捣蛋行为，而孩子因得不到尊重，养成了故意用捣蛋反抗的习惯。那么，有没有可能让父母和孩子在良性的互动中满足彼此的需求呢？心理学的一些学习理论可以帮助教师和父母有意识地运用科学规律，激励孩子塑造良好行为，纠正不良行为。

（一）经典条件反射学习理论

经典条件反射理论是由俄国生理学家巴甫洛夫最早提出来的。他通过观察狗的唾液分泌研究消化现象，实验中把食物放在狗面前，实验装置会显示唾液分泌情况。巴甫洛夫在这个过程中发现，没有食物，只是盛放食物的盆子或研究助理的脚步声出现时，狗就开始流唾液。这是因为食物盆和助理的脚步声反复和食物联系在一起，狗才出现分泌唾液的现象。巴甫洛夫因此设计了实验，把铃声随同食物反复一起呈现，狗就逐渐"学会"在只有铃声而没有食物的情况下分泌唾液。也就是说，一个条件刺激物和一个原来就能引起反应的无条件刺激物相结合，使动物学会对条件刺激物作出反应，这就是经典条件反射。

对已经形成条件反射的狗，如果只给铃声，不用食物强化，多次以后，铃声引起的唾液分泌量将逐渐减少直至消失，这叫作条件反射的消退。

（二）操作条件反射学习理论

操作条件反射理论是美国心理学家斯金纳提出的。他设计了"斯金纳箱"，小白鼠在箱子里无意中压到杠杆，就会有食物出现，若干次后小白鼠能主动压杠杆获得食物。操作条件反射，就是指对个体在刺激情境中的自发性反应给予强化，从而建立刺激—反应联结的历程。它又称"操作学习"，即由操作引起反应，然后再予以强化，就能在随后增加该反应发生的概率。

操作性条件作用的重要手段是强化，凡是能强化个体反应的一切刺激（包括人、事物）均可视为强化物。强化作用有正负之分，呈现正强化物（积极刺激），增加了反应发生概率的现象叫正强化。例如，学生因为上课积极发言而受到表扬，增加了未来积极发言的概率。减少或取消负强化物（消极刺激），增加了反应发生概率的现象叫负强化。例如，因为表现好而撤销处分，也增加了未来好的表现出现的概率。另一个常用的手段是惩罚，即个体自发出现某种反应之后，随即呈现一个消极刺激，或者剥夺一个积极刺激，从而消除或抑制此类反应的过程。例如，孩子不好好做作业，批评或者禁止玩游戏，减少了不好好做作业的现象。

（三）社会学习理论

社会学习理论是由美国心理学家班杜拉提出来的，该理论认为，个体的社会反应主要是通过观察和模仿别人的行为而习得的。观察学习指个体只以旁观者的身份，观察别人行为后的奖惩（自己不一定需要实地参与活动），或者听说别人对某事情的对错评价，也会学习到何时何地应该表现何种行为。这种经由别人的直接经验而学到间接经验的学习方式称为替代学习。模仿指个体在观察学习时，向社会情境中某个人或团体行为学习的历程。

模仿学习有不同的方式。其一，直接模仿，如一些基本的社会技能；其二，综合模仿，指学习者不是直接模仿一个人，而是综合多次所见形成自己的行为；其三，象征模仿，指学习者不是模仿具体行为而是榜样的性格或其行为所代表的意义；其四，抽象模仿，指学习者观察学习所得的是抽象的原则，而非具体行为。

社会学习理论认为，人的学习不一定都是外部强化，可以通过自我强化进行，认为人们能够调节环境的刺激，发挥知识技能的作用，并能控制自己的行为。

（四）建构主义学习理论

建构主义理论提倡在教师指导下的、以学习者为中心的学习。该理论认为，学习不是由教师把知识简单地传递给学生，而是帮助学生主动建构知识意义的过程，即帮助学生对当前学习内容所反映的事物的性质、规律及该事物与其他事物之间的内在联系达到较深刻的理解。这种理解在大脑中的长期存储形式就是"图式"，也就是学习内容的认知结构。意义的构建是学习者新旧知识经验间的反复的、双向的相互作用过程。

建构主义理论还强调，学习是在一定的情境即社会文化背景下，借助其他人（教师和学习伙伴）的帮助，通过人际间的协作活动而实现的意义建构过程。因此，情境、协作、会话和意义建构是学习环境中的四大要素。学习环境中的情境必须有利于学生对所学内容的意义建构；会话和协作要贯穿于学习过程的始终，这也是保证意义的重要手段。

三、对策与建议

（一）科学运用强化手段

学校教育中，可以综合运用正强化、负强化、消退和惩罚等手段激发动机，塑造学生的良好行为，改变问题行为。不管用什么方法，首先要明确问题行为和良好行为发生的具体情境：要改变的问题行为是什么？要塑造的良好行为是什么？问题行为和良好行为在什么情境下（时间、地点、人物）容易发生？有效的正负强化物是什么？这一步骤是成功实施强化手段的前提。具体采用哪些方法要根据情况决定，常用的方法是差别强化，即引导良好行为发生，然后给予正强化（例如，引导喜欢捣蛋的学生遵守课堂纪律，教师主动给予关心）或负强化（例如，学生不捣蛋时就取消之前的惩罚）；对那些不是很严重的问题行为采取消退的方法，让它自行消失（例如，学生上课不举手就发言，老师就当没听见）；对于严重的问题行为采用惩罚（例如，对稍微严重的扰乱课堂纪律行为进行批评或者取消娱乐活动等）。因为过度的惩罚会让学生产生对抗心理，所以惩罚一般在最后使用。使用各种奖惩办法还取决于下述条件：第一，教师的威信及教师与学生的关系。第二，学生对教师奖惩的看法。学生如果认为教师的表扬是公正的，批评是善意的，则这些奖惩的效果就好。第三，奖罚时机和度量的控制。奖励和惩罚的对象与方式要得当、有针对性。奖惩要适时适度，过分的奖惩都会降低效果，过分运用惩罚，还会激起学生的焦虑和敌对情绪。第四，惩罚时应明确良好行为的目标及解决问题的方法。最后，教师要通过外部强化唤起学生内部的自我强化动机。

（二）有效利用榜样的作用

教师在教育中可以综合设计，不仅让学生通过直接观察获得模仿行为，还要引导他们进行象征模仿、抽象模仿和创造性模仿。可以通过四类榜样人物的力量激励学生。第一，学生心目中最重要的人。例如，亲人、老师或同伴。第二，同性别的人。在家庭中，女儿模仿母亲，儿子模仿父亲；在学校里，男同学模仿男老师，女同学模仿女老师。第三，容易产生光环效应的人。例如，权威、名人、荣誉获得者、相貌或才能突出、出身良好的人等。第四，生活层次相近的人。例如，同班同学等。此外，还可以利用神话、童话、动漫人物、动物等形象或符号。

对榜样的观察与模仿学习是否能发挥作用，与榜样人物受到的奖惩结果有很大关系，因此，教师要让学生看到正面的榜样受到了奖赏，负面的榜样受到惩罚。例如，引导学生接受很多明星是通过持之以恒的努力才获得成功的信息，而不是突然一夜成名。还可以让学生了解明星不遵守法规遭受惩罚的例子。

（三）积极促进意义的建构

教师要成为学生建构意义的帮助者，要求在教育过程中做到以下几方面：第一，激发学生求知、交友、自我成长等方面的兴趣。第二，创设能独立探究和合作对话的学习环境。第三，帮助学生设计符合"最近发展区"和个性特点的学习任务，促进学生在新旧知识的相互作用中建构新知识的意义。第四，发展学生的元认知能力，培养学生评判性的认知加工策略。

第三节　选择有效的激励方法

一、案例导入

教师在工作中会遇到各种类型的学生，这些孩子让人欢喜让人忧，特别是一些与学校环境格格不入的孩子，似乎被所有人排斥。怎么样才能让教育之爱眷顾不同天性的孩子呢？让我们来看"新教育"APP中"新教育晨诵"栏目中的西班牙儿童绘本故事——《旋风小鼹鼠》。

故事的主人公是一只活泼好动的小鼹鼠。只有在睡眠的时候他才是安静的。他一起床，世界就开始闹腾起来了。在上学的路上，他东瞧瞧西望望；到学校以后，也一刻不停，一会儿碰碰这个，一会儿撞撞那个，上课内容什么也没听进去。他的身上好像装了一个永不停歇的超级发动机。大家都说他不乖、多动症、调皮、爱捣蛋，为他贴了许多标签，弄得他自己也不知道自己是谁了。最后老师只好告状到他父母那里，父母好不容易找到了专门治疗"学习障碍症"的"森林魔法师"。魔法师的绝招就是让小鼹鼠随心所欲地玩他自己喜欢的事情，陪他到森林里呼吸新鲜空气，听他讲自己的烦恼、趣事和梦想。魔法师告诉他，每个人都需要一个属于自己的轨道，做自己喜欢的事情。渐渐地，小鼹鼠变得安静了，也能够安心做作业了，他的爸爸妈妈都无法想象这样的变化，老师和同学们也为他感到高兴。

二、原理与分析

小鼹鼠的故事很像是我们听到过的很多"问题儿童"的故事，只不过我们很少听到同样的故事结尾。故事里的"森林魔法师"魔力非常大，能让旋风小鼹鼠变成另一个安静做作业的小鼹鼠。那么，为什么父母和老师都无能为力，而"森林魔法师"的魔力却能对小鼹鼠起作用呢？答案其实都在小鼹鼠的故事里，那个旋风一样的小鼹鼠和能安静做作业的小鼹鼠都是小鼹鼠自己，只不过在学校和社会的标准下，老师、父母和同学，也许包括小鼹鼠自己都被那个有很多标签的"问题儿童"故事束缚了，这样的情况下，小鼹鼠当然不会愿意留在那个"学习障碍儿童"的角色里。而"森林魔法师"却能越过学校的条条框框，看到另一个版本的小鼹鼠。他陪伴小鼹鼠，倾听它的烦恼、兴趣和梦想，还能给小鼹鼠足够的空间让他去发现自己，做自己喜欢的事情。在这个故事中，小鼹鼠有了不一样的身份，他可以自由自在地抒发内在的能量，所以才愿意安静下来做作业。小鼹鼠的故事告诉我们，要尊重孩子的需求和个性，这样才能为施展他们的潜能提供机会。心理学的一些理论可以帮助我们更好地理解其中的意义。

（一）叙事实践理论

"叙事实践"是很多伦理方向的科学和实践的简称，它认为人们通常会通过叙述故事来理解生活，人们也会根据他们形成的关于自己和别人的故事去行动。假设学生在学校里被描述为"问题学生"，那么他们看上去会更封闭，他们通常也会比那些在故事中被描述为"好学生"的人受到更严重的处罚。叙事实践理论的观点主要体现在以下几方面：第一，人不是问题，问题才是问题。它意味着要理解人们说的一切，把他们当作有胜任力的道德主体，而不是在本质上存在缺陷。缺陷论的思维依据了权威的标准，儿童和青少年很难挣脱，只能去内化。这样会让人们戴着有色眼镜去对待故事中的问题学生，同时，也会增加他们的无助感，结果是让问题恶化。第二，人有多重故事。这是说我们在不同的生活语境中建构了多重的故事。这些故事常常互相交替，有时也有很大的不同。例如，可能有一个"学习障碍儿童"的故事，还可能有另外一个"梦想儿童"的故事。第三，实践双重倾听。它建议我们要从故事中听到复杂性，不仅要听问题故事，更要听被主流论述抑制的希望故事，这样就能听到与之相随的解决方案的故事。

（二）自我效能感理论

自我效能感是对自我能力或操作绩效的感知，即对自己能做什么和不能做什么的认识。自我效能感在选择目标和实现目标的过程中起着重要的作用，能够部分预测个体动机的类型和水平。自我效能感能影响学生对学习任务的选择。自我效能感高的个体对自己的能力和从事活动的结果充满自信。他们敢于迎接挑战，通常倾向于选择具有挑战性高、较为复杂的任务，为自己设置较高的目标，并且热衷于自己的工作，希望取得较大的成功，表现出较强的内在动机，不会受到外部因素的影响（如他人的评价、外在的回报等）；而低效能感的个体则相反，他们倾向于选择简单的任务，获得成功的内在动机不强。自我效能感还会影响学生面对学习困难时的态度和努力程度，自我效能感越强，学习越努力，遇到困难时坚持得越久。

（三）期望理论

期望动机理论认为，人的行为动机有两个决定因素：期望和效价。期望是指一个人对实现行为目标可能性大小的估计。效价是指个人对所要达到的行为目标的意义的估计。学生对学习成功的估计和对学习价值的评估影响学习动机。如果学生认为成功的机会等于零，那么成功的价值再大学习动机也等于零；反之，如果学生认为成功了也无任何价值，那么成功的机会再多学习动机也等于零。例如，学生认为怎样努力也肯定不会及格，他的学习动机就会很弱。当学生认为即使考得再好也没什么用，他也不可能有很强的学习动机。只有当学生认为学习目标对自己来说有一定的价值，达到学习目标也有一定的可能性时，才能产生相应的学习动机。

（四）归因理论

归因动机理论主要从结果来阐述行为的激起。它认为，一个人在分析其行为成败的根由时，主要涉及以下六个方面：能力、努力、工作难度、运气、身心状况、别人的反应。上述成败的原因可从以下三个维度进行归类：一是控制源，把成败归于自身内部原因还是外部原因。能力、努力和身心状况属于内部原因；而工作难度、运气和别人的反应则属于外部原因。二是稳定性，即成败原因在性质上是稳定的还是不稳定的。能力和工作难度是较稳定的原因，而努力、运气、身心状况和别人的反应是不稳定的。三是可控性，即成败原因可否由自己控制。努力是可由自己控制的，而能力、工作难度、运气、身心状况和别人的反应均非个人所能控制。个体的归因倾向将影响其未来活动的选择、坚持性和动机强度。如果一个人把失败归结为不稳定和可控制的原因（如努力程度），那么他就有可能在失败的情况下坚持努力，并相信将来一定能取得成功；相反，如果把失败归结为稳定（如能力）和不可控制（如学习难度）的原因，那么他就不会相信自己能改变现状，也就不会再坚持做下去。

三、对策与建议

（一）帮助学生树立恰当的目标

恰当的目标选择有利于它的实现，如果学生接受教师或自己设定的目标，就能激发行为的动机。教师在指导学生树立目标时可以注意几个方面：第一，引导学生制定在价值和可能性上适合他们的目标，这样有利于培养他们的自主性，激发他们为实现目标而努力。第二，目标要有长远的、有近期的，在总目标的基础上提出多个具体的子目标，增强目标的现实价值。第三，给学生提供达到目标的资源，让学生确立实现目标的信心。第四，使学生获得目标实现状况的反馈，培养学生"任务指向"的心智模式，以增强完成目标的胜任感。教师在给予反馈的同时，可以让学生通过自我观察和自我监控来了解实现目标的进程。第五，指导学生达成目标的同时，采取相应的激励措施，以激发学生实现目标的动机。

（二）增强学生的自我效能感

增强学生的自我效能感，可以通过以下几种方法进行：第一，要求学生形成适当的预期。教师可以让学生设想"可能自我"的故事，例如，设想将来可能从事的工作及需要的准备，以此激发学生的成就动机。此外，还让学生学会应对否定或消极的反馈和失败，包括不公正的待遇等。这一训练的宗旨是使学生坚定自己可以控制将来的成功。第二，可以为学生提供更多的学习成功机会。尽可能发现学生成功和希望的故事，给学生充分展现自己的机会；还可以对某些有差距的学生降低成功的标准；在其取得了较小的成功时也及时给予鼓励。第三，为学生树立合适的榜样。为学生树立的榜样最好与之在各方面的情况类似，因为学生认同与自己相似的他人的进步，很容易替代性地转化成对自己能力的认同。

（三）引导学生合理归因

教师了解学生不同的归因，可以通过一定的训练调整学生对学习成功和失败的责任心，还可以改变"习得性无助"的现象，它是一种认为失败无法避免的观念，一旦学生持有这种观念，则表现为自尊心下降，有强烈的失败感，学习消极，不愿作出任何努力。

教师启发并鼓励学生在成功或失败时把主要原因归之于内部的努力，能让学生学会内部归因，并向内控的方向发展。但这并不是说，内控水平越高越好，科学的观点是帮助学生发展平衡的控制结构。把成功和失败全部归因于运气、机会和其他外部因素是不正确的，同样把成功和失败都归因于自己的努力也是不恰当的，理想的控制模式是内外控制点的平衡。为达到这一目标，教师应鼓励学生阐述适当的归因，对正确的归因加以强化，对那些实事求是承认责任的学生给予表扬，并使学生逐渐意识到过多承认责任的失当，帮助学生掌握合理的自我责任的标准，最后建立起内外平衡的归因结构。

参考文献

［1］朱永新，［美］约翰·库奇. 技术如何释放终身学习者的潜能？——朱永新与约翰·库奇关于未来教育与学习升级的对话［J］. 华东师范大学学报（教育科学版），2020（3）.

［2］林方. 人的潜能和价值［M］. 北京：华夏出版社，1987.

第十一章
教师应知的学习心理

作者：杨再勇

　　　　　学习的实质是什么？如何促进学习？如何评估学习
的效果？这是每一位教师都必须深刻理解并清楚回答的
问题。

第一节　脑与学习

　　大脑与学习的关系，一直受到哲学家、教育学家、心理学家和医生的高度关注。理解大脑运作的规律，是提升和促进学习的根本。

一、案例导入

　　1861年法国神经科学家、医生布洛卡（Pierre Paul Broca）发现，丧失语言表达功能与大脑左半球某一个部位的病变有关。这个区域后来被命名为布洛卡区，科学实验证明这个区域能控制舌与腭的说话运动。布洛卡区发生病变的人，语言理解没问题，但是丧失了语言表达能力。

　　20世纪50年代，一名被简称为H.M.的癫痫病人，在接受大脑内侧颞叶切除手术后，癫痫症状有所改善，但却丧失了记忆力，哪怕是几分钟前刚刚与他交谈过的人，他也会很快忘记。

上世纪初德国精神科医生阿尔兹海默，首次报告了阿尔兹海默症。患有这种疾病的老人会出现严重的记忆障碍。美国 85 岁以上的老人约有 1/4 遭遇阿尔兹海默症的困扰。

大脑如何影响人的学习和记忆？这一直是神经科学家非常感兴趣的问题，也是教育工作者希望得到解答的问题。

二、原理与分析

（一）镜像神经元

1992 年，意大利神经科学家佐拉蒂（Giacomo Rizzolatti）发现，人类和灵长类动物的镜像神经元让我们能够模仿并反思我们看到的其他人的行为和情感。这是自然发生的。当我们看到奔跑中的小孩摔倒受伤的时候，我们似乎深深感受到了如小孩摔倒一般真切的痛。这是因为镜像神经元给我们的大脑传递了一个"模仿的摔倒"的信号。镜像神经元是同理心的基础，也是学习和模仿的基础。

（二）长时增强效应

学习就是神经元之间的联系变得稳固和增强的过程。加拿大神经科学家赫布（Donald Olding Hebb）发现，"当细胞 A 的一个轴突和细胞 B 很近，足以对它产生影响，并且持久地、不断地参与了对细胞 B 的兴奋，那么在这两个细胞或其中之一会发生某种生长过程或新陈代谢变化，以至于 A 作为能使 B 兴奋的细胞之一，它的影响加强了"（Donald Olding Hebb，1949）。

（三）神经可塑性

人的神经系统具有极强的可塑性，或者适应力。"它可以改变自身的形式，包括细胞的类型位置，以及它们的相互连接方式。"（Michael S.Gazzaniga，2013）很多神经科学家认为成人的大脑也具有极大的可塑性。这为我们的终身学习奠定了最重要的神经基础，也为人类发展提供了无限丰富的可能性。

（四）信息多样性偏好

单调的信息会让大脑昏昏欲睡，而丰富的刺激信息让大脑充满活力。人有五官——视觉、听觉、嗅觉、味觉、触觉，人脑把不同感觉通道的信息整合在一起。科学家研究发现，即使是单纯的视觉刺激，也有可能会激活听觉、触觉等其他的脑部功能。

（五）记忆痕迹消退

干扰和消退是人脑记忆信息消失的重要原因。没有得到及时重复和复述，记忆信息会消退。如果记忆信息相互干扰，也会导致信息消退。不断重复和深度组织加工，会让细胞间的突触联系得到稳定和增强，从而加强学习效果。

（六）内分泌与学习功能

内分泌系统会辅助调节神经系统的工作，影响到调节情绪、新陈代谢、觉醒水平、免疫系统等。比如多巴胺和内啡肽作为人脑奖赏系统的化学信使，会直接影响到人类的学习。诺贝尔奖获得者罗杰·吉尔曼（Roger Guillemin）发现，人体内产生内啡肽最多的区域以及内啡肽受体最集中的区域，是学习和记忆相关的区域。可见，人的内分泌与学习息息相关。

三、对策与建议

（一）动静结合促进学习

神经科学家发现运动之后学习效率更高。"运动提高了理解力，增强了注意力和性质，减少了几分紧张和不安，让人更富有激情与活力。"（John Ratey，2013）因为运动能促进内啡肽、多巴胺的分泌，增强神经元之间的突触连接和兴奋度。

另外，因为镜像神经元的存在，人们在行动中的学习，为彼此提供了观察和模仿的机会。这是社会学习和社会观察的基础，也是人的社会化发展的必然过程。这一过程对于动作技能的习得、价值观念的养成和人际关系的形成具有重要的价值。让学生走出教室，设计丰富多彩的行动学习方式，让学生融入到社会情境和社会交往中，他们会自然而然受到社会的熏陶，进而整合自我、完善人格。

（二）养成习惯培育品格

认知神经科学家加扎尼加认为："在细胞水平上，内侧裂叶、新皮质、小脑和其他区域的神经网络神经元间的突触强度变化是最可能的学习和记忆的机制。"（Gazzaniga，2013）简单来说，学习就是神经元突触的联系更加稳固的过程。在认知层面上可以表现为对知识的理解，在行为层面上则表现为行为习惯的养成。

盖吉是一个铁路工人，勤奋、自律，很受人欢迎。因为一场意外的生产事故，一根钢筋从他额头左侧向左眼下方穿出，他受了非常严重的外伤。幸运的是，他活了下来。但他的性格发生了很大变化。他由一个原本勤奋、认真、情绪稳定、关心他人的人，变成了懒惰、怠工、情绪化、自私的人。他受伤的部位在额叶（这个脑区靠近额头，所以被称为额叶），是人的高级神经功能如决策、人格的神经中枢。额叶受伤对盖吉的工作和生活产生了很深的负面影响。因此，某种程度上，教师的使命就是帮助学生不断养成良好的习惯，塑造优秀的大脑。

（三）终身学习成就学生

活到老，学到老。神经系统的可塑性，奠定了我们终身学习的可能性。学习对于人的促进作用在什么时候都不算晚。帮助学生成为他自己——这个教育的终极命题，对于每个人来说，也是终极一生努力追求的方向。

台湾一位老人赵慕鹤，活到107岁才去世，他不懂英语，但在70多岁的时候一个人穷游整个欧洲，走过很多国家，住过公用电话亭，甚至睡过大街。这对于他是一个巨大的新挑战，同时也是一种生命的历练。他96岁的时候考上了硕士，98岁硕士毕业；在105岁的时候还想继续考博士。他一生都在不断追求、不断成长、不断进步。他说："人生唯一的幸福就是不断前进。"

2005年，金庸被剑桥大学授予文学荣誉博士学位，但他却决定要正式进入剑桥大学读博，他说："我特别崇尚陈寅恪的一句名言——不求学位，只求学问，我想追随前辈，明志求学，广学博闻，以增见识。"2010年，经过几年苦读，金庸先生获得剑桥大学哲学博士学位，当时86岁。

（四）多样立体促进发展

在高度专门化的单一性与纷繁复杂的社会多样性对立统一的当今社会，立体化、全方位的教育模式，是满足以学习者为中心的多样化学习需求的核心原则。这是由学习者的信息接收渠道的多样性与人的智能类型的多样性决定的。呈现不同感觉通道的信息，有助于促进学生的感觉统合，进而提升教学效果。视觉是人类最重要的感觉器官，人脑获得的信息 80% 来自视觉。图片非常直观形象，是最好的学习方式之一，书面或口头的信息往往达不到图片的效果。不同感觉通道的交替工作，还有助于降低疲劳，提升工作效率。

心理学家加德纳认为，人有逻辑 – 数理智力、言语智力、自然观察智力、音乐 – 节奏智力、视觉 – 空间智力、身体 – 动觉智力、人际智力和自省智力。这些不同的智能形式，都有一定的脑科学基础。尊重智力差异，发挥智力特长，能有效促进教师教学。

因此，教育者的信息呈现方式，教育目标的多元性和立体性，教育渠道的丰富性和多样性，教育过程的综合性与灵活性，决定了学习者成长和发展的可能性。

（五）重复加工促进记忆

获得外在信息的最初几秒是记忆的关键。短时记忆的信息如果不能进入长时记忆，将被永久遗忘。人同时记住的记忆信息容量有限，通常是 7+2 个单位。对于不同的人，记忆单位有大有小。促成学生在记忆的最初几秒，对获得的信息进行精细的编码加工和不断重复，是教学促进记忆的关键。

长时记忆取决于有规律的重复。（John Medina，2009）海马在长时记忆的形成中发挥着关键作用。定期复习是长时记忆不断增强的关键。设计知识点相互关联的学习任务，让过去的知识点不断地被提取和运用，能促进教学和加强长时记忆。

（六）沉浸心流培育态度

情绪是人脑的重要功能。积极情绪能促进理性的活跃程度，促进学习效率和效果。消极情绪则会影响人类的理性活动，阻碍学习。

心理学家希斯赞特米哈伊（Mihaly Csikszentmihalyi）提出"心流"的理论。心流是一种心理状态，处于心流状态的人完全沉浸在他喜欢并擅长的事物中，达到一种忘我的状态，体验着一种充满全身的积极愉快的感受。神经科学家发现，心流的状态与背外侧前额叶皮质区域处于空闲状态有关。背外侧前额叶皮质是控制人的认知活动思维活动的区域。一个优秀的钢琴家在弹奏美妙音乐的时候，如果他的背外侧前额叶皮质处于空闲状态，这说明他对于演奏音乐处于非常熟练的状态，可以信手拈来，而不需要思考。这种熟练流动的状态带来很多积极体验，往往也伴随着多巴胺和内啡肽的分泌，让人情绪愉快和稳定，同时让人有深深的成就感。

作为教师应该帮助我们的每一个学生都熟练掌握一项技能，让每一个学生都有机会体验心流的状态，积极、愉快而有成就感。对于每个人来说，拥有自己擅长的领域，体验过心流带来的愉快和成就感，人生才完整。

第二节　行为与习惯塑造

学习是指学习者因经验而导致行为或行为潜能的相对持久的变化（Bower，Hilgard，1987）。改变学生的行为，培养学生良好的行为习惯，是教育者的核心任务之一。

一、案例导入

学习和发展，尤其是行为习惯的养成，会潜移默化地受到周围环境的影响。古有孟母三迁的典故：

孟子很小的时候，父亲就去世了，母亲守节没有改嫁。有一次，他们住在墓地旁边。孟子就和邻居的小孩一起学着大人跪拜、哭嚎的样子，玩起办理丧事的游戏。孟母看到了，皱起眉头：不行！我不能让我的孩子住在这里了！孟母就带着孟子搬到市集旁边去住。到了市集，孟子又和邻居的小孩学起商人做生意的样子。一会儿鞠躬欢迎客人，一会儿招待客人，一会儿和客人讨价还价，表演得像极了！孟母知道了，又皱皱眉头：这个地方也不适合我的孩子居住！于是，他们又搬家了。这一次，他们搬到了学校附近。孟子开始变得守秩序、懂礼貌、喜欢读书。这个时候，孟母很满意地点着头说：这才是我儿子应该住的地方呀！

美国心理学家班杜拉开展过一项心理学历史上非常著名、非常有影响的实验研究——研究儿童是怎样习得攻击行为的：

参加这项研究的被试，有36名男孩和36名女孩，他们的年龄在3~6岁之间，平均年龄为4岁零4个月。24名儿童被安排在控制组，他们将不接触任何榜样。其余48名被试被分成两组，一组接触攻击性榜样，另一组接触非攻击性榜样。接触攻击性榜样的小组又分为男性被试组和女性被试组，男性组和女性组又分别对应同性攻击榜样和异性攻击榜样，也就是又分成了4个更小的小组。按同样的方法，接触非攻击性榜样的小组也分成了4个更小的小组。共有8个实验小组和1个对照小组。

实验过程分为行为观察阶段和攻击行为测试阶段。在行为观察阶段，儿童被试由实验者带入行为观察室。在路上实验者假装意外地遇到了成人榜样，并邀请他们进来参加一个游戏。儿童坐在房间的一角，面前的桌上有很多有趣的东西，包括土豆印章、贴纸、动物和花卉。成人榜样被带到房间，另一个角落的一张桌子上有一套儿童拼图玩具、一根木槌和一个1.5米高的充气芭比娃娃。实验者解释说这些玩具是给成人榜样玩的，然后便离开房间。

无论在攻击情境还是在非攻击情境中，成人榜样一开始都先装配拼图玩具。一分钟后，攻击性榜样便开始用暴力击打芭比娃娃，对于在攻击条件下的所有被试，榜样攻击行为的顺序是完全一致的。他们把芭比娃娃放在地上，然后坐在他身上，并且反复击打他的鼻子，随后榜样把芭比娃娃竖起来，捡起木槌击打他的头部，然后猛地把他抛向空中，并在房间里踢来踢去。这样的攻击行为按照以上顺序重复三次，中间伴有攻击性的语言，如

"打他的鼻子""打倒他""把他扔起来""踢他"，还有两句没有攻击性的话，"他还没有受够""他真是个顽强的家伙"。

这样的情况持续将近10分钟，然后实验者回到房间向榜样告别后，把孩子带到另一间活动室。那个房间里有各种非常吸引人的玩具，如火车模型、喷气式飞机，包括多套衣服和玩具车在内的一套娃娃。实验者告诉儿童，这些玩具是为他们准备的。然后实验者离开，通过单向玻璃观察儿童的攻击行为。

实验结果如下表所示，有力地证实了榜样的攻击性行为对于儿童会产生直接的影响，大大地提高了儿童做出攻击性行为的比例。若儿童被试看到榜样的攻击性行为，他们也就倾向于模仿这种行为，男性被试每人平均有38.2次，女性被试平均有12.7次模仿了榜样的身体攻击行为。此外，男性被试平均有17次、女性被试平均有15.7次模仿了榜样的言语攻击行为。

表1　榜样类型与儿童攻击行为

攻击类型	攻击性 男性	非攻击性 男性	攻击性 女性	非攻击性 女性	控制组
模仿身体攻击					
男孩	25.8	1.5	12.4	0.2	1.2
女孩	7.2	0.0	5.5	2.5	2.0
模仿语言攻击					
男孩	12.7	0.0	4.3	1.1	1.7
女孩	2.0	0.0	13.7	0.3	0.7
用木槌攻击					
男孩	28.8	6.7	15.5	18.7	13.5
女孩	18.7	0.5	17.2	0.5	13.1
自发攻击行为					
男孩	36.7	22.3	16.2	26.1	24.6
女孩	8.4	1.4	21.3	7.2	6.1

行为习惯对人的影响是深远的，好习惯让人受益一生，坏习惯让人深受其害。行为习惯的养成有何规律？教师如何培养学生的好习惯呢？按照行为主义心理学家的观点，习惯由一系列稳定的行为反射构成。因此，培养好习惯，就是培养好的行为反射。

二、原理与分析

（一）条件反射

俄国心理学家、生理学家巴甫洛夫关于条件反射的研究是学习领域最基础的开拓性贡献。条件反射的建立过程分为三个阶段。

第一阶段是自然状态。食物会导致狗分泌唾液，不需要其他的附加条件，食物是唾液分泌的无条件刺激。音叉发出声音不会导致狗分泌唾液，所以音叉发出的声音对于唾液分泌是中性刺激。

第二阶段是建立联系。让中性刺激与无条件刺激发生联系，先摇铃铛或者先敲音叉，然后给狗食物，狗得到食物会分泌唾液。这让狗形成一个印象，铃铛声或者音叉声响起来，就意味着食物会出现。这个稳定的联系建立以后，狗听到摇铃铛或音叉的声音就开始分泌唾液。

第三阶段是条件反射。没有食物，只敲铃铛或只敲音叉，这个声音本身就可以导致狗分泌唾液。原本音叉声是不会导致狗分泌唾液的中性刺激，因为跟可以导致狗分泌唾液的食物这个无条件刺激形成了稳定联系，也变成可以触发狗分泌唾液的条件刺激。中性刺激跟无条件刺激之间，一前一后、紧密的联系，触发了条件反射。

我们很多的思想和行为是条件反射。厌学、对特定情境的恐惧或多或少与条件反射有关系。甚至季节性感冒也有可能是条件反射，是有规律的季节性环境因素触发了免疫力反应的结果。二战时，德国纳粹曾经在集中营里做过一个非常残忍的实验。纳粹分子给俘虏蒙上眼睛，然后在他们的手腕上"划一刀"，制造了血液一滴一滴滴到地上的假象，这些俘虏听到的"滴血声"，放大了他们的焦虑、无助、害怕，最后死去了。其中有一些是真的被割腕了，失血过多而死。另外一些实际上没有真的被割腕，纳粹只是在他们手臂上绑了一个小的水管，顺着水管往外流水，俘虏感觉到好像血一滴一滴往外流。这些没有真正被割腕而死去的俘虏，被解剖发现他们死亡的症状跟失血过多而死的症状是类似的。

条件反射的形成，源于中性刺激与无条件刺激形成先后出现的稳定的联系。人和动物的条件反射一旦形成，其他与该条件刺激相类似的刺激物也能诱发相同的条件反射，这叫泛化。当有机体学会对条件刺激和与条件刺激相类似的刺激物作出不同的反应，逐渐发展出分化。在学校或课堂上经常遭遇失落、痛苦、批评的孩子会产生回避、厌恶、害怕甚至恐惧的情绪反应，如果这种状况不加以改变，久而久之，就会形成自动化的条件反射，让学生对学校、对学习产生强烈的厌恶情绪。

条件反射式是一种自动化的学习，尽管它不是一种高层次的学习方式，却普遍存在。对于非常复杂的、高水平的认知活动，比如说道德感、理智感、美感，比较难以通过条件反射的方式来建立。需要反思的是，我们的想法中是否有一些是本能的、直接的、条件反射式的反应？往往这些我们不自知、不觉察的条件反射对我们影响很深。

（二）操作性条件反射

心理学家斯金纳用猫完成了迷笼实验。猫被他们关在笼子里，由于缺乏食物，饥饿感驱使着猫在笼子里面到处乱窜。很偶然地，它按到了一个开关，笼子就打开了，猫可以走出去吃到食物。猫不断尝试，按到了门把手，吃到了食物，这个效果增强了按门把手的行为。

斯金纳发展了操作性的条件反射理论。操作是心理对于行为的调节和控制。他们把老鼠关在"斯金纳箱里"，老鼠因为饥饿在里面到处乱窜，偶然按到某一个按钮而得到了食物。之后老鼠就反复按这个按钮，希望得到食物。

这是概念上的进步，是我们在思想层面上要积极主动地去寻求正面的反馈。很多动物训练都是基于这样一个实验原理，对于猴子、海狮、大象来说，也会为了获得食物而不断作出"正确的行为"。对于它们的错误行为，要给予惩罚。逐渐地，那些错误的行为会消退或消除，而正确的行为会被奖励而增强。

操作性条件反射被广泛运用于行为训练。很多父母在教育小孩时，也都非常依赖于操作性的条件反射这一知识，常常告诉孩子："你努力学习考满分，就给你奖励。"孩子为了得到奖励，会努力完成学习任务。

（三）观察学习

观察学习是社会层面上广泛存在的一种学习方式。在本节的导入案例中，班杜拉所主持实施的"攻击行为实验"就很有力地证明了榜样人物对于儿童行为的影响。观察与模仿在我们的生活中总是不断发生，我们有意无意地观察身边的优秀同学，观察我们的老师，观察其他伙伴，会自然而然地模仿他的行为方式和思考方式。

观察然后模仿，是儿童行为习得和成长的主要途径之一。如果我们留心观察身边的小孩，会发现父母的言行对他们有潜移默化的影响，父母说过的话、做过的事，都会在小孩的语言或行为层面上有所呈现。所以，榜样教育是一种直接有效的教育方式，对学生起到潜移默化的影响。

杀鸡儆猴有没有效果呢？实际上是有效果的，因为"杀鸡"这样的一种警示方式会让观察者感到害怕，受到"替代性惩罚"，会消除观察者的某种错误的行为。观察我们身边的那些优秀者的积极行为，对我们有示范和激励的作用。比如，我们崇拜的那些偶像、明星，如果他们所从事的事情与我们所从事的事情相关，那么就会激发我们的模仿和追捧。有些榜样所做的事情与我们不直接相关，但他们精神层面上的坚持不懈、热爱生活、专心致志、与人为善的态度，一样对我们有激励和影响。

可以引导学生回忆：在他们的成长经历中榜样影响到底有多大？哪些人、哪些事有影响？在什么层面上有影响？学生是否热爱科学，是否勤奋学习？做事情是否认真负责，体谅他人？是否性格平和？往往我们都会受到来自我们的父母或我们周围的重要他人的影响。

三、对策与建议

（一）激发积极情绪

有的学生一想到学习就焦虑，或者想着学习就厌恶，这是经典的条件反射的作用。如何利用经典条件反射的原理，降低学生对学习的焦虑或者厌恶情绪呢？条件反射是一种自动发生的反应，但对于自我意识发展水平比较高的学生来说，教师帮助他理解自身的消极情绪是条件反射导致的，有助于他识别和区分自己的情绪，进而调节情绪。如果学生某一次考不好，导致心情沮丧、情绪低落，那么老师可以告诉他，希望他下一次能考好，或在其他科目上考好。要帮助学生把这种消极情绪区分开来，不要泛化到其他的考试或者其他科目的学习中去。

将学习或考试与积极情绪联系在一起，让学生产生对情绪的理解和掌控感，比仅仅处理消极情绪更重要。比如，通过运动、讲笑话、讲故事、做活动等方式先创造积极情绪，再进行有难度、有挑战的学习，这样可以降低学生在学习过程中产生的消极情绪。

（二）营造良好环境

良好的环境对人产生潜移默化的影响，有助于良好行为习惯的养成。孟母三迁的故事，也说明了环境的重要性。当某些特定的环境与良好的学习行为习惯和生活习惯形成稳定联系的时候，环境会产生一种类似于条件刺激的作用，有利于激发良好学习习惯的养成。不仅如此，良好的环境提供了参照、比较、反馈和支持的作用，是人的高质量发展的重要资源。

古人说：近朱者赤，近墨者黑。那些历史悠久享誉世界的大学，无一例外都有美丽的校园。百年名校，几乎都注重环境对人格的熏陶和价值的启迪。书香校园给人的直观影响，就是校园中处处充满了读书的氛围，有舒适的让人愉快的读书环境，这种来自环境的愉悦感潜移默化地塑造了阅读习惯。犹太人让儿童去舔食涂在书本上的蜂蜜，就是帮助儿童在书本与快乐之间建立稳定的联系。

（三）给予及时反馈

反馈为学生良好行为习惯的养成提供了激励和纠正的机会。没有反馈就没有强化，没有反馈就很难判断是非对错。对于好的正确的行为，要及时肯定，及时鼓励，以达到强化和巩固的作用。对于不好的行为，也要及时指出，及时纠正。

反馈要讲求时机，注重及时性。过时已久的正反馈如同隔靴搔痒，而过时已久的负反馈让人感觉是秋后算账。只有及时客观地反馈，才能达到激励和纠正的作用。

（四）巧用奖励惩罚

惩罚也许能消除一个错误的行为，但是无助于建立一个正确的行为。所以要尽量忽视不当行为，避免惩罚，强化期望的正面行为，进行积极引导。如果学生上课时不举手就发言，发言的内容可能并没有经过深入思考，发言内容也不正确，那么可以忽略这种行为，直到学生回答正确或者发表了有价值的观点，再给予表扬。如果学生的行为干扰了课堂秩序，在惩罚之前可以先口头警告学生，如果他再这样，会取消一颗他光荣榜上的五角星，这样能减少学生的捣乱行为。

（五）树立榜样示范

榜样的力量是无穷的，提供了观察学习的最佳机会，也提供了人生发展的理想原型，并激发出持续的行动力。榜样的树立要贴近学习者的真实生活，榜样人物的背景条件与学习者的生活越接近，榜样对于学习者的积极作用就越大。通过观察榜样人物的行为得失，学习者本身也会受到替代性强化，进而激发良好的行为习惯或削弱不良的行为习惯。

发挥榜样的示范作用有四个环节。第一是注意，要让学生注意到示范行为，如果教师期望学生有爱护教室卫生捡垃圾的习惯，就可以把地上的纸屑捡起来扔到垃圾桶同时大声告诉学生，而不是默默地完成这一动作。第二是保持，也就是让学生记住他所观察的言行，然后他才有可能表现出我们所期望的行为。第三是动机，要激发学生进行行为模仿的愿望，可以告诉学生这么做的理由激发学生的内在动机，或通过替代性强化和学生自我强化激发他的内在动机，也可以通过直接强化激发他的外部动机。第四是行为潜能转化，我们对学生模仿行为的期望，应该是学生能达到能做到的。

（六）合理刻意练习

这是一种在相对短的时间之内，训练和掌握某一个领域知识和技能的重要的方法。最顶尖运动员的训练方式，大多都是通过刻意练习来提升水平。

刻意练习是将目标技能分解成基本动作，并制定明确的训练计划和水平测试标准，配备专业的教师或教练帮助学习者进行基本动作训练和整体技能训练。结合录像分析、反复观摩总结等方式修正动作技能，从而提升技能水平。

高三的学习训练，其实就是一个刻意练习的过程。只不过很多学生和老师并没有把准备高考的方法论运用到其他的学习生活情境中去。学习刻意练习的方法，有助于提高学生的学习能力、端正学习态度。学习者需要容忍反复练习过程中的枯燥、乏味、疲劳，甚至是痛苦的挑战，同时刻意练习会促进学习者获得积极回报。

第三节　认知与知识学习

凡事皆可转化为信息，知识本身包含着大量的信息，一般情况下知识以信息的方式存在，也以信息的方式传递。

认知就是人的认识，从心理学层面看，它是人的信息加工能力。从信息加工的角度看，从某种程度上可以把学习看作获得信息、加工信息、保存信息、输出信息的过程。因此，了解人的信息加工的方式和规律，了解信息加工过程的内在机制，有助于提升学习和教育效果。

学习效果在很大程度上取决于认知加工能力，或者说取决于学习者的智力水平，也取决于学习者的认知加工策略。人的信息加工过程包括很多方面，如注意、记忆、思维、想象、言语等，它们对于学习都有重要而深远的影响。

一、案例导入

请阅读下面这段文字，并试着说出其大体意思：

步骤其实很简单。首先，你把东西分类，当然，一堆也许就够了，这要取决于总共有多少。如果你觉得不方便而不得不去其他地方，那将是另一码事，否则，你就已经准备好了。做事不要贪多，也就是宁缺勿滥。短期内也许这并不重要，但麻烦会紧随而来。而且失误的代价也会很高。开始时，整个步骤看上去很复杂，但这很快将变为生活的一个方面。短期内也许看不出做这个工作的必要性，但没有人能说这是不必要的。做完这一步后，你必须把这些东西再次归类，把它们放在适当的位置。然后它们才能再次被使用，于是，又开始了下一个循环。不过，这正是生活的一部分。

你了解这段话是什么意思吗？是不是觉得很费解？甚至认为它毫无意义。因为这段文字缺乏背景信息，而且我们无法利用已有的知识。如果事先告诉你这段文字的主题是"洗衣服"，再读读看，你会觉得理解起来毫不困难。

为什么会出现这样的现象呢？

二、原理与分析

（一）接受学习

不管是学校的班级授课制，还是传统的师父带徒弟，学生通过接受教师或师父传授的知识和技能，进而提升自己，这就是接受学习，它是最主要的学习方式之一。这是美国教育心理学家奥苏贝尔对于学习的分类，他根据学习进行的方式把学习分为接受学习和发现学习。

接受学习不等于被动学习。奥苏贝尔又把接受学习分为意义学习和机械学习两种类型。意义学习就是对学习内容进行分类、比较、迁移和联系，从而在实质上掌握和理解所学习的知识或技能。我们通常所说的举一反三，就是指超越了对知识的机械记忆，把知识运用到不同的情境中去解决问题，这就是意义学习。

也不是说机械学习就毫无意义，事实上，大量的学习依赖于记忆本身。学习语言，掌握文字，记住基本的定律，掌握经典的理论表述，都依赖于一定程度的机械记忆。学习者的学习能力、理解能力和知识水平的提升，原先存在于机械记忆层面的知识和技能，有可能会被进一步理解，甚至融会贯通，从而真正为学习者所用。在人的记忆力非常好的青少年时期，进行一定程度的机械学习，掌握大量的知识，是非常必要的。当然，不能让机器学习占据了所有的学习活动。

（二）发现学习

古语有云，"知之者不如好之者，好之者不如乐之者"。可见，被动接受不如主动探索，主动探索不如乐在其中，学习也如此。《论语》的这一表述，提出了发现学习的思想原型。美国教育心理学家布鲁纳，从心理结构的层面梳理了发现学习理论。他认为人有主动探索的天性，学习是人主动探索和发现知识，并且建立对于学科的认知结构的过程。格式塔心理学派创始人柯勒通过大猩猩摘香蕉实验，证明了在面临持续困境的过程中，顿悟是获得问题解决办法的一种方式。

发现学习可以激发学习者的积极性和主动性，让他们通过相应的学习任务发现知识规律。学生通过发现学习所获得的知识虽然大多都是旧知识，但这个发现的过程对于他们的认知方式有着积极的塑造作用。教师可以帮助学生体验到学习的乐趣和知识本身的乐趣，甚至让他们感受到创造和研究的快乐。

（三）加工深度

学习者对于学习材料的信息加工深度，决定了信息储存的质量和学习效果。教师应该帮助学生进行深层次的加工。根据认知心理学的研究，信息编码的加工水平有无限多个，各水平之间没有明显的界限。信息的储存水平在很大程度上取决于它是如何编码的。信息被加工的水平越深，被提取出来的可能性就越大，表示学习效果越好。

根据布鲁姆的学习评价理论，学习可以分为知道、领会、应用、分析、综合、评价等层次。越往后加工水平越深，学习效果越好。但在教育现实中，很多教师的教学设计只基于前三个层次，就是帮助学生知道、领会和应用，而相对忽略了后三个层次。有很多学生对于学习的理解，主要停留在第一个层次。这些对于学习层次的理解偏差，很大程度上阻碍了学习的深度和效果。

（四）主动建构

建构主义理论认为，学生并非一个计算机硬盘或一个空的容器，他们并不是被动地等待知识的填充，相反他们在积极地构造他们自己的知识。教育的构造主义理论强调，尽管教师不完全控制学生的学习，但是有经验的教师能够促进学生的积极学习过程。

认知心理学家布鲁纳甚至认为，儿童能够以合适的方式学习任何层次的知识。他们认为，知识本身有一定的知识结构。而人自身也有一定的认知结构，人的认知结构与过去的知识经验有关，与自身的认知加工水平有关。学习就是在自身的认知加工水平和过去的知识经验的基础之上，建构新的知识框架，塑造自身认知结构的过程。

三、对策与建议

有效的知识学习，建立在对知识结构有序梳理和人的认知规律基础之上。

（一）先行组织者

根据奥苏贝尔的意义接受学习理论，只有当新的材料与长时记忆中的有关概念形成系统的联系，学习才是有意义的。所以，在刚开始讲课时，要作广泛性的陈述，帮助学习者在新知识和先前知识间建立联系。组织者的任务是指导学生注意所要学习的材料中的重要概念，强调所呈现观点间的内在联系，在新的材料和学生已有的知识间建立联系。

（二）问题导向

引导学生带着问题学习，是发现学习理论的一个具体运用。带着问题不仅可以让学生集中注意力，而且可以促进学生区分和识别针对问题的知识点，有助于提升学习效果和学习效率。

教师可以根据教授的知识和理论，提出和设计有针对性的问题，让学生提前预习，并对相关问题进行解答。在课堂上，教师除了要讲解基本的概念和理论框架以外，还要提供更多的时间让学生回答问题或者提问，通过问题解答和讨论，让学生更深入地理解课堂教学的内容。

（三）深度加工

要促进学生对所学内容进行精细加工，这有助于将学习内容转入长时记忆。比如用单词造句，改写文章段落，运用公式和理论解决实际问题，这些都能促进学生进行深度加工；或者让学生对新学习的知识进行复述和重组，给学生提供练习和反馈的机会，布置作业让学生深度运用所学知识；也可以让学生提出问题，或者梳理知识框架，找出知识点之间的区别和联系。这些方法都有助于学生加深学习深度。

（四）同伴互助

同伴互助学习与建构主义有异曲同工之妙。同伴互助学习对于提升学习成绩有显著的促进作用。同伴辅导能有效调动学习者的积极性，一对一辅导让被辅导者可以问一些在大班上不会提出的问题。有证据表明，同伴辅导比传统的教学方式更能提高学生的学习成绩。同伴辅导鼓励合作学习，鼓励那些愿意一起学习并发展合作技能的学生组成一组。还可以安排同伴讨论或辩论，学生通过讨论没有明确答案的、复杂的、有争议的问题，可以拓展知识面、加深对知识的理解和运用。

参考文献

［1］［美］约翰·梅迪纳.让大脑自由［M］.杨光，冯立岩，译.杭州：浙江人民出版社，2015.

［2］陈琦，刘儒德.当代教育心理学［M］.北京：北京师范大学出版社，2019.

［3］［美］Michael S. Gazzaniga，等.认知神经科学［M］.周晓林，高定国，等，译.北京：中国轻工业出版社，2013.

［4］［美］Roger R. Hock.改变心理学的40项研究［M］.白学军，等，译，北京：中国轻工业出版社，2004.

［5］张大均.教育心理学［M］.北京：人民教育出版社，2015.

［6］刘儒德.学习心理学［M］.北京：高等教育出版社，2010.

［7］［美］戴尔·H·申克.学习理论［M］.何一希，等，译.南京：江苏教育出版社，2012.

［8］［美］Robert J. Sternberg.教育心理学［M］.张厚粲，译.北京：中国轻工业出版社，2003.

［9］［美］约翰·瑞迪，等.运动改造大脑［M］.浦溶，译.杭州：浙江人民出版社，2013.

［10］［美］霍华德·加德纳.智能的结构［M］.沈致隆，译.杭州：浙江人民出版社，2013.

第十二章
教师应知的课堂心理

作者：陈丽玫

课堂是教师的主阵地，如何让课堂发挥教育的功用？如何创设一个良好的课堂心理环境？又有哪些经典的心理学效应和课堂管理策略可以给我们的课堂提供支持？这些问题值得每一位站在讲台上的为人师者深入了解和实践。

第一节　教师应知的心理学效应

一、案例导入

一位老师在校长的"请求"下接了一个班级，这是一个无人问津的班。上课了，老师走上讲台，学生们对上课铃声听而不闻，对老师视而不见，肆无忌惮地说笑打闹。这位老师不慌不忙拿起一个厚厚的本子，晃了晃，问："你们知道这是什么吗？"喧闹不堪的教室慢慢安静了下来，学生都莫名地看着他。"这是你们的保证书，校长对我说，用这个可以镇住你们。"说完，他把保证书撕了扔进垃圾桶里。"同学们，我并不赞同别的老师和校长对你们的评价。在这样的氛围下还能保持乐观，首先你们的耐挫折能力就比一般人要强，你们身上一定有他们还没有看到的好东西，我想用我自己的眼睛来认识你们在座的每一位。"从此以后，在这位老师的带领下……

二、原理与分析

我们可以畅想一下这个班的未来走向，只从二元论的角度来看这个班也许从此以后脱胎换骨；也许奇迹终究无法产生，这个班级继续颓废下去；但仔细分析这位老师的第一次亮相，其实他已经很好地演绎和诠释了心理学中的一些规律和效应。比如：如何留下你的第一印象即首因效应、温暖的南风效应、充满希望的期待效应、暗示效应等。除了这些，心理学还有很多其他的心理效应和规律，教师可以充分激活自己的经验对这些规律生成自己的理解，并付诸行动，从而产生属于自己独有的教育效应。

（一）罗森塔尔效应

1968年的一天，美国心理学家罗森塔尔来到一所小学，他们从一至六年级各选了3个班，对这18个班的学生进行了"未来发展趋势测验"。

之后，罗森塔尔以赞许的口吻将一份"最有发展前途者"的名单交给了校长和相关老师，并叮嘱他务必要保密，以免影响实验的正确性。

8个月后，罗森塔尔和助手们对那18个班级的学生进行复试，结果奇迹出现了：凡是上了名单的学生，个个成绩有了较大的进步，且性格活泼开朗、自信心强、求知欲旺盛，更乐于和别人打交道。

然而，事实的真相是：名单上的学生都是随机挑选出来的，根本没有作任何的挑选！为什么会出现这种现象呢？谎言何以成真？

显然，这就是心理学中的心理暗示在起作用。罗森塔尔这个权威性的谎言，对教师产生了暗示，左右了他们对名单上学生的能力评价，而教师又将自己的这个心理活动通过情绪、语言和行为传染给了学生，使他们强烈地感受到来自教师的热爱和期望，变得更加自尊、自信和自强，从而使各方面得到了异乎寻常的进步。这就是著名的"罗森塔尔效应"。这个实验向我们证明了人的智商和能力是可以通过外力"激活"的，而信任和期望是"激活"人们智商和能力的基本要素。

罗森塔尔还把自己的实验结果称为皮格马利翁效应。在古希腊神话中，皮格马利翁是一位雕刻师，他耗费心血雕刻了一位美丽的姑娘，并爱上了她。他天天凝望着这尊雕塑，并希望她成真，上帝被他的真诚打动，最后雕塑真的变成了真人。爱能让生命成真，爱也能创造奇迹。

（二）德西效应

有一群孩子在一位老人家门前嬉闹，叫声连天。几天过去，老人难以忍受。于是，他出来给了每个孩子 10 美分，对他们说："你们让这儿变得很热闹，我觉得自己年轻了不少，这点钱表示谢意。"孩子们很高兴，第二天仍然来了，一如既往地嬉闹。老人再出来，给了每个孩子 5 美分。5 美分也还可以吧，孩子们仍然兴高采烈地走了。第三天，老人只给了每个孩子 2 美分，孩子们勃然大怒："一天才 2 美分，知不知道我们多辛苦！"他们向老人发誓，他们再也不会为他玩了！（老人的方法很简单，他将孩子们的内部动机"为自己快乐而玩"变成了外部动机"为得到美分而玩"，而他操纵着美分这个外部因素，所以也操纵了孩子们的行为。）

德西效应由心理学家爱德华·德西提出，在某些情况下，人们在外在报酬和内在报酬兼得的情况下，不但不会增强工作动机，反而会降低工作动机。也就是说，人们进行一项愉快的活动（即内在报酬），如果提供外部的物质奖励（外加报酬），反而会减少这项活动对参与者的吸引力。

在我们的生活中经常听到"如果你期末考试考了 100 分/考了第一名，我就给你买……"类似这样的话，期望用物质奖励来激发孩子努力学习，也许就会产生德西效应。学生在进行一项原本还挺愉快的学习活动时，如果对其用外部的物质进行奖励，久而久之，也许不仅无法提高他的学习兴趣，反而会让他原来想要好好享受学习的愿望烟消云散。

（三）超限效应

美国著名作家马克·吐温有一次在教堂听牧师演讲。最初，他觉得牧师讲得很好，使人感动，准备捐款。过了 10 分钟，牧师还没有讲完，他有些不耐烦了，决定只捐一些零钱。又过了 10 分钟，牧师还没有讲完，于是他决定 1 分钱也不捐。等到牧师终于结束了冗长的演讲开始募捐时，马克·吐温由于气愤，不仅未捐钱，还从盘子里偷了 2 元钱。

马克·吐温为什么最后那么气愤，还偷钱了呢？因为牧师讲的时间太久了。不管牧师讲得多么动听，一而再，再而三地重复和唠叨，会让人生厌。这种现象被心理学家称为超限效应，指刺激过多、过强或作用时间过久，从而引起极不耐烦或逆反的心理现象。

生活中，如果对一件事情或一个错误，唠叨个不停，仿佛一下子要把人的耳朵灌满似的，再耐心的人也会心生厌烦并产生逆反心理，犯错的人原本对自己的错误行为感到挺内疚的，但经过反复的批评和唠叨，最后，其内疚感消失殆尽，甚至有可能还很愤怒，正所谓过犹不及。比如，在课堂上，老师听到下课铃响，但是知识点还没有讲完，于是拖堂继续讲，不但不能让学生消化这些知识点，反而可能出现认知超载，引发学生的反感和愤怒。

（四）破窗效应

美国心理学家菲利普·辛巴杜（Philip Zimbardo）于 1969 年进行了一项实验，他找来两辆一模一样的汽车，把其中的一辆停在加州帕洛阿尔托的中产阶级社区，而另一辆停在相对杂乱的纽约布朗克斯区。停在布朗克斯的那辆，他把车牌摘掉，把顶棚打开，结果当天就被偷走了。而放在帕洛阿尔托的那一辆，一个星期也无人理睬。后来，辛巴杜用锤子把那辆车的玻璃敲了个大洞。结果呢，仅仅过了几个小时，它就不见了。

以这项实验为基础，有一位政治学家威尔逊（Wilson）和犯罪学家凯琳（Kaelyn）提出了一个"破窗效应"理论，他认为：如果有人打坏了一幢建筑物的窗户玻璃，别人就可能受到某些暗示性的纵容去打烂更多的窗户玻璃。

破窗效应提醒我们应尽量避免出现能引起不良反应的"第一次"，如果"第一次"不可避免，应对第一次进行及时修补，从而避免不良的连锁反应。同样，如果我们期待出现好的结果，那么我们应该让"好的第一次"成为必然，这样就有可能继续产生好的结果。

（五）晕轮效应

社会心理学家戴昂（Dane）等人曾在 1972 年进行了一项研究，在该研究中，研究者分别让被试看一些很有吸引力的人、没有吸引力的人和一般人的照片，然后要求被试评定这些人的特点，要评定的这些特点与有无吸引力并没有关系，比如：评价婚姻美满情况、职业地位、做父母的能力、结婚的可能性等。结果却发现，有吸引力的人得到了很高的评价，而没有吸引力的人则得到了较低的评价。

在知觉他人时，我们往往根据少量的信息就将人分为好的和坏的，如果认为某人是好的，则认为他什么都好，如果认为某人是坏的，则他所有的都是坏的。这种像月亮形成的光环一样，向四周弥漫、扩散，从而掩盖了其他品质和特点，所以人们形象地称其为光环效应，也叫晕轮效应。

它是一种以偏概全的评价倾向。错误在于：抓住事物的个别特征，然后习惯以个别推及一般，就像盲人摸象一样，以点代面，好的就全部肯定，坏的就全部否定，是一种绝对化的思维模式。正所谓好的什么都好，差的什么都差，以一及面，产生的认知偏差，这样导致的后果是好的自以为是、目中无人，差的破罐子破摔，不求进步。

（六）霍桑效应

1924 年 11 月，以哈佛大学心理专家梅奥（George Elton Mayo）为首的研究小组进驻西屋（威斯汀豪斯）电气公司的霍桑工厂。

他们原本是想通过改善工作条件和环境等外部因素，从而找到提高劳动生产率的途径。他们选取了 6 名继电器车间的女工作为观察对象。通过不断改变照明、工资、福利政策等外部因素，希望能发现这些因素跟生产率的关系。但遗憾的是，无论外部因素如何改变，工人们的生产效率一直未上升。

为了提高工作效率，这个厂请来包括心理学家在内的各种专家，在约两年的时间内找工人谈话两万余人次，耐心听取工人对管理的意见和抱怨，让他们尽情地宣泄出来。结果，霍桑工厂的工作效率得到了大大提高。

这种奇妙的现象被称作"霍桑效应"，指当人们意识到自己正在被关注或者观察的时候，会刻意去改变一些行为或者言语表达，从而产生不一样的效果。这种被需要、被关注的感觉，会让他们觉得自己是被重视的，这种感觉进一步让他们加倍努力工作，以证明自己是优秀的。另外，工人们长期以来对工厂的各项管理制度和方法存在许多不满，无处发泄，访谈计划的实行恰恰为他们提供了发泄机会。发泄过后心情舒畅，士气提高，使产量得到提高。

三、对策与建议

教育是一门"动心"的艺术，人的内心世界极其丰富和微妙，要洞察学生的内心并不是一件容易的事情。心理学是研究和描述心理规律的科学，通过心理效应这根调控杠杆的指导，教师可以了解学生的心理动态，帮助自己更好地走进学生的内心，提升教育的效果，让教育事半功倍。

（一）用发展的眼光看待每一个学生，并对他们充满期待

教育家陶行知曾提醒教师："在你的教鞭下有瓦特，在你的冷眼里有牛顿，在你的讥笑中有爱迪生。"老师是学生最信任的人，也是权威的存在，是最容易对他们施加心理暗示的。如果老师对学生寄予厚望、积极肯定，并通过期待的眼神、赞许的笑容、激励的语言来滋润学生的心田，学生就会变得更加自尊、自爱、自信、自强。你的一个充满希望的谎言，也许就会创造奇迹。期望有多高，未来就有多大。

（二）科学使用奖励，以唤醒内部动机为主，外部物质奖励为辅

奖励是塑造学生良好行为和习惯的有效方式，能用奖励就不用惩罚。科学合理的奖励机制能起到事半功倍的效果。可以遵循以下两点：

（1）在尚无兴趣或者新的任务上使用外在物质奖励。比如课堂上训练低年级学生的行为习惯，会奖励贴纸、奖品等，都是利用物质奖励激发外部动力，当行为已经巩固，则要慢慢撤销外部奖励，并慢慢转为内在动力，一旦有了内部动力，物质奖励就要撤销。

（2）在感兴趣的任务上尽量使用精神奖励。比如课堂上一句由衷的赞赏、一个佩服的眼神都足以维持一个稳定的兴趣，增加内部动力。在学习上，物质奖励容易消退学生的内部动力，除非学习有困难，不然应引导他们更关注自己的成长，激发学生的内在的价值感和成就感。

（三）教育无小事，警惕教育的"破窗"现象

正所谓防微杜渐，当教育中出现"第一块破窗"时，就要及时采取措施进行管理。比如和学生一起制定了班规或者课堂的要求，课堂上有人违规，就应该及时按照约定进行惩罚，避免因为窗已破，其他学生钻空子，让班级的规范形同虚设。

（四）关注即力量

霍桑效应告诉我们师生之间良好的沟通和愉快的氛围能够改善学业和心理压力，让学习的效率更高。老师对班级氛围正确的引导，能调动班级学习的积极性，从而促进班级集体的学习效果。

（五）灵活利用心理效应，助力走心教育

心理学的各种效应很多，也没有固定的标准答案，教师可以根据自身的经验，灵活运用，助力教育工作更贴近学生的内心需求。

第二节　创设良好的课堂心理环境

一、案例导入

如果您和我一样，看过风靡全球的科普读物《神奇校车》，一定会被主人翁——神奇的弗瑞丝小姐（俗称卷毛老师）创设的课堂所吸引。在开始学习一个新的课题前，她的教室里通常已经挂满了和课题相关的图片和模型，孩子们提前在阅读或者讨论相关的书籍、电影、绘画和手工制作。每次卷毛老师还未出场，学生们就开始边作准备边期待，老师会穿什么好玩的衣服和

鞋子，当然，他们不是对老师的穿衣品味感兴趣，而是每次卷毛老师出场的时候身上穿的衣服，会显示今天学习的核心内容。在卷毛老师的课堂上，她尊重并放手让孩子们自己去探索，孩子们被她牢牢吸引，有了浓厚的探索欲望，从而对科学课爱得欲罢不能……

二、原理与分析

苏格拉底曾经说过："教育不是灌输，而是点燃火炬。"教育无处不在，而课堂是点燃火炬的主要场所，教室布置的各项环境刺激、教师走进课堂的一言一行、极力想营造的课堂氛围等软环境和硬环境都在影响火炬燃烧的状态。

（一）环境心理学相关研究

根据国内外学者的研究，课堂环境包括物理环境和非物理环境两方面。物理环境主要包括：班级的环境布置、桌椅摆放、班级规模大小等，非物理环境也指社会心理环境，包括课堂气氛、课堂文化和课堂心理场等人文环境。

中国的国情决定，有一些物理环境是我们暂时无法改变的，比如中国绝大部分地区的学校都是大班教学，因为这点我们也许会认为，课堂环境我们无能为力。为此，有学者专门做了一项研究：在英国的一所学校实行类似中国的大班额教学，最后发现这些学生的学业表现还不错。这项研究让我们看到，物理环境并不起绝对作用，依然有很多重要的因素是我们可以努力的。

环境心理学认为，环境所带来的刺激，主要表现在生理反应的自主性活动增强，如心跳加快、血压升高、呼吸加速和肾上腺素分泌增多，这个过程就是唤醒的过程。唤醒是处于一个连续体中的状态，这个连续体的一端连着睡眠状态，而另一端则是兴奋状态或其他非睡眠状态下的增强活动。过高和过低的唤醒水平都会使人不愉快。适度的唤醒水平最有利于课堂的表现，也最容易产生积极情绪。

因此，就像《神奇校车》中，当开始一门新的课程时，从课堂环境的布置到课堂上的互动就是一个连续的唤醒的过程。课堂上的互动，有益于提高学生的唤醒水平，但频率多少要看课程的难易程度。有研究表明：课堂上同样的互动频率下，简单教学任务的唤醒水平比复杂任务的唤醒要高，由此可见，安排的课程比较难的时候，要适当减少相互间的互动频率，而活动任务比较简单时则可以增加互动。循序渐进地安排课堂的难度，有利于调动学生的学习积极性。环境刺激需要把握一个度，刺激频率太高，容易产生超负荷，而使唤醒水平开始降低，过多的互动也会让学生的注意力开始转移，导致认知负荷。

除了互动频率、课程的难易程度，学习时间、课程设计、教师的教学方法、语音语调、空间变化也是课堂环境刺激的主要因素。环境心理学家主张教师可以通过刺激强度、新颖性、复杂性、变化性、惊奇性和非一致性这几个维度对自己课堂环境的刺激程度进行评估，检验它们的适宜性。但不管如何，要让课堂上学生维持一定的唤醒水平，并产生积极的情绪，我们需要不断地核查课堂上引入的刺激是否足够且合适。

（二）马斯洛需要层次理论

除了外在的环境刺激外，内在的激励也对课堂产生重要的作用。著名的心理学家马斯洛认为人有很多的需要，但是不同阶段需要的内容不同，由此他提出了需要层次理论，并指出，一个人只有在低级的需要被满足了，才有可能寻求高级的需要满足。比如：我们看到外面的乞丐衣衫褴褛，一个连基本温饱问题都没有得到满足的人，是不可能在意自己穿得是否得体的，只有温饱解决了，才有可能开始寻求其他的需要。

马斯洛还把需要层次进一步划分为两大需要：缺失需要和成长需要。缺失需要主要包括：生理需要、安全需要、归属与爱的需要、尊重的需要。成长需要包括：求知和理解的需要、审美的需要、自我实现的需要。人们在满足高层次需要之前，要先满足低层次的需要。缺失需要对人的身心健康至关重要，必须得到满足，只有这些最基本的需要得到满足，人才会进而向高一级的需要进军。而求知和理解的需要、审美的需要，在他人的认同中成长和发展的需要，永远也得不到完全的满足，实际上，人们求知和理解世界的需要满足得越多，学习更多知识的动机就越强。

需要层次理论让我们看到如果一个学生的缺失需要没有得到满足，成长需要就无从谈起。因此，在课堂上让学生感觉到安全，并营造一个尊重和爱的课堂环境，才能激发学生的求知欲望，维持其积极的学习热情，继而最后达到自我实现。

（三）注意力相关理论

每一只幼小的动物都不能保持身体不动和寂静无声，而总是寻求运动和欢叫。幼小的动物欢蹦乱跳，似乎在欢快地跳着舞蹈，一起玩耍，发出各种叫声。

人类和动物有着同样的好动天性。因而课堂上集中注意完成学习任务，需要额外的注意资本。随着现代社会对认知能力的重视，注意力的关注度也日益增强，但注意力经常和专注力混用，两者的关系其实是前者包含了后者，我们很多时候提到的注意力说的也是专注力，即专注于一件事情的能力，一种能坚持完成学校的作业和学习任务，坚持认真地听完一堂课的能力。

多数学者普遍认为，注意力是一整套非常复杂的心理过程，要从多角度去探讨。有学者认为，注意力分为五个维度，即注意力的持久性、集中性、转移、分配和广度。（1）注意力的持久性。注意力集中在某一件事情上的时间的长短，比如写作业不走神能一口气坚持 15 分钟等。（2）注意力的集中性。指能否快速地进入状态，把注意力调整到高度集中的状态。（3）注意力的转移。指能否主动地将注意力从一个对象调整到另一个对象。比如上课铃声响以后，孩子回到教室里，还在一直想着刚才在操场上玩了什么，需要 10 分钟才能转移过来。（4）注意力的分配。指把注意力高效地分配到多件事情上。比如孩子上课的时候边听边记笔记。（5）注意力的广度。指一瞬间能注意到的信息量。比如在一秒钟之内，一般人能注意到 5~7 个相互间没有联系的数字等。

从上面这些研究我们发现，其实课堂上，我们希望学生更专注这一说法更精确的描述是希望他们对课堂保持足够的持久性，能排除一些干扰，让集中听课学习的时间能更持久一些。当然，并不是越专注越好，如果过分专注于一些事物，而忽略了环境中的其他重要事务，也可能是病态的，比如自闭症患者过度集中注意力在自己的世界中，所以社交是他们主要的障碍。注意力不集中也有问题，比如我们熟知的多动症患者。他们会过于冲动，无法克制自己，所以上课时走神、骚扰同学，影响课堂，对学习、对社交也有影响。

虽然说孩子有自己的天性，但也不是说没办法改变，通过提高兴趣、改变环境、有针对性的练习都可以提高注意力的水平。

三、对策与建议

（一）完善课堂的环境布置，建设良好的课堂环境

课堂物理环境的用心建设可以体现出一个班级的文化氛围，对学生的发展起着潜移默化的影响。国内班级多以张贴统一的传统班规等来创建教学文化，缺乏刺激性、新颖性和变化性，无法对学生起到唤醒的作用，浪费了环境刺激这个好的作用条件。设置班级角，与学生共同设计制定形式新颖的班纪班规，与课程同步的学习挂图、学生作品，合作式的座位安排等都能营造积极的情感体验，对学生起到唤醒的作用，激发学习兴趣。

（二）以学生为中心，构建尊重友爱的课堂环境

知识的学习属于成长的需要，在课堂中，教师处于重要的影响地位。对每一位学生都给予关注，并重视学生的差异性，根据不同的家庭情况及时掌握学生的不同需要，尊重学生的特点和独特性，通过给予尊重和爱，满足学生对尊重和爱的需要，就可以构建一个安全的课堂环境，营造一个相互理解和关爱的学习氛围。课堂上多倾听学生的心声，公平对待每一位学生，并鼓励同学间尊重友爱的交往关系，坚决制止课堂上同学间出现的不尊重个体的行为，增强班级的凝聚力，培养积极的情感合理的移情，这些都在向学生传递一个安全的信号，给予学生安全的心理环境。只有学生的基本需要得到了满足，更高一级的需要才会更稳固地发展。

（三）合理分配教学时间，打造高效课堂

课堂上，时间有限，学生的注意力水平也有限，如何把投入到学习任务上的时间最大化是高效教学的一个重要指标。

第一，进行活跃的、快节奏的教学，并以各种不同的方式呈现教学内容，不断给学生提供参与的机会，不过多布置需要学生独立完成的课堂作

业，尤其不要布置没有任何检查与反馈的课堂作业，不让某一个学生占据太多的课堂时间，比如一个人在黑板前解答题目，其他同学无所事事。快节奏的教学能够引起学生的兴趣，唤醒注意力的水平。

第二，保持教学的流畅性。时刻关注教学流程，注意主题和主题之间的切换和过渡，不随意因为其他的活动打断教学。比如某位同学迟到，老师可以用眼神示意他进去，然后等课堂练习的时候或者课后再了解具体的情况。以免干扰团体的注意力，破坏团体注意。

第三，科学分配教学时间。心理学研究表明，课堂开始时，学生的注意力水平最高，因此要把重要的教学内容放在开始；一节课的中间学生的注意力水平开始下降，此时适合安排一些练习让学生稍作休息，然后在课堂的后半部分再开展一些综合性的互动。避免把一节课的开始浪费在处理日常事物上，同时，教师也要避免迟到和早退。干净利落地按时上课对于营造一种目的明确的课堂氛围非常重要。

第三节　有效的课堂管理策略

一、案例导入

上课铃响了，伴随着铃声，你开始上课，并和学生讨论课本中某一个环节的内容，学生们都听得很专心，这时，两个迟到的学生出现在教室门口，其中一个以夸张的姿势踮着脚尖走向他的座位，另外一个还做了一个"哎呀，我迟到了"的鬼脸，此时课堂被打扰的你会选择怎么处理这种状况？回到位置后，迟到的学生做了一个夸张的动作将书拿出来，并与他的同桌交头接耳。面对这种情况，你又会怎么处理呢？

二、原理与分析

打造行为良好的课堂，一个好的前提是教师需要设计有趣的课程，高效地利用课堂时间并组织精心设计的教学活动，这些不仅可以避免课堂出现轻微的行为问题，而且可以预防严重的课堂行为问题。即便如此，类似案例中在课堂上出现的轻微干扰在实际教学中也难以完全避免。要不要立即处理？如何处理？教师的教学风格不同可能会对此持不同的态度。从心理学的破窗效应来看，一个小的问题不及时干预，有可能会引发更多学生的模仿行为或者后续更升级的严重行为，所以即使小问题也应该及时处理。如何灵活处理并有效阻止今后这样轻微的行为？了解自己的风格类型，并理解学生行为背后的影响因素，可以帮助教师更合理地应对。

（一）教师风格类型

正所谓：一个管理良好、积极肯定的课堂肯定离不开教师这个人。当教师走进课堂，在学生面前就会展现出不同的个性和教学风格。心理学研究发现教师的教学风格是影响学生行为的一个重要因素。处理案例中的问题前，我们不妨先检测一下自己属于哪一种教师风格。美国课堂行为管理畅销书作者托马斯·费伦通过多年观察和研究，形象地总结了四种教师风格类型：专制型、宽松型、超然型、权威型。每一种风格类型里又有两个因子，分别是苛求和温暖。

专制型的教师表现出的是苛求，缺失了温暖这个因子，这类教师可以快速制止每个在课堂上不可接受的行为，然而，温暖、支持和积极肯定罕见。要求高，并希望学生遵守规则，没有做到就会愤怒，这类风格容易让学生因为恐惧而立即服从。但是学生更多是出于焦虑就很少产生持续积极的行为变化。

宽松型的教师表现出温暖多，而无苛求。给人的感觉是"太好了"，此类风格类型教师希望学生喜欢他，所以他们热情、支持，但是不擅长设定限制。虽然温暖和支持令学生喜爱，但是对于干扰性的行为因为缺乏控制而让学生感觉没有安全感和信任感，对于学生和课堂自我感觉控制不佳而有焦虑感。

超然型的教师表现出的是既不温暖也不苛求。这一类型的教师并不特别关心自己学生的行为和成绩，需要额外情感支持的学生不会从他那里得到支持，而需要行为限制的学生也不会从他那里得到限制。后果是容易错过很多问题行为的预警信号，或让一些学生得不到积极的肯定从而无法建立良好的师生关系，降低班级的整体学习质量。

权威型的教师是四种风格中最为理想的类型。他们表现出既有苛求也有温暖，此类型的教师会积极地与学生建立良好和支持的关系，但学生也知道教师的规则和要求，并且认真地执行。因为提前建立了一个有效的班级管理计划，课堂容易有序，学生们信任并尊重他。在这类教师的课堂中学生有更多的时间来学习，学生知道教师的期望及有不良行为的后果，因为边界感清晰而更容易感到安全和能力感。形成这一风格类型没有成本，但需要更多的精力投入、灵活性和经验。

我们可以推测宽松型和超然型的教师可能会对上述问题无能为力或者是放任不管；而专制型的教师要么不会碰到这样的问题，因为学生绝对不敢在他们的面前迟到或做鬼脸，要么会大发雷霆并严词惩戒；权威型的教师因为富有灵活性我们很难猜测他们会如何处理，但从这个类型的特点来看，我想学生可能最终是心服口服并诚恳地知错就改。因为这样的教师会给予更多的尊重和理解，并了解学生这样做的心理需求。他们从深层心理出发，问题不难化解。

（二）行为分析原则

就像权威型的教师所了解的那样，每一个行为的背后都有潜在的原因，行为分析研究者认为，一些学生表现出不良的行为，是因为他们觉得不良的行为所带来的奖励要比良好行为带来的奖励更有价值。这里的奖励还可以理解成强化物。一个得不到强化的或受到惩罚的行为其出现的频率会降低。也就是说，如果某行为能够保持下去，那么该行为一定受到了某种强化。

教师想要改善学生在课堂上的不良行为，可以试着去找一找是什么强化物在其中起作用。有研究者发现，课堂上的不良行为最主要的强化物是为了寻求关注。这种关注可能来自教师也可能来自周围的同伴。

我们知道学生为了获得教师的肯定，通常都希望积极地表现自己，但是有些学生感觉到，怎么努力都无法在积极方面表现良好，于是就会退而求其次，消极地表现自己，即通过一些破坏性的行为来获取教师的关注，即使让教师反感，只要被看见了就觉得达到了目的。案例中的学生也许对课堂学习的内容缺乏控制，无法获得成就感，所以就会通过迟到等方式试图获得教师的关注。而且据有关研究表明，寻求这种消极关注现象的普遍性超出了教师的想象。我们处理的原则就是关注好的行为，对不良的行为采取忽视的态度，不给予强化。实在无法忽视，也一定要避免在引起同伴关注的情况下，进行暂时隔离。

希望获得同伴的关注和赞赏，也是课堂上学生不良行为的主要原因。像案例中的那位学生扮鬼脸、逗乐同学的行为，很多就是为了吸引同伴的关注。这个因素的影响随着年级的升高而越发明显。处理这个关注，用忽略的方法或者是批评都可能强化学生的不良行为。研究者认为，可以采取让学生离开教室，切断同伴关注，或者使用群体相倚的策略。群体相倚是利用全班的全体表现来决定奖惩。这样不良行为就没人支持，反而得到了大家共同的监督。

还有一个不良行为的强化物是为了摆脱不愉快的、受挫的或者无聊的活动。尤其那些学业成绩不良的学生，他们通常都认为在学校听课是一件不愉快的事情，于是他们在课堂上就会频繁地通过一些不良的行为来打发日子。处理这样的学生问题，如果让学生到教室外面去罚站可能正中他们下怀。富于变化，难度适中，能让学生有足够多的机会参与的课堂，可以预防这种原因导致的不良行为。同时在课堂外多关注这部分孩子的能力，多给予一些关怀和鼓励，也会让他们更有信心地面对课堂的挑战，并对课堂充满兴趣，从而减少干扰课堂和不良行为。

四、对策与建议

（一）积极与学生建立良好的师生关系

权威型的教师风格注重和学生建立积极的师生关系。学生对在意他们并和他们关系良好的老师会更积极地响应，也更容易遵守其课堂要求。

建立关系的两个基本要点：经常和学生沟通交流、不吝啬表达你的关爱。所有关系的核心就是沟通和交流。当你和那些课堂上最麻烦的学生关系很糟糕，你会发现你几乎没有和他们进行过愉快友好的谈话，你也会发现你和他们交谈很困难，他们几乎不开口，也很难对你敞开心扉，你不了解他们，也不理解他们。打开话题的关键是：放下你的成见，不以高高在上的姿态，不营造批评的气氛，并寻找他们感兴趣的事情和话题开始一次新的交流。比如聊聊他们空闲的时候喜欢干什么等。如果是一位教很多班级的科任老师，一定要在开学初花时间记住班级所有同学的名字，你连他们的名字都叫不出来，怎么能指望他们遵守你的要求。当他们需要的时候及时提供帮助。这些都能传递你的关爱。

（二）强化你希望学生反复出现的行为

对学生来说，赞美是一种强有力的强化。教师风格当中的温暖因子，让他们容易在课堂上充分地使用赞美。而在课堂上减少不良行为的一种策略就是表扬学生所做出的与你想要消除的不良行为相反的行为，并且当学生做到了就立马表扬。比如，课堂上其他学生都在说话，安静的学生就应该立刻得到表扬。同时要不断地告诉学生你期望他们做到的行为表现，当他们表现出来的时候，要及时给予强化，并告诉他们原因。及时强化比延迟强化作用明显。

（三）善用非言语线索处理不良行为

权威型教师的处理有苛求也有温暖，他们善用非言语线索，比如目光接触、手势、身体接近或触碰，来减少课堂中出现的大部分不良行为，它可以在不打断言语讲课的情况下进行交流，还可以减少对课堂的干扰。比如学生迟到了，教师只需要用眼神示意其回到位置即可，此时不适合停下课程，对其迟到的理由进行盘问，打断课堂的流畅性及其他学生的注意力。如果是经常性迟到，这样间接给予了这个行为关注，使其得到了强化。课堂中，有学生讲小话，则可以悄悄走到其身边，用手势或者是把手搭在讲话的同学肩上进行提醒，当然青春期的孩子可能对触碰敏感要注意。非言语线索在向学生传递这样一种信息：我看见你做的事情了，我不喜欢你这样。它不以打断多个学生的注意为代价来处理学生的行为，而对有不良行为的学生也是一次留有情面的改正机会。

（四）利用后果，让学生在错误中学会反思

如果想让学生行为良好，要有温暖也有苛求。苛求就是承担行为的后果，后果是在表明班级管理的底线，后果也让学生看到边界，有安全感，并学会恰当的行为。但在使用自然后果措施的时候，也要遵守几个原则。第一，不要一开始就把后果挂在嘴边，要在最后重要阶段再实施，显得很慎重也更有效力。如果后果很多，要按严重程度分层级分步骤。第二，在发出警告并告知后果的时候，一定要保持冷静，后果要以平静的方式传递。大喊或者尖叫会显示你的失控。领导者从来都不会失去控制，不温不火、冷静、平和。第三，严格而公正，且后果要与问题行为相对应，不能处罚过度。第四，保持一致性。如果了解了后果措施却不实施或者前后不一致，则会失去后果的效力，也就是一旦发出了警告，就一定要落实。

参考文献

［1］高斯琪 . 小学课堂环境的问题及其策略研究［D］. 沈阳：沈阳师范大学，2016.

［2］魏静 . 未来课堂营造积极情绪研究——基于环境心理学视角［J］. 环境建设与资源开发，2014（11）.

［3］［美］罗伯特·斯莱文 . 教育心理学：理论与实践［M］. 吕红梅，姚梅林，等，译 . 北京：人民邮电出版社，2016.

［4］［英］罗博·普莱文 . 15 秒课堂管理法［M］. 杨惕，冯琳，译 . 北京：中国青年出版社，2017.

［5］刘儒德 . 教育中的心理效应（第二版）［M］. 上海：华东师范大学出版社，2013.

管理与沟通篇

第十三章
教师应知的管理心理学

作者：王莹彤

数字时代的教师，几乎拥有着各种各样的技能，"文"能制作多媒体大片把课堂变成视听盛宴，"武"能和各类群体过招，为了学生的成长十八般武艺样样精通，上得了课堂，下得了食堂，还拥有多个"群"的"群主"身份。学生群，是群体；家长群，是群体；学生骨干群、家委群等又是和前两个群完全不一样的新群体。网络给教师带来了沟通的便捷，但也因为信息来源复杂、信息传播加快、群体形式多元，给教师新增加了"群体管理者"这个职责角色和相关工作。本章将对这部分新工作职责角色中涉及的管理学知识和技能进行分享，帮助教师朋友缓解各种各样的角色要求带来的压力。

第一节　教师应该知道的领导心理

一、案例导入

茜茜老师的叹息

茜茜老师在自己读书的时候是个不折不扣的学霸，毕业于国内 985 师范名校。大四的时候，她通过了家乡一个机关的公务员考试，但是纠结再三放弃了，还是选择了当一名一线教师。一方面，茜茜是真的热爱教育、喜欢孩子；另一方面，茜茜也非常清楚自己不适合从政，因为从小到大茜茜当干部的经验都很少，经历也不算成功，究其原因，并不光是能力的问题，很大一部分缘自茜茜不喜欢"管"别人和当"领导"，茜茜更喜欢读书和做好自己的事情。入职现在的学校后，因为茜茜毕业于名校，各项基本功很棒，所以领导特别器重茜茜，一直让茜茜担任班主任。七八年下来，茜茜在教学上拿下过几个不错的奖项，也发了几篇论文，但是每每谈起自己带的班级，茜茜就忍不住叹息，还总是羡慕"别人家班级的家委会""别人家班级的班干部"，究竟是怎么回事呢？

　　原来，茜茜带的班级家委会的家长们看起来总是不怎么"给力"，搞活动不卖力，征集点子没声音，比起疫情期间捐款捐物为学校做了各种公益活动的隔壁班家委会，自己班的家委会简直毫无存在感。而自己班上的孩子也好像总是在各种校级荣誉或者学生干部的竞选中落败，似乎是延续了爸爸妈妈们的"佛系"，而这个现象并非一届两届，似乎茜茜带的每一届都是这样。领导虽然没有真的去批评茜茜，但是也有意无意暗示过茜茜应该更努力地去带动家委会的工作，这让自尊敏感的茜茜颇感难过。

　　其实，目前茜茜老师班级家长里有一个从前是企业高管、现在退居全职妈妈角色的非常给力的前家委会主席详详妈妈，详详妈妈能力上完全不输那些在这次疫情期间做了轰轰烈烈公益活动的班级家委会负责人，但就在去年，茜茜老师换掉了详详妈妈，选了一个性格和她一样温和的柔柔妈妈当现在的家委会主席。但是柔柔妈妈上任后，没有做什么事情，其存在感远远不如详详妈妈。这次失败的换届，其实不过是茜茜老师自己内心很恐惧能干的详详妈妈，担心自己无法"领导"详详妈妈才造成的。这种恐惧最初还好，在一次详详妈妈代表家委会沟通反馈班主任的事件中达到了顶峰。事情是这样的：茜茜老师这届班级迟到的现象比较严重，于是她想了个办法，买了一个软木的小黑板作为到校顺序的展板，放置在教室最前面，把每天第一个到校的孩子的照片钉在最上面，然后按照到校顺序依次挂上每个孩子的照片，先来后到一目了然，这个举措一出，家长群里一片哗然。一些因为路远堵车的孩子的照片连续两天都在黑板最下面，他们非常伤心，早晨5点多就醒来催促爸妈去上学，严重影响了睡眠，也给本来就很劳累的家长造成很大的接送压力。详详妈妈认为，这件事情直接及时和茜茜老师反馈沟通是最好的方式，于是收集了所有家长的观点，第三天就来到学校当面和茜茜老师沟通。茜茜老师从小是优等生，习惯于被表扬和肯定，很少收到这样强烈的反对意见，因此她对详详妈妈真诚直接的反馈很不适应，甚至感到受挫。但事实上，详详妈妈非常尊敬茜茜老师，也非常支持她改善迟到状况的决心，一直在家长群里督促鼓励家长们早送，而及时、直接地反馈也是基于信任她。换掉了这么一员实干的大将，茜茜老师是输在了对自己领导能力的不自信上。虽然普通教师不是管理岗位，但和家委会、学生的互动中都涉及管理，管理心理学的知识和底气并不能缺席。茜茜老师终于意识到，自己还是要学习一些管理学的相关知识，并且在管理者的角色上有所成长和历练。

二、原理与分析

（一）什么是领导

案例中的茜茜老师一直很反感"管"别人和过度运用"权力"，是个非常人本主义、温柔的老师，这也是她放弃仕途选择做老师的原因，在和家委会关系的定位上，她也一直很排斥班主任应该"领导"和"管"家长，更希望和家长是平等互动的关系。那么，班主任究竟应不应该"领导"家委会和班干部？

我们首先来看看管理心理学中对"领导"这个词的定义以及对"领导者"角色的阐述。

其实，对领导的定义和性质素来众说纷纭，比如说领导是一种群体过程，是使人顺从的艺术，是影响力的施加，是一种权力关系（茜茜老师比较介意的就是这种定义），是一种说服他人的形式，是一种实现目的的手段，等等。这些都从不同方面、不同角度涉及领导的性质，但无论哪种说法，都是片面的。管理心理学理论总结了领导的两个普遍的特征，这两个普遍的特征才真正具有普适的意义，这是茜茜老师真正可以参考的部分。这两个普遍的特征分别是：第一，领导要对一个群体或者组织成员施加影响。例如组织的领导者要展示组织的远景，鼓励组织成员努力工作并获得个人的发展，向成员授权鼓励他们积极工作。第二，领导要帮助群体和组织完成其目标，例如，企业管理者要采取各种措施帮助所属各部门完成任务，不断扩大份额，取得竞争优势。结合这两个关键特征，领导可以被定义为：领导是指引和影响个人、群体或组织，在一定条件下实现某种目标的行动过程。

回顾茜茜老师和她所带班级的家委会的互动，她的确在这个角色上没有体现"领导"的重要特征，比如，详详妈妈作为家委会的得力骨干，在辛苦忙碌一学期后，并没有得到鼓励和更多的授权，反而被革除了主席的职务，被换届，这不光打击了详详妈妈的积极性，对家委会里的其他家长来说也是一种努力并不会被授权和肯定的强烈暗示，在这样的氛围下，新一届的家委会自然也就十分"佛系"，无所作为了。

（二）什么是领导者

案例中的茜茜老师非常排斥领导者这个角色，那么作为班主任的她真的可以完全回避这个角色吗？让我们来看看领导者的定义。所谓领导者，就是致力于实现领导过程的人。领导者要帮助个体、群体、组织达到目标，这些目标包括获得高水平的绩效、作出高质量的决策、增强被领导者的工作满意感和组织承诺等。所以，不管茜茜老师愿不愿意成为领导者，由于班主任的工作必然包括推动家委会工作、带领家委会完成目标的实际任务，她都必须成为事实上的领导者，这其实是茜茜老师无法回避的功课。

（三）作风理论

作风理论是研究领导者工作作风类型及不同工作作风对职工的影响，以期寻求最佳的领导作风，创始人是心理学家库尔特·勒温（Kurt Lewin），他以权力定位为基本变量，把领导者在领导过程中表现出来的极端工作作风分为三种类型：

（1）专制作风。权力定位于领导者个人手中。

（2）民主作风。权力定位于群体。

（3）放任自流作风。权力定位于每个职工手中。

茜茜老师一向讨厌的玩弄权术的领导者形象，只是这三种极端作风中的专制作风而已，并且正如勒温所强调的，在实际工作中，三种极端的工作作风并不常见，大量的领导人的工作作风往往是出于两种极端类型之间的混合型。而茜茜老师出于对领导风格强烈的详详妈妈的恐惧，兀自进行了换届，反而像极了她自己最讨厌的专制作风，并没有考虑详详妈妈本人和其他家长的意见。

勒温通过实验研究，比较了三种不同的领导作风对群体产生的影响。研究表明，放任自流的领导作风所带来的工作效率最低，所领导的群体在工作中只达到了社交目标，而没有达到工作目标。这就很好地解释了为什么茜茜老师无为管理，虽然避免了家校之间、家长之间的冲突，但是整个家委会的确也是无所作为。研究表明，专制作风的领导，虽然通过严格的管理使群体达到了工作目标，但群体成员的消极态度和对抗情绪在不断增长，因而比民主作风的领导所领导的群体发生的争吵多30多倍、挑衅行为多8倍。在茜茜老师兀自换届不经意间当了一次专制领导后，详详妈妈由给力支持茜茜老师工作的角色，不经意地转变为了反对声音中的意见领袖，反而造成了家长群体中的意见分裂。而民主作风所带来的工作效率最高，所领导的群体不但达到了工作目标，而且达到了社交目标，成员的表现很成熟、很主动，并显示出了较高水平的创造性。在本案例中，详详妈妈原本的领导角色是民主型的，及时集中了家长们的真实意见并反馈给老师，而茜茜老师没能欣赏到详详妈妈的领导风格，反而内心恐惧，导致了最终的结果。

三、对策与建议

（一）丰富管理心理学知识，提升对自身角色的全面认知

在这个多元化的时代，每个职业在分工更加精细和专业化的同时，角色却更加丰富和多元化，多元角色不仅是当下教师职业的挑战，也是时代对每个人在适应社会变化和发展过程中提出的新考验。我们的教师已经不只是呵护祖国花朵的美丽"园丁"，在信息化的时代背景下，也需要在适当的时候

成为培育孩子这个共同体中的"管理者"和"领导者"，引领家长、社会为教育这个共同的目标付出努力。因此，教师职业中，"领导者"的角色不可或缺亦无法回避，需要教师本人对领导者这一角色有更多的认识和认同。

案例中的茜茜老师，首先需要接纳自己就是班级家长群体在培养孩子完成学校教育这个目标中的领导（leader），而不仅仅是老师。其次，茜茜老师需要站在领导者的角度去看待与家委会负责人的互动，当她站在个体和个体之间的角度，难免会觉得详详妈妈的权威和能力高过自己，感觉到自信心上的不足，但如果她从作为详详妈妈领导的角度去看待这个问题，是不是会非常庆幸自己拥有一名执行力满分的大将呢？第三，学霸出身的茜茜老师在完成对领导者角色的接纳和转变之后，再去学习管理学和管理心理学的相关知识，想必是非常轻松的，一定能够带动家长群体的资源，完成家校共育的目标。

（二）结合自身的性格特点，打造符合自身特质的领导风格

教师群体有着非常鲜明的群体角色特征，自律、认真、实干、权威，本身就拥有适合成为领导者的个性特征的教师不在少数。但是教师和教师之间的个体差异也的确是天差地别，像茜茜老师这样性格内敛温和，不太适应领导者角色的教师也大有人在，这就需要教师在对学生因材施教的同时，也量身打造自己的能力。比如茜茜老师可以发扬自己人本、温和的优势，充分授权富有领导力的家委会骨干，信任家委会的工作，最大化地激励家委们的积极性，采用民主和放任相结合的领导风格，收获来自家委会成员的惊喜。

第二节　教师应该知道的工作群体理论

一、案例导入

大唯老师的复仇者联盟

海归工科博士大唯老师是一名高校青年教师，他任教后，非常重视培养学生合作学习，不管是他带的研究生团队还是本科教学班，他都统统分成小组，培养大家自主合作学习，他只负责考评和推动，连传统课堂都让渡给了小组合作。实行一段时间后，大唯老师开始向做学生工作的辅导员同事求援，并开玩笑说："我以为自己培养的是复仇者联盟，结果自己先成了居委会主任，专门调解学生矛盾和纠纷了。"那么大唯老师的模式究竟遭遇了怎样的挑战呢？

大唯老师的谜题一：小组合作究竟是降低效率还是提高效率？大唯老师非常注重在指导学生过程中的调查和反馈。因为和学生年龄差异小，大唯老师又注重和学生谈心谈话，于是成为学生们倾诉和交流的大哥哥对象。有学生反映，小组学习降低了他的学习效率，他自己一小时能做完的实验，因为小组成员的干扰，现在要花 3 小时做完，该生感到很烦躁。也有学生说，之前一直学习动力不足，上了大唯老师的课之后，由于有小组成员的监督，自己就像打了鸡血，找回了高中学习的感觉，感谢大唯老师治好了自己的"懒癌"。

大唯老师的谜题二：小组研究常常在刚刚要出成果的时候成员之间分歧不断，吵到不可开交，要答应他们的要求给他们换组吗？大唯老师挑选优秀的同学组成了 9 个小组专攻竞赛，每组若干人，两年内已经收获了市赛和省赛的许多奖项。但是这些小组内部矛盾不断，并且令人头疼的是，一开始这些小组成员都是自选搭配的，没有人对分组有异议，反而是到了备赛的白热化阶段，甚至是马上出成果的阶段，吵到不可开交，甚至你死我活。大唯老师本科就读于复旦，对当年黄洋、林森浩矛盾最后的悲剧有很大的心理阴影，一旦学生们之间发生分歧，大唯老师就非常紧张。有一次甚至不得不在国赛决赛时临时给两个成员互换组，最后因为配合问题导致互换成员的两个组（最优秀的两组）全都一步之差错失了大奖，这次比赛大唯老师团队直接颗粒无收，两年备赛小灶的精心培育也付诸东流。大唯老师那天晚上直接失眠了，自己的模式真的是带出了内讧的团队，南辕北辙了吗？

一段时间下来，认为自己很"直男"、不是很擅长协调管理的工科学霸大唯老师有点困惑了，自己的教育模式还要继续吗？是不是恢复传统的单纯带教模式呢？

二、原理与分析

（一）社会助长作用和社会抑制作用

群体问题的研究最早是从研究人对人的影响开始的。早期研究发现，一个人单独工作同有别人在场观察或与别人一起工作时相比，工作的效率大不相同。在一些场合，有别人在场或与别人一起工作，工作效率会有明显的提高。这种现象被称为社会助长作用。在另一些场合，有别人在场或与别人一起工作，工作效率不仅不会提高，反而会大大降低。这种现象被称为社会抑制作用。

根据实验设计的不同，又可以把这两种作用分为观众效应和共同活动效应。前一种实验程序是当一个人工作时，有一个或若干旁观者在一旁观察他的行为；后一种实验程序是当一个人工作时，其他人也在一旁做同样的工作。下面分别谈谈这两种效应。

（1）观众效应。

简单的动作反应有明显的社会助长作用。特拉维斯（L.E.Travis）做了一项完成追视盘任务的实验。实验者要求被试手里拿一支铁笔，跟踪一个旋转圆盘上的目标。如果在圆盘旋转时铁笔离开了目标，就算一个错误。最初让被试连续几天进行练习，使反应动作达到一个稳定的水平。然后把被试带进实验室，让他单独做 5 次实验后，再让他在有 4~8 名高年级大学生或研究生在场的情况下做 10 次实验。事先告诉这些高年级大学生或研究生，他们的任务只是默不作声地注意观察被试的工作。实验发现，当有人在场观察时被试的工作成绩比单独工作时有很大提高，即错误率大大减少，甚至在单独工作时达到的最高成绩也低于有人观察时的较低成绩。这表明，有别人在场观察时会发生"观众效应"，这个效应也证明了社会助长作用的存在。

但是，在另一些实验中也发现相反的情况。例如佩辛（J.Pessin）进行的一项实验，被试是一些大学生，让他们分别在单独与有别人在场的情况下学习无意义音节单词。实验结果表明，有别人在场的情况下，被试平均要经过11.27 次才能学会有 7 个无意义音节的单词，而单独学习平均只需 9.85 次，而且学习的错误率也是别人在场高于单独学习。另一项手指迷津学习实验也证明了同样的情况：单独学习平均错误率为 33.7%，而有人在场时的错误率平均为 40.5%。这就是说，产生了社会抑制作用。

在什么情况下会产生社会助长作用，什么情况下产生社会抑制作用呢？一般来说，这与作业的性质和人们的熟练程度有关。如果作业比较简单，而且人们能熟练地完成作业，当有别人在场观察时会发生社会助长作用。如果作业比较复杂，而且人们还没有掌握完成作业的熟练技巧，则往往发生社会抑制作用。

所以在大唯老师的学生中，学霸们反映团队成员在场影响了他们的工作，拖延了他们的实验进度，这是完全可以理解的，因为学霸们挑战的往往是比较有难度的任务，他们自己尚在摸索中，而同学的关注会使得这个过程发生社会抑制作用。而对于那个号称大唯老师治好了自己"懒癌"的"学渣"，团队协作能使其在监督下完成基本的学习任务，这个学习任务相对于学霸挑战的任务是比较简单的，因此他们觉得这个方式非常棒，发生了社会助长作用。

（2）共同活动效应。

美国社会心理学家阿尔波特（F.H.Alport）曾做过这方面的实验。实验的对象是哈佛大学的一些学生。实验设计了特殊的情境——1 间大家公用的房间和 5 间隔开的房间。这些大学生有时一起在公用的房间里，有时单独在隔开的房间里做各种作业，作业的内容包括算术乘法、删掉一些元音字母、辨别双关图形、辨别物体的气味、判断物体的重量、进行自由联想及评论某些古代哲学家的观点。实验的结果表明，辨别气味、辨别双关图形、判断重量等作业的成绩大家在一起比单独一人时更高，而对哲学家观点的评论则单独一人比大家在一起时质量更高。这项实验同样表明，无论是观众效应还是共同活动效应，都可能有时表现为社会助长作用，有时表现为社会抑制作用，而发生社会助长作用或社会抑制作用的原因都与作业的性质及人们完成作业的熟练程度有关。社会助长作用和社会抑制作用这两个概念对管理工作有重要意义。管理人员要根据任务的复杂程度、人们不同的工作熟练程度等，分别安排集体劳动或个别劳动。

所以大唯老师可以从这两个效应和作用中得到的启示是，并非所有的活动都适合小组合作，有些学习任务是需要安排学生独自完成的，而有些学习任务是适合小组合作的，需要在教学活动中及时地进行观察和总结。

（二）工作群体的发展阶段理论

大唯老师在筹备竞赛前形成的 9 个小组，其实是 9 个为了实现共同目标的工作群体。任何群体都会随着时间而发生变化，如群体成员可能离职另找工作，一些人可能得到提升而离开本群体，群体也要招聘新成员等。这就是说，群体的成员会发生变化。此外，群体的任务和目标会有所改变，群体成员在相互交往中也会彼此更熟悉、更了解。群体一定会经历不同的发展阶段，并且有一定的规律。公认的群体发展阶段模型是布鲁斯·塔克曼（Bruce W.Tuckman）提出的五阶段模型。

第一阶段是形成阶段。在此阶段，群体成员都在试探，相互接触、相互认识和相互熟悉，在解释群体目标和确定群体内部适当行为方面取得共识。一旦个体真正感到自己是群体中的一员，形成阶段就已结束。

第二阶段是震荡阶段。顾名思义，这一阶段的特点是在群体内部会发生明显的冲突。群体成员会抵制群体对他们的控制，对于何人为领导者及领导者应有多大权力等问题会争论不休。当群体成员确定了领导者并认识到为达到共同目的而共同工作对他们有最大利益时，这一阶段就会结束。

第三阶段是规范阶段。在这一阶段，群体成员之间才真正形成密切关系，感到他们属于同一群体，对于什么是正确行为的规范形成共同的认识。

第四阶段是执行阶段。在这一阶段，群体已准备为完成群体任务、达到群体目标进行工作。群体的真正工作是在执行阶段完成的，但实际上，有些群体要很长时间才达到执行阶段。例如，有些自我管理团队就需很长时间才进入执行阶段。

第五阶段是终止阶段。这是任务已经完成，目标已经达到，群体即将解散的阶段。长期工作的群体无需这一阶段，因为群体成员还要继续工作，依然处于执行阶段。

在大唯老师组建的团队备赛的过程中，两个优秀团队经过前期的磨合，到了震荡阶段，发生了一些冲突。这是工作群体发展的必然过程和必经阶段。但是大唯老师没有意识到这个必然性，因为担心学生矛盾升级而临时变更了群体人员。阻断了群体发展的进程，收到的效果自然也不会好。

三、对策与建议

（一）根据学习任务的不同，合理安排个别学习和合作学习

本案例中大唯老师在找同学们谈心之后，很快将学生们集中反映合作学习削弱了学习效果的学习任务调整为让学生们个别学习，收到了很好的效果，所带的本科班级学霸产出率居高不下。

（二）接纳工作群体冲突的必然性，允许冲突的出现

团体冲突的出现是正常的，复旦黄洋、林森浩那样的生死仇恨与凶手林森浩本人的人格特征有更大的关联，只是小概率事件。学生在备赛的过程中进行深度合作，形成工作群体，必然会产生冲突和震荡，并且很重要的一点是，不是所有冲突的结果都是消极的，很多时候，冲突的结果反而是积极的。如果指导老师回避和害怕冲突的发生，会阻断团体的发展进程，需要包容学生之间因为价值、意见、个性的不同而产生的基于共同群体目标的纷争。

（三）积极应对冲突和直接管理冲突

第一，减少团体成员之间的相互依赖。相互依赖是组织中发生冲突的重要因素之一，相互依赖越多，发生冲突的可能性越大。这和夫妻、亲子之间一年可能会吵架很多次，但和同事、同学之间很长时间都能和平相处的道理是一样的。管理者可以通过调整成员之间相互依赖的水平来减少冲突。以大唯老师的竞赛小组为例，决赛前 A 组吵架的原因就在于，组里的圆圆是专门负责写程序的，而方方则专门负责工艺设计，方方坚持要临时加上某个自己认为很重要的设计，但她自己不会写程序，希望圆圆写，而圆圆已经很久没有休息了，加上主程序还没有写完，就断然拒绝了。虽然这个组分工明确，但是相互依赖太严重，骨干队员不懂写程序，程序员不懂方案设计，这样就加重了沟通困难。解决的方案是加强编程类课程的培训，相互依赖减轻了，

冲突自然就减少了，方方要加一个设计，可以自己写程序，用实际结果说话。

第二，资源开发，丰富资源的获取途径。内部冲突的产生往往和有限的资源有关。大唯老师的竞赛组只有自己这一个指导老师，一旦起冲突，所有的判定权都在大唯老师手上，不仅老师压力大，解决方式也不一定是最优的。假如大唯老师在竞赛组能够获得的教学资源中加入学长、助教的力量，那么将非常有利于冲突的平衡，队员们可以及时求助，解决问题。

第三，引入竞争机制。大唯老师的工作群体是竞赛小组，一荣俱荣，一损俱损，过于强调合作，所以在关键问题上发生争执时，很难判定谁是谁非，僵持不下。事实上，用竞争解决合作中的冲突的办法，在现实情境中是简单有效的。这也是当下流行的综艺节目中喜欢用"battle"解决合作中的矛盾的原因。相对于把合作了一段时间的队员拆开重组，大唯老师可以尝试用某个技术或能力的比拼来决定听谁的以解决学生们在合作中"听谁的"的冲突，相信他们依然可以在后续的工作中相互配合，效果往往比拆散重组好很多。

第三节　教师应该知道的工作应激理论

一、案例导入

天台上的学生会主席

半夜12点，有同学看见电子楼楼顶天台的栏杆前独自站着一个男生，看到此景的同学立刻打电话给辅导员。辅导员接到电话非常焦急，立刻发消息给学生会主席，希望学生会主席阿尧召集学生骨干帮助排查尚在实验楼内的同学。但是这次学生会主席阿尧并没有像往常一样秒回老师的信息，因为站在楼顶上久久不动的就是阿尧本人。

在及时赶到的辅导员、心理老师、同学和保安大叔的劝说下，阿尧最终离开了天台，回到了安全的楼层。后来阿尧在实验楼的楼道里，整整放声大哭了半个小时。尽管老师希望大家对这一具有隐私性的事件保密，但这件事还是很快传遍了整个学院，因为在老师同学眼里，阿尧简直就是别人家的孩子、人生赢家，是最不可能轻生的那个人。论学习，阿尧的绩点一直稳定在专业前三，一等奖学金无忧；论学生工作，他大二就已经当上了主席；论家庭，阿尧的父母工作体面，收入稳定，完全没有后顾之忧；论情绪状态，阿尧的情感情绪表达一直很沉稳，也没有明显的抑郁表现。那阿尧究竟为什么在冲动之下上了天台待了那么久呢？

阿尧是老师的左膀右臂，不仅是学院的学生会主席，也是班长。这次疫情期间，各种信息的收集填报、通知的下达，都是阿尧帮助老师完成的。疫情期间，由于返校、进出校园的政策不停变化，学生组织的团队也面临着变化，有同学嫌繁琐退出了学生组织，还有同学因为线上的缘故很难及时联系到，但是不管千变万化都有一个始终不变认真工作的阿尧。本来阿尧的学院没有强制要求返校，阿尧可以在家学习，但是阿尧上学期实习的公司已经复工，要求他过来帮忙，他就回来了。结果回校之后得知不能出校门，只能在校内活动，于是实习公司的主管就把他原来一直在筹备的项目给了一个刚入职的员工，他前期的辛苦工作全部为他人做嫁衣裳，本来还打算作为毕业设计的一个基础的。刚返校的时候，因为他所住的宿舍闹虫子，杀虫几天没有效果，换去了学长的宿舍。学长喜欢熬夜打游戏，他则作息规律，晚上听着上铺的响动，他竟然失眠了。原定下学期也就是大三上学期去国外做交换生，因为疫情现在要延迟或者取消了，可是他还没有选下学期的课程，正在和教务老师讨论解决办法。因为妈妈是一线医生，阿尧每次打电话回家，不太会说自己的烦恼怕妈妈担心，还会叮嘱妈妈注意防护，倾听妈妈说说工作上的事情，是不折不扣的贴心暖男儿子。因为女友始终无法返校，经历了几个月异地恋的他没能扛住连月的争吵，和女友分了手，一直喜欢他的学妹趁机追求他，他也不知道该怎么办。

让老师同学感到不解的是，发生在阿尧身上的这些事情，好像都是小事，虽然有那么一点不走运，可是即使是发生在普通同学身上，也并非无解，何况是发生在优秀的阿尧身上呢？所以连与他关系亲近的辅导员老师都没有觉察出异样，不明白阿尧怎么就崩溃了。

事后辅导员老师内疚地和同事说，的确疫情期间没能觉察出阿尧的情绪变化，反而觉得阿尧相比别的骨干更加沉稳，给了阿尧更多的工作，差点导致阿尧崩溃，冲动轻生。辅导员老师非常自责。所以教师作为学生骨干团队的管理者，该如何评估骨干们在特殊时期的压力变化，合理分配工作呢？

二、原理与分析

（一）什么是工作应激

在 2020 年的新冠肺炎疫情影响下，人们开始对"应激"这个词有了更多的了解。人们对外界环境的心理反应会表现出各种变化，这种在环境条件影响下产生的心理和生理反应的综合状态，被称为应激（stress）。也就是说，应激其实是压力的学名。

在阿尧的案例中，大部分老师和同学认为，阿尧的压力并不大，因为发生在阿尧身上的事情并没有很坏，阿尧的能力也很强，应该不容易被"压"垮，这其实是绝大多数人对压力也就是应激理解的一个误区。

应激研究的创始人汉斯·塞利（Hans Selye）用生活变故单位的多少来衡量应激的大小，我们也称之为应激值。他列举了43项通常会造成应激的事件，并按照其对应激产生的影响程度排成顺序，其中，应激值排名较高的就有阿尧所经历的解雇、异地恋、工作和学业的变动、恋情的终止、生活环境的变化等，而一年之内生活事件应激值的相加，可以较为客观地评估这一年该当事人应激值的总和，也就是这一年客观上压力的大小。阿尧所经历的事件看似不大，但是这些事情的应激值相加成一个总和，就非常可观了。

并且，事情的好坏也并非衡量压力大小的标准，在塞利列举的43个生活事件中，恰恰就有很多好事，比如结婚、升学、出名等，造成应激值增加的更重要的因素其实是这个事件所带来的"变化"。而受到疫情的影响，阿尧的遭遇恰恰就是这一连串的变化，小到生活起居，大到学业工作，全是变故。别说是从小一帆风顺的年轻大学生阿尧，就是久经沙场的中年人，也未必招架得住。而这一连串看起来没有很坏的小变化，也非常容易被身边的亲朋好友忽略，所以才会出现不仅辅导员老师和同学，连阿尧父母都毫无觉察的情况。

（二）工作应激的影响因素

引起工作应激的因素有环境因素、组织因素、群体因素、个体因素四种。

第一是环境因素。2020 年，受到疫情的影响，大到全球的政治、经济环境，小到行业、组织的政策制度，都发生了巨大的改变，成为引起个体工作应激的不可忽视的重要原因。案例中的阿尧作为一名优秀的大学生，对大环境的变化有着敏锐的感知和理解，必然在心理上会受到影响和感染。

第二是组织因素。组织越庞大、越复杂，引起成员工作应激的因素也就更多，包括组织政策、组织结构、工作条件和信息处理。疫情期间，组织政策受到环境因素的制约，不可避免地来回变动，正如案例中所描述的，学校的各种政策千变万化，每天传达给同学的信息都不一样，而同学的反馈信息也纷繁芜杂。作为学生骨干的阿尧其实直接接收、传达和承担了这一切变化，是组织因素带来的应激的主要承担者，用学生中比较流行的游戏用语来说，就是被"集火"的对象。而和以往学生组织可以经常团建、见面讨论、相互支持不同，疫情期间，学生组织的成员们只能各自在家工作，骨干们需要适应新的团队协作方式，这种工作条件和方式的变化又增加了阿尧的工作应激。

第三是群体因素。影响比较大的主要有群体缺乏凝聚力、群体缺乏社会支持、群体内冲突三个因素。疫情期间，且不说面对面的团建无法进行，就连大家线上的交流都很难同频，上网课可以录屏的特殊性使得同一个班级的同学作息出现了空前的"时差"，大家作息很不一致，凝聚力的下降可以想象。大家各自工作，虽然效率可能提高了，但是互动和支持也减少了，团队成员之间很难彼此陪伴和共情。阿尧在帮老师组织活动的时候就半开玩笑地和老师发出过"人心散了，队伍不好带"的感慨，老师还附和说"的确是这样，只有你阿尧靠得住了"。

第四是个体因素。我们在前面已经作了详细的分析，阿尧自己的学业、生活、亲密关系中都遭遇了应激值较高的生活事件，可以说是非常典型的"高压"个体了，但却没有引起周围亲朋好友的重视，尤其辅导员老师，不仅没有给阿尧减压，让他休息，还因为其靠谱稳重给他加了不少工作，最终导致阿尧工作应激值的激增和情绪上的崩溃。

（三）工作应激的后果

虽然工作应激不一定会对当事人产生不良的后果，不乏化压力为动力的例子，但是只有适当的应激才会有利于组织成员提高工作绩效，过高的应激往往会导致工作效率下降，并对个体的体质、心理和行为产生影响。

首先，工作应激会对当事人的体质产生一定的影响，这是医学界一直致力于研究的课题，一年内应激值超过300，患身体疾病的可能性将超过75%，同时，强烈的应激还与心脏病的发病有着密切的联系。

其次，应激对心理有着同等重要的影响。第一，人们会因此产生消极情绪；第二，人们会产生敌对情绪，在应激导致的焦虑下，组织成员的攻击性行为会增多，阿尧和辅导员老师提到过的"人心散了，队伍不好带"就源于骨干们在小群里发生了冲突；第三，人们会产生悲观情绪，尤其在极其强烈的应激情况下，当事人会产生厌世情绪，这就是一向开朗乐观的阿尧为什么也会在深夜走上天台，让老师同学错愕不已。

三、对策与建议

（一）及时评估学生的应激水平，合理任用学生骨干

在教育领域中，教师选拔和任用学生骨干时不乏使用激将法的成功案例，比如在某个学生状态低落时任命他为学生干部，提升该生的自信心，使其迎难而上。这对于挫折不大、应激值适中的学生，是非常好的教育激励方法，但是并不适用于应激值过高、压力巨大、需要关怀和休息的学生。

案例中的阿尧就是同时遭遇了多个应激值较高的生活事件，需要被支持和关怀的学生骨干，而因为阿尧责任心强、情绪管理能力强，不仅没有成为被关怀的对象，反而还要在工作和生活中继续支持老师、父母和同学，最终疲惫不堪而情绪崩溃。

因此，作为管理者角色的教师，应该及时、动态地去评估学生的应激值，及时给予应激值过高的同学关怀和照顾，适当任用和激励当前应激值适度的同学，从而帮助学生身心健康可持续地发展。

（二）平衡环境中的影响因素，丰富工作应激的应对措施

作为管理者的教师，不仅需要关心和关注学生个体的应激水平，更要从组织、环境因素中积极平衡可能增加团队成员应激的各种因素，有效预防工作应激过高的情况。可以采取的具体措施有：

第一，创造支持性的组织氛围。建立较为分散、灵活的组织结构，给予中下层干部更多参与决策的机会，使纵向和横向的信息更为通畅。研究表明，这种组织结构会创造一种更有支持性的氛围，从而防止主要骨干应激过高。在这个案例中，阿尧的辅导员只有阿尧这一个"抓手"，当阿尧崩溃站在楼顶上时，辅导员老师能够找的竟然还是只有阿尧本人，在特殊时期信任骨干同学、重点锻炼阿尧没有错，但是培养第二、第三个阿尧也很重要。

第二，工作设计丰富化。疫情期间，学生骨干每天汇总收集信息，工作非常单调。加上原来丰富多彩的活动也不能正常开展，这时候学生骨干的工作只剩下责任和重复的工作，这对减轻当事人的应激感毫无帮助。而研究表明，工作设计的丰富化，如增强任务的意义、工作的自主性，提供发展性和可能性等，可以大大减轻在单调工作中的应激状态。本案例中，在高工作应激的组织现状下，学生骨干的工作设计不仅没有丰富化，反而因为疫情的影响，教师的信任范围缩小，开展的活动变少，大大降低了学生干部对自己工作的意义感的赋予、对自身价值的拓展，所以因为应激产生的悲观情绪加重了。假如辅导员能在考虑学生精力和时间的基础上，丰富组织工作活动的设计，加入更多的意义关怀和个人关照，阿尧的状态就不会变得如此低迷。

注：本章所有案例原型均为作者教育教学实践中的真实案例，所有人物名字均为化名。

参考文献

［1］卢盛忠.管理心理学（第四版）［M］.杭州：浙江教育出版社，2006.

［2］车丽萍，秦启文.管理心理学［M］.武汉：武汉大学出版社，2009.

第十四章
教师应知的沟通艺术

作者：李瑾

什么是沟通？它是一门生活的艺术。

如何与学生沟通？如何与家长沟通？如何与同事沟通？

在我们的校园生活中，处处需要沟通。

有时，沟通是妙语连珠，引人深思。有时，沟通是会心一笑，心领神会。有时，沟通是此时无声胜有声。

教师，就是这门艺术的学习者、探索者、创新者和实践者。

第一节　与学生的沟通

一、案例导入

遇到一声不吭的"熊孩子"怎么办？

小楠是一名五年级的小学生。他身体强壮，运动细胞丰富，校运会上总是名列前茅，是个不折不扣的校园"风云人物"。可他也是学校里出了名的

"熊孩子","特立独行"的"事迹"一大堆。他曾为同桌打抱不平,把另一个同学的头打破。有一次,为了表示对实习老师的欢迎,小楠把学校花坛里开着的花全部摘下来热情地"献给"老师,让大家哭笑不得。小楠爱帮助同学,人缘不错。不过,班里打打闹闹的事也总有他的份儿。每次惹了事,老师、家长无论怎么跟他沟通,小楠总是一声不吭。受到严厉批评时,他也常常一副满不在乎的样子。对于小楠平时的"放飞自我"和沟通时的"沉默是金",老师们很是头大。

二、原理与分析

作为教师,遇到小楠这样的孩子,该怎么办呢?我们可以学习一些人际沟通方面的心理学理论,并从中获得借鉴与启示。

(一)乔哈里视窗理论

乔哈里视窗理论是由美国心理学家乔瑟夫和哈里在 20 世纪 50 年代提出的一个沟通理论。该理论将人际沟通的信息比作一扇窗户,我们在第一章中已进行了相关介绍。对应模型中的公开我、遮蔽我、隐藏我、潜在我,也可以将其划分为四个区:开放区、盲目区、隐藏区与未知区。开放区是自己知道、别人也知道的信息。盲目区是自己不知道、别人却可能知道的盲点。隐藏区是自己知道、别人却可能不知道的秘密。未知区是自己和别人都不知道的信息。

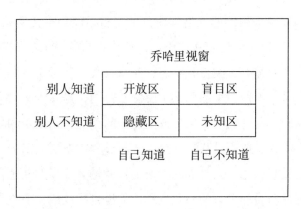

乔哈里视窗

	自己知道	自己不知道
别人知道	开放区	盲目区
别人不知道	隐藏区	未知区

根据乔哈里视窗理论，在师生交往中，如果教师平易近人，能跟学生"打成一片"，共同的开放区就会变大，师生沟通起来就会更加便利和顺畅。当然，无论是教师还是学生，每个人都有自己未知的盲点和不希望外界知道的秘密。视窗中各区域的大小并不是一成不变的。对待像小楠这样的学生，如果教师习惯于"灌输型""命令型"的沟通方式，让小楠"开口"几乎是不可能的。

（二）自我暴露技术

自我暴露技术也被称为自我开放技术，是心理咨询中常用的一项技术，由美国心理学家西尼·朱拉德（Sidney Jourard）在1958年提出的"self-disclosure"（自我暴露）发展而来。自我暴露是把自己的有关信息或真实想法告诉对方，与对方共享自身内在感受的过程。教师是否愿意适度地展示一些"小秘密"和呈现自己内心的想法在很多时候也决定了是否能够开启孩子们的心灵之门。教师的自我暴露是在适合的教育情境中一种谨慎的、措辞适当的自我呈现。随着教师自我暴露程度的增加，学生对老师的信任度和接纳度会不断加深。如果在与小楠的沟通中，教师能够适度地打开自己，主动与小楠"分享"自己童年时代的一些相似经历或秘密，会增加小楠对老师的信任，使他获得心理上的安全感，也许他就愿意与老师聊一聊了。

（三）TA沟通理论

TA沟通分析（Transactional Analysis）又称交互分析理论，是一种以达到使人成长和改变为目的的人格理论，由美国心理学家艾瑞克·伯恩（Eric Berne）在20世纪60年代创立。该理论认为：自我状态影响着每个人的人格与行为。每个人都有三类自我状态：儿童自我、父母自我和成人自我。儿童自我是童年时代遗留下来的思想、感觉及行为，是一种天赋秉性。父母自我是保留在我们个性中的，由父母或生命中的重要人物给予的价值观念、思维方式和行为模式。成人自我是一个人成长过程中发展起来的、合乎逻辑的思维、判断及反应状态。人与人的沟通过程就是一个人的儿童自我、父母自我或成人自我指向另一个人的儿童自我、父母自我或成人自我的过程。在师生沟通中，当教师希望学生采用的自我状态和学生实际回应时的自我状态一致时，沟通就顺畅；而当两者不一致时，就会出现学生对沟通的抵触、退缩或逃避行为。遇到像小楠这样的孩子，严厉的批评一定不是最好的沟通方式。小楠的不开口也说明了这一点。

（四）语言沟通与非语言沟通

海德格尔说："语言是存在的家园。"语言是思想的载体，也是我们日常沟通的重要工具。我们所说的话，反映着我们的思想，透射出我们内心对各种人和事的认知与看法。在师生沟通中，语言表达与非语言表达是互为补充的，对于和谐师生关系的建立具有重要的意义。教师通过语言沟通完成主要的教学内容。教师跟学生说话时的态度、方式、语音、语调、语气都会对学生的内心产生不同程度的影响。除了语言沟通，还有非语言沟通，教师的身体姿态、面部表情、眼神变化等都可以向学生传达丰富的信息。在教学活动中，教师可以用亲切的目光注视学生，与学生进行眼神交流，用温暖的笑容、真诚的语言表达对学生的鼓励和关怀，用微微前倾的姿势倾听学生的想法和诉求。

三、对策与建议

每个孩子成长于不同的家庭环境，性格与个性也千差万别。顺畅沟通需要教师对每一个学生认真研究，因人而异地选用适合的沟通方式、沟通策略，并把握好沟通的时机。

（一）师生多样的沟通方式

师生沟通的方式是多样的，无论"说话"与否，只有教师真正"读懂"学生，学生才能"听懂"教师，达成默契。教师的职责是教书育人，学生的任务是读书求知。书，是师生教育生活中不可或缺的角色，它可以成为教师洞察学生内心世界的一个媒介。新教育实验所倡导的晨诵、午读、暮省，师生共读、共赏、共写就是非常好的师生沟通方式。学生在教师的引领下，阅读中外经典名著，在书中与哲学家、思想家、科学家、教育家进行穿越时空的对话，在诵读、聆听、分享、讨论中吸纳读物中有价值的东西，并把它们变成自己内在的认知和滋养。这个过程既是教师发现话题、了解学生内心世界的过程，也是学生学会与自我沟通，了解自己内心的需求和感受的过程。

被称为"中国的苏霍姆林斯基"的李镇西老师几十年如一日用笔记录着他所带的班级和所在学校每天发生的事。写信是他与学生们真诚沟通的一个重要方式。李老师的教育随笔《青春期悄悄话——致青少年的101封信》《心灵写诗——李镇西班主任日记》中记录着所教过的孩子们的故事。师生共写改变了很多孩子的人生，这种沟通让他们变得自信、阳光，并树立起自己远大的人生目标。小楠如果不愿意说，教师也可以换一种方式与他交流，可以为他推荐一些有启发性的读物，鼓励他阅读之后写写读后感。尽可能多地肯定他的所思、所想、所感，让他体会到尊重与认可，并慢慢地习惯来自老师的关心与关注。这样的一种沟通，不仅可以很好地保护小楠的自尊，还能很好地激发他探索知识的自信和表达自我的写作能力。

（二）教师要成为一个好的倾听者和分享者

在师生沟通中，教师和学生都是"主角"。教师要有一个转换功能强大的大脑，能够根据实际教学情况随时切换到适合的沟通频道，或主导，或引导，或协助，积极为学生创设"开口"的情境，鼓励他们表达自己的感受、想法和见解。

教学中的"说"或者"不说"，都是一门艺术。一个好的倾听者，倾听时的身体姿势是微微前倾的，目光专注地注视对方。当信息接收的通道被打开时，教师会在孩子们表达自我的过程中发现那些看起来不起眼却分明很重要的一些线索，而这些东西对更好地理解他们，理解他们对世界、对社会、对自我的认识、需求和期待是弥足珍贵的。在倾听的过程中，教师恰逢其时、恰到好处地回应一两句，对学生有一种"点墨成金"的效果。即使教师什么都不表达，学生在向教师倾诉的过程中就已经把困扰自己的一些心事、烦恼、负面的情绪消化掉了，并在与教师目光的交流中感受到了教师对自己的关切、尊重与理解。

（三）给学生一次公开演讲的机会

青少年时代的师生沟通模式对日后学生成人之后的沟通习惯、表达方式和与人交往的能力会产生深远的影响。教师要不断地给学生创造机会，鼓励他们在公开场合勇于表达自己，使他们掌握准确、自如地表达自己的思想、观点和感受的能力。从被要求的"必须说"到自己"想要说"，学生们对公开演讲的认知和行动的变化需要日积月累的学习与锻炼，需要教师在身旁的陪伴、鼓励和引导。在新教育学校，学生们会得到一次公开演讲的机会。演讲的主题和内容就是他们平时所读到的书、观察到的现象、思考过的问题，是他们对生活的各种感受。

很多学校每周一次的"国旗下的讲话"，也可以成为培养敢说敢为、言行一致、知行合一，有见识、有胸怀、有担当的新时代青少年的一个平台。如果学校给小楠一次公开演讲的机会，让他在全校同学面前讲一讲自己热爱并擅长的体育活动，谈谈自己的人生理想和自己是如何为之努力的，可能会成为推动他今后愿意与老师交流沟通的契机。

（四）非语言沟通的 SOLER 法则

SOLER 是由五个英文单词（sit，open，lean，eye-contact，relax）的首字母拼写起来的专用术语：S 表示坐要面对别人，O 表示姿势要自然开放，L 表示身体要微微前倾，E 表示目光接触，R 表示放松。美国社会心理学家艾根（Gerald Egan）在 1977 年研究发现，在同陌生人交往的初期，按照 SOLER 模式来表现自己可以使我们在别人心目中建立起良好的第一印象。

在与学生接触和互动的过程中，教师就可以按照非语言沟通的 SOLER 法则来调整自己的身体语言和表情，向学生传达积极的沟通信息，通过身体、目光等非语言沟通传达出亲切、平等、宽松的氛围，避免在学生心目中产生威严而有距离感的刻板形象，让学生能感受到教师对他们的尊重和关心，从而更愿意从内心接纳教师，愿意作进一步的交流。

（五）把握好每一次沟通的时机

学校的教学时间是宝贵的，教师应把握好课上、课下的各种时机与学生进行沟通。与不同的学生交流时，应提前观察他们的状态，选择恰当的时间、场合与环境，并将教学时的集体沟通、课间与课后的个别沟通巧妙配合起来。

一个善于沟通的教师必然应该懂得每一个学生都是独特的，懂得在对话中调动学生的情绪，理解他们的感受，唤起他们心灵中的真善美。著名教育家陶行知"四颗糖"的故事发人深省。一次，两个男生打架被陶先生看到了。陶先生约了打人的男生到校长办公室谈话。等陶先生到办公室时，男生已在办公室里等他了。陶先生便从口袋里掏出一颗糖给他，对他说："这是奖励你到得很准时。"男生很吃惊。接着，陶先生又掏出一颗糖给他，说："这是奖励你在听到我的劝阻之后就及时停手了。"男生更吃了一惊。谁知陶先生继续掏出第三颗糖给他，说："据我所知，你是为了保护女生而去打那个男生，这是伸张正义的表现。"男生听到这里流下了悔恨的泪水，说："可是我打的不是敌人，而是我的同学啊！"这时，陶先生掏出第四颗糖，说："你已经知道错了，这第四颗糖奖给你。今天的谈话结束了。"陶行知先生与学生的沟通看似平淡无奇，谈话时间并不长，谈话内容也不多，教师的话只是点到为止，但这次谈话对学生的心灵却产生了巨大的震动。陶先生事先应是为这次师生沟通做了十足的功课的，谈话时的寥寥数语看似信手拈来，却深藏大爱和教育的真谛。这就像教育生活中的一首短小、隽永的诗，"功夫在诗外"。

第二节　与家长的沟通

一、案例导入

如何与"隐形父母"进行家校交流？

　　唐老师从师范学院毕业以后就进入当地一所重点中学担任语文老师兼班主任。工作5年来，唐老师工作兢兢业业，认真钻研优秀班主任必备的各种独门"功夫秘籍"。她所带的班级在年级中的表现一直名列前茅，她本人也年年被学校评为优秀班主任。新学期伊始，唐老师所带的初二（1）班转学来了一个女孩小贞。进入新的学校后小贞表现出各方面的不适应，唐老师决定跟她的父母好好沟通一下。家访是提前跟小贞的父母约好的，可家访那天小贞家只有奶奶在。期中家长会小贞的父母也没有出现。唐老师想约小贞父母来学校面谈，可他们总是说工作忙。唯一一次与小贞爸爸的面谈，也因为他接到一个电话离开而匆匆告终。面对这样的"隐形父母"，唐老师不禁为小贞的成长暗暗担心。最近，唐老师主动跟小贞的父母加了微信和QQ，希望改善与"异常忙碌"的小贞家长无法有效沟通的困境，为班里的这个女孩做点什么。

二、原理与分析

每一个孩子都是独一无二的，他们身后的家庭和家长也是如此。作为一名一线教师，在日常家校沟通中，我们很有可能会遇到像小贞父母这样的"隐形家长"。当然，我们也可能会遇到对自己的孩子过度关注的家长，或者一谈到孩子的问题就情绪失控的"暴跳式家长"。了解科学沟通的原理，掌握有效沟通的"钥匙"，能够使教师在与家长的交流中避免障碍，少走弯路。

（一）沟通中的首因效应与末因效应

首因效应，也称为第一印象效应，是指在人际交往中双方彼此形成的第一次印象对今后交往关系的影响。该效应是由美国心理学家洛钦斯（A.S.Lochins）在1957年提出并证明的。心理学研究发现，人们主要凭借交往对象外在的一些特征，如性别、年龄、外貌、表情、举止、谈吐等方面的特征迅速形成对对方的内在素养、个性特征的判断和初步分析。第一印象并不总是客观、准确、全面的，但它决定着人们对他人的整体看法，并直接影响到交往中的基本态度及行为方式。在家校沟通中，如果班主任在与学生家长初次见面时就给对方留下良好的印象，双方的距离感就会自然而然地缩短，交流起来也会比较顺畅。同时，家长在以后教育孩子的过程中遇到困难时就会主动与班主任交流沟通。

心理学上还有一个与首因效应相对应的末因效应，也称为末轮效应，是指在人际交往之中，人们所留给交往对象的最后印象会影响到彼此今后关系的发展。有时，他人留给我们的最后印象的影响甚至会超过第一印象。如果第一印象与最后的印象一致，那么两者就会相辅相成，加强和印证原来我们对交往对象预设的看法。基于对首因效应与末因效应的认知，在与家长的沟通过程中，教师应该做到有始有终，注意到自身言行的一致性，展现较好的专业素质和优秀的个人素养。唯有如此，家长才会尊重、爱戴和信任教师，愿意开诚布公、推心置腹地与教师进行交流。

（二）沟通中的漏斗效应

信息在传递的过程中从源头到接收者之间不断衰减、缩水的现象被形象地称为"漏斗效应"。从图1的沟通漏斗可以看出：假设把想表达的信息作为1，即100%，那么在实际沟通中，用语言所真正表达出来的内容只有80%，20%的内容"漏掉"了。而他人接收这些信息时，由于接受能力的不同和理解的差异，又有20%"漏掉"了，真正听进去的只剩下原来的60%，而其中能够被消化和领悟的内容大概只有40%。最后，当信息转化为行动去执行时可能只有20%变成了现实。

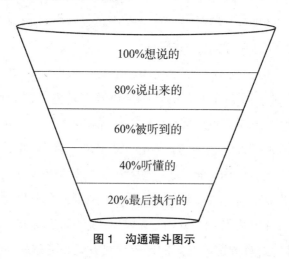

图1　沟通漏斗图示

在家校沟通中，很多重要的信息不是教师没有讲，也不是没讲清楚，而是家长没有明白教师的意思、没有理解教师的意图、没有领会教师的感受，所以沟通的效果自然大打折扣，与预期不相匹配。教师在与学生家长进行沟通交流的时候可以有意识地学习一些必要的沟通技巧，尽量把沟通漏斗中比较大的一些"漏洞"堵住，减少信息传递过程中的"损耗"。对唐老师而言，她在与小贞父母的家校沟通中承担了一个积极沟通者的角色。可是由于漏斗效应的存在，小贞的家长并没有在唐老师释放沟通信号的过程中感受到孩子目前存在的问题需要加以关注。对于这类家长，沟通时怎样做才更好呢？首先，应该明确地表明沟通的意愿和沟通的迫切性。其次，要进一步确认沟通的目的，树立双方进行沟通的共同目标和议题。再次，要征求家长的意见，达成具体的沟通方式，建立有效的沟通通道。

（三）面对面沟通与不见面沟通

面对面沟通是沟通的主流，也是一种传统而正式的沟通方式。书信方式作为一种传统的沟通方式，是面对面沟通的一种有效补充。随着时代的发展和科技的进步，人与人之间日常沟通交流的方式悄然改变。电话、移动通信、电子邮件、短信、微信……快捷、简便的不见面沟通逐渐成为人际互动的主流，减少了人们为见面而车马劳顿的奔波，优势明显。不过，不见面沟通也让人们变得越来越懒惰，并常因接受信息不完整或无法进行有效确认而造成偏见、误会和误解。相比较而言，面对面沟通本身就代表着诚意和重视，在沟通中双方可以进行各种互动，其效果很多时候是不见面沟通不可企及的。

如果今后小贞父母有更多一些的机会和更长一些的时间与唐老师当面就孩子的教育问题进行交流，同时在分身乏术的情况下辅之以不见面沟通的灵活方式，相信唐老师的热情、友好、随和，她的教风、人品和素养会给小贞的家长留下很好的印象，并促使他们主动跟老师沟通，从而推动双方的互相理解，为小贞的健康成长共同努力。

（四）沟通态度与沟通效果的关系

态度是个体对特定对象的总体评价和稳定性的反应倾向。对人或事的态度一旦形成就会持续较长的一段时间，不会轻易改变。在教学活动中，教师对学生的教学态度奠定了他与学生沟通的基础；而在家校互动中，教师对家长的态度也决定着家长对双方沟通的接受程度和认可程度，影响着沟通的实际效果。

良好的沟通效果不但取决于主动沟通的一方的意愿和沟通能力，而且由双方的沟通态度及对沟通的投入程度、实际的沟通能力共同决定。班主任唐老师沟通的态度积极而诚恳，并积极创造机会与小贞父母交流。遇到老师主动的沟通姿态，大部分家长会积极配合。不过，也有一些家长难以沟通。有时是家长沟通意愿不强烈，有时是双方沟通的方式不合适，有时是沟通的目标不匹配，有时是对所沟通的问题认知差距太大，还有些时候是沟通中情绪管理失当。

三、对策与建议

家长是一家之主，是孩子的第一监护人，而班主任是学生在学校里的"家长"和主要监护人。在孩子成长的过程中，班主任老师承担着不可或缺的重要角色。在与学生家长的沟通中该如何把握好"尺度""分寸"，善于"借位"，避免"越位"，增进家校之间协同配合的默契呢？以下三个方面是给老师，特别是班主任老师在与学生家长沟通时的建议：

（一）掌握面对面沟通的技巧

学校和家庭是孩子生活中的两个重要环境。教师与家长主要面对面交流的机会是在家长会上、家访活动中、校园开放日等家校活动中，有时也会根据实际需要安排专门的面谈。教师在与家长进行沟通时，不要让家长始终处在被动地"收听"模式，而应该留出恰当的时间让家长参与进来，谈谈他们的想法和感受。在唐老师接待小贞父亲的那次谈话中，如果在最初的 10 分钟里让小贞的父亲先来讲一讲，特别是他对女儿最为在乎和关注的问题上的感受，可能这次面对面沟通不会因为一个电话的插入而迅速"收尾"。当小贞父亲进入到"说"的状态后，也比较容易引起他对家校沟通的足够重视。同时，唐老师也可以从他的谈话中为小贞不适应新环境的来自家庭方面的原因从根子上"把把脉"，然后再"顺藤摸瓜"，从这些问题出发寻找切入点和突破口，改善小贞的困境。当然，如果能在沟通的过程中，针对小贞目前存在的问题适度地给小贞父亲一些积极的、建设性的教育建议，沟通的成效将更好。

（二）关注沟通中的情绪控制

情绪是个体对外界刺激的主观的、有意识的体验和感受。在家校沟通中，教师和家长会因为信息的交互而产生各种情绪。一个善于与家长沟通的老师，应该是一个对自我情绪和他人情绪具有敏锐的感受力、细致的观察力和犀利的分析力的人，能得心应手地管理和控制好沟通中产生的各种情绪，调动正面的、积极的情绪，转化负面的、消极的情绪。教师首先要控制好自己的情绪，做自己情绪的主人，并学会适当地表达自己的情绪。教师还要具有敏锐的洞察力，在沟通中能准确地察觉家长的情绪变化。沟通中的情绪控制是一个极为考验教师功力、定力和实力的课题，需要经验和悟性。在遇到家长情绪失控或者爆发的时候，能够遇事不慌，冷静应对，根据沟通现场情况及时调节把控沟通的气氛，调整沟通策略，以适当的方式来帮助家长平复情绪，尽可能避免沟通中出现矛盾和尖锐冲突，做沟通过程中情绪的管理者和引领者。

（三）学会共情的运用

共情是一个心理学词汇，由人本主义心理学创始人罗杰斯提出。共情能力指的是体验别人内心世界的能力。在家校沟通中，尤其当面对比较棘手的教育问题时，教师尤其需要具备共情能力。人同此心，心同此理。家长爱孩子，教师也爱孩子。所以在孩子教育上，教师与家长之间是有很多共同语言的。作为教师，我们要学会与学生家长做朋友，在不断的沟通中，建立共同的目标、拓展共同的话题、分享彼此的心得和情绪。教师要能够设身处地地站在学生家长的角度，积极换位思考，想家长所想，急家长所急，积极主动地体验家长内心的想法和情绪，并在沟通中通过恰当的方式传达给家长来自教师的理解和关怀，从而在孩子的教育上扩大互相的共识，增进彼此间的合作。

第三节　与同事的沟通

一、案例导入

遇到领导和同事的误解，怎么解释才好？

马老师是一名年轻的小学数学老师，入职才大半年时间。马老师硕士研究生毕业，在教学上过硬的专业素养和综合能力使他在应聘教师岗位的竞争者中脱颖而出，成功到该市最好的一所实验小学任教。入职3个月后，市教育局组织青年教师参加大市范围的教学竞赛。听到这个消息，马老师跃跃欲试。他多次向同事们透露了这个想法，还找到校长再三表明心意。在学校的预选赛上马老师"杀出重围"，如愿成为了学校选定的参赛教师人选，并开始紧锣密鼓地参加培训，一心一意地准备比赛。可是，渐渐地，马老师发现办公室的同事们开始疏远自己，也不愿意多跟他聊什么话题。有一次他在校园里远远地看到校长，正要上前打招呼，可是校长居然折返原路走了，似乎不愿意与他打照面。为此，马老师很是困惑和苦恼。

二、原理与分析

在职场上该如何表达自己的愿望？与同事之间沟通时应该特别注意哪些方面？与领导相处交流时怎样把握好分寸？马老师在自己刚刚开启的职业生涯中遇到了让他困惑的职场沟通困境。

（一）竞争与合作

对于教师而言，学校既是工作的职场，也是实现人生价值和创造社会价值的地方。在学校的人际交往中，教师之间的竞争与合作是一种常态。同事是日常接触最多的工作伙伴，也是业务能力、工作业绩上的竞争对手。良好的同事关系，和谐的上下级关系对教师个人的成长和发展发挥着重要的作用。在竞争激烈的校园职场中，面对不断提升的职业要求和专业挑战，教师要有一定的危机意识和竞争意识，积极主动地抓住机会拓展眼界、发展能力，使自己在竞争中具有优势。同事之间也应在竞争中互相合作、共同进步与发展。越来越多的教师在专业发展的道路上加入成长发展共同体，互相学习，共同切磋，彼此激励；在教学中共同配合，协同工作，获得成长。

竞争与合作和谐共存的校园职场氛围让教师身心愉悦，生活步调平稳。新教育实验发起人朱永新老师在其主编的《教师第一课》这本书中专门谈及教师要学会"经营和而不同的同事关系"。朱老师指出：人需要在集体中才能成长，良好的同事关系，不仅能使教师个体得到良好的发展，保证高质量教育教学工作的完成，也有利于形成学校健康和谐、积极向上的精神文化的基础，同时为学生今后踏入社会、学会与同事交往作出榜样。

马老师好学上进，但是在表达自身发展需求的过程中，却有点"咄咄逼人"，没有考虑到其他老师的感受。作为一位教师，我们在不断建设和提升自身专业能力的过程中，应该很好地把自己的发展融入集体的发展，作为集体的一员与大家共同追求发展。参加教学竞赛是在集体力量和集体智慧支持下的业务比拼，所以马老师在与同事沟通的过程中应该放低姿态，不应在言语中、行为上处处突出个人的优秀与优势，过分强调自己的业务能力，而应改变表达的方式和习惯，少说"我"、多说"我们"，把"小我"的成长放到"大我"的发展中去，这样才能赢得大家内心的认可和实际支持。

（二）冲突与对抗

朝夕相处的同事之间难免在一些问题上有争论，或是因为对一些稀缺资源配置方案的认知和解读存在差异或不同意见而产生矛盾。这些争论和矛盾有的属于建设性的冲突，有的属于对抗性的冲突。在建设性的冲突中，各方对实现共同目标都十分关心，大家以争论的问题为中心，乐意分享彼此的观点和意见，交流较多，沟通无障碍。而对抗性的冲突各方则强调自己的观点，不愿意听取对方的观点和意见，常常由问题的争论而升级为对彼此的人身攻击，互相之间的沟通不断减少直至完全中断，最终陷入僵局。一般来说，由于目标一致、沟通顺畅，建设性的冲突比对抗性冲突处理的难度要小很多。建设性冲突和对抗性冲突在一定的情境下会发生互相转化。在校园职场环境中，教师的整体素养和修养比较高，因而建设性冲突是主流。而对抗性冲突如能得到适当的处理，减少冲突和误解，彼此释放善意，也大都能转化为建设性冲突。

马老师和同事之间并不存在实质上的冲突与对抗，但是对于马老师积极争取参赛这件事，同事们和领导对马老师产生了一点看法。究其原因，可能与马老师的表达方式有关。他传递给周围同事们的信息容易让大家错误解读为"因为我很优秀，所以比赛机会归我，你们就不要参加了"，所以同事们才会在态度上对马老师排斥，在行动上对他疏远。对此，马老师今后在与身边同事进行沟通时，不但要增进自我对内在力量的感知和觉察能力，而且要对沟通对象的需求进行必要的觉察，避免在表达自身诉求的过程中引发他人的不良情绪和感受，学习用对方可接受的方式表达自己的感受，从而避免制造不必要的矛盾或原本可以避免的冲突。

（三）霍夫兰德模型

1959 年，美国学者霍夫兰德（Carl Iver Hovland）等人提出了一个关于态度转变的模型。该模型认为发生在接受者身上的态度转变主要涉及以下四个方面的要素：第一个要素是传递者，也就是沟通信息的提供者。信息传递者以一定的方式引导信息接收者发生态度转变。第二个要素是沟通的信息。人们态度的转变是当他们意识到自己原来的态度与外在信息存在差异后发生的，其中沟通信息是引发态度转变的直接原因。第三个要素是信息接收者，也就是态度转变的主体。沟通信息只有为态度主体接纳，才能真正发挥作用。第四个要素是情境，即沟通时所处的环境。情境会对个体的状态产生比较大的影响，进而影响到信息接收者的态度转变。霍夫兰德认为，说服是引起人的态度改变的有效途径，即通过给予一定诉求，引导接受者的态度和行为趋向于劝说者的预定方向。说服有态度改变和态度未变两种后果，而说服对象态度的改变与否与说服对象态度中的情感成分密切相关。

态度改变是需要一个过程的，沟通在这其中起到了关键性的作用。如何消除误解与误会，让自己与同事们的关系回归正常呢？通过对霍夫兰德模型的解读，我们发现态度转变本身是一件微妙的事情，沟通时机的把握至关重要。不分场合地贸然表达，效果会适得其反。最好在一定的情境下，刚好大家聊到这个话题的时候，马老师顺势把自己的想法表达出来，坦诚自己求胜心切，没有考虑到周围同事的感受，对自己在沟通上的不足请同事们多多包涵。

三、对策与建议

教师在职场上的人际交往对象除了学生、学生家长之外，就是跟自己同时存在竞争与合作的关系、有着同样身份的同事。如能掌握和运用有效的人际沟通技巧，建立良好的人际关系，有助于增进与同事之间的互信，化解矛盾，营造健康和谐、积极向上的工作氛围，增强学校内部凝聚力，保证学校全方位育人的质量。

（一）有效人际沟通的技巧

教师之间属于平级，彼此的关系是平等的。在日常沟通交流中，应注意说话的语音、语调、语气、语速，说话时尽量真诚地注视对方，从整体上让对方感受到你的自然平和与对人的尊重友好。在表达自己的观点时，要做到清晰、完整，对对方的提问或反馈能及时作出回应，对对方提出的建议能虚心听取并表示感谢。在评价自己和他人的工作业绩时，要注意用语的选择，不夸大、不掩饰，实事求是。当进行批评与自我批评时也要懂得换位思考，多从对方角度考虑问题和提出建议，采取对方能够接受的话语，说话避免直截了当，多使用建设性的表达方式。比如："对这个问题，我有一个不太成熟的建议，是不是……"在意见不一致的时候，可以放低姿态、收起锋芒，尽可能避免激烈地争论，就事论事地聚焦问题，对对方情绪性的表现能够宽容大度，对事不对人，多征求对方的意见，求同存异，努力扩大双方的共识。比如：在讲完自己的观点之后，你可以说"刚刚我所提出的想法不太全面，很想听听您的意见"，让同事也从他的角度来讲一讲，互为补充。

学校领导也是同事，他们与教师之间的关系也是平等的，所不同的是各自的职位和在学校运行中承担的角色。作为一名普通教师，在与学校各级领导的沟通中首先要做到不卑不亢，心态平和，尊重领导而不谄媚。通常来说，领导要处理的日常事务比较多，可以用于沟通的时间是有限的。这就要求我们在与领导交流时，情绪稳定，思路清晰，用语准确，简洁扼要，交流时能切中命题，不天马行空，也不啰嗦拖沓。如果是正式的谈话，可以提前作好准备，对自己想说的内容先理清思路，这样可以有效地避免紧张的情绪。在与领导交流时，切忌使用夸张的语言，不向领导提过分的要求。利用与上级沟通的机会，吹捧领导和溜须拍马会引起正直的领导的反感，甚至对你产生不好的印象。对于领导在沟通中传递出的各种指令和信息，我们应该做到服从但不盲从，虚心接受并诚实反馈，实事求是地描述和反映实际的情况、问题。在领导征求意见的时候，切忌夸夸其谈。与领导意见相左时，不可当面顶撞，而应有大局观念和担当意识，多从具体的问题出发提出建设性的方案。

（二）非暴力沟通的应用

非暴力沟通（Nonviolent Communication）是美国著名心理学家马歇尔·卢森堡（Marshall Rosenberg）在 1963 年提出的一种沟通理念。在马歇尔看来，所有的东西都是为了生命的觉醒、自由与成长服务的。非暴力沟通的出发点主要基于人与人是相互依存的，以及与人协作而不强迫的理念，致力于建立协作性的人际关系。非暴力沟通是思想、语言和沟通的整合，它的表达对沟通者的观察能力、共情能力、表达能力和影响力等都提出了较高的要求，需要通过不断的实践来提升效果。

具体来说，非暴力沟通注重通过对语言的运用，让人觉察自我感受和需求，既诚实、清晰地表达自己，又尊重与倾听他人，用心体会他人的感受和需要，强调通过行动改变现状，促进人与人之间的关爱，从而达成自我与自我、自我与他人的和解。由于职业的关系，教师的观察力与理解力是比较强的，对于语言的学习和驾驭也得心应手。因此，在校园内的人际沟通中，非暴力沟通的很多理念与技巧是老师们在与同事的相处过程中可以积极借鉴运用的。以下四点是我们可以尝试的：一是把对人和事的观察与评论区分开来；二是把感受与想法区分开来；三是学习体会与正发生的事情和感觉相关的需要是否得到满足；四是使用正向的可操作性的语言提出具体、明确的请求，希望对方的行为是出于由衷的关心，而不是出于外界的压力。在与同事的相处中，我们要学会不带预设地仔细观察正在发生的事情，并具体指出正在影响我们的行为和事物是哪些，克服成见，把客观事实和主观的想法分清楚。在日常的语言表达与交流中，我们也要能够识别和表达内在的身体感觉和情感状态，体验宽慰和希望，转化愤怒，尽可能不使用含有错误、批评、侮辱、评论意味的词语。

第十五章
教师应知的社会心理

作者：李锐

轻信和盲从，无论是对旧的教条还是新的宣传，仍然是支配人类心灵的弱点。

——夏洛特·帕金斯·吉尔曼 (Charlotte Perkins Gilman)，美国女性主义作家

第一节　洞察我们的世界：社会认知的原理

女孩一定比男孩更爱学习吗？为什么有的老师更受欢迎，而学生们对有的老师避之不及？物以类聚，人以群分，是真的吗？

社会认知的学理定义可以概括为，"人对社会刺激的综合加工过程，也是人类的社会情感系统和社会态度系统形成和发展的基础"。简而言之，我们如何了解我们所处的社会环境，就是社会认知系统的功能。我们通过社会认知，形成了关于自我、他人以及社会关系的全部看法，这对每个现代人而言是至关重要的过程，毕竟，人的本质就是一切社会关系的总和。理解我们自己以及我们学生的社会认知发展的基本规律，对教育工作者而言是不无裨益的。

快乐是可以传染的

社会知觉是社会认知的第一步，指我们通过社会事件和他人语言、行为、表情来理解别人的人格、动机和态度的过程。社会知觉可以透过我们的深思熟虑形成逻辑性的结果，也有可能在一颦一笑、一言一行之间形成感性的结果。我们首先来了解社会认知的情绪性。

一、案例导入

爱笑的教师"运气"不会太坏

亲其师，信其道，做一名爱笑的教师，是许多老师从教以来的心愿。但随着年龄和阅历的增加，教书年头越久的老师，相对于他们早年的状态，笑容都不同程度地减少了。……"给学生一颗好心，但不必给学生一个好脸"，这是从教之初老教师对我说的经验之谈。我发现，这确实有用，如混乱的课堂，我板着脸进来，一下子就会鸦雀无声……

但我不是那种任何情况下都能板起脸来的人，那一年的毕业班，有个只考了5分（百分制）的学生大大拉低了全班的平均分，我本应板起脸来严肃地跟她谈一次话，但看到她的头已经低到了桌面上，我不忍心再说重话，反而笑了出来，表现出一种轻松、理解，摸了摸她的头，说了很多举重若轻和鼓励的话，不承想这反而让她的成绩有了不小的进步。……后来我再遇见她，她说："老师，您笑起来最好看。"这让我开始思考，做老师，我必须一直板着脸吗？再后来，我尝试着不刻意地隐藏自己愉悦的心情，我变成了另一类教师，那种更亲切、情绪更外向的教师……

我发现，每天我面带笑容，用自己积极的情绪感染学生，孩子们也会心情愉快，跟我交往会更自信大胆，同时在我的课堂上，他们的思路更开阔，想象更丰富。抱着这个观念，随着教书年限的增长，我的笑容是越来越多的，今天我更相信"亲其师，信其道"的道理……

我觉得，教师要做一个乐观、开朗、外向的人，时刻表露出自己的愉快，控制好自己的不良情绪，这已经不是个人选择和个性倾向的问题，而是应该努力的方向。一位教师要常常表露笑容，时时自信，才能让一个班级始终处在积极的状态中……（海金琴《爱笑的教师"运气"不会太坏》，《人民教育》2020年第3-4期）

二、原理与分析

情绪认知是我们对自己或他人情绪进行识别、推理和理解的过程。面部表情的识别是情绪认知的第一步，透过这种最简单、最直接的情绪信号，我们完成了愿望、信念的传递。情绪认知还包括对混合或冲突情绪的理解、情绪调节、情绪掩饰以及情绪的道德体验等更为复杂的过程。

我们生来就更偏好积极的情绪，例如快乐、希望、敬佩、感激。也有研究表明，儿童对积极情绪的认知能力发展要优于对消极情绪的认知能力，积极情绪所传递的信息也更能够为儿童接受和理解。作为教师，一定要深谙此道。

情绪所具备的感染能力要比我们想象的更为巨大。心理学家保罗·埃克曼（Paul Ekman）的情绪"传染"实验发现，教师情绪好坏可以通过他的言行、举止甚至微表情迅速地影响到学生的情绪。美国心理学家海妞·吉诺特（Haim Ginott）关于教师对学生情绪的影响也有一段精彩的表述："在经历了若干年的教师工作之后，我得出一个令人惶恐的结论……我个人采用的方法和每天的情绪，是造成学习气氛和情绪的主要原因。身为教师，我具有极大的力量，能够让孩子过得愉快或悲惨。我可以是制造痛苦的工具，也可以是启发灵感的媒介。我能让学生丢脸，也能让学生开心，能伤人也能救人。无论在什么情况下，一切危机之恶化或化解，学生是否受到感化，全部决定于我。"

当我们聚焦在学生的学习成果与目标之上时，往往会忽视这些学习成果获取的情绪过程。有的学生是愉快地学习，有的学生可能学而痛苦，甚至学而愤怒。事实上，不同情绪体验的学习效果可能大相径庭。愉悦积极的情绪状态更有利于学生专注学习过程与内容本身，从而促进记忆、思维等认知过程。相反，如果教师常年情绪低落或感情冷漠，经常性地采取强制命令的手段，短期内学生或许由于应激而被动地遵循教导，但是长期处于恐惧紧张的情绪之中极有可能让学生产生焦虑、自责等不良心境，甚而让他们厌恶、逃避学习，严重的还会导致学习恐惧症的发生。

三、对策与建议

工作、生活的压力让老师们变得不会笑了吗？其实学会做一个会笑、爱笑的老师并不难。以下是几点建议。

第一步，了解自己。我们往往会把坏情绪归咎于那些"倒霉"的事情，比如学生考试失败、家长不配合学校工作、职称评定受阻，等等。殊不知，我们自己才是情绪的主人。没有任何人生来乐观，乐观的情绪只是情绪控制能力和情绪调节能力发展的自然产物。"减法"是一种很好的情绪调节技巧，把那些让我们心烦的事情和人暂时从工作和生活当中"减去"，把自己的精力集中在那些既有意义又能让我们获得成功与快乐的人和事情上。如果烦心之事挥之不去，那么去认真地检视这些事情和人，哪些是我们能够影响的，哪些又超出了我们的影响范围，把那些超出我们影响范围的事情和人逐渐搁置，让生活重回正轨。

第二步，认识学生。师生关系是教育工作最为重要的纽带。试想，教师如何会去爱陌生的学生？儿童的世界无论从何种意义上讲，都要比成年人的世界更为单纯，也充满着更多的想象力，而教师的工作又让我们有了"梦回童年"的可能性，这也是教师这个职业所特有的优势。用心去认识你的每一个学生，你就会发现每个孩子身上都有让你赞叹的光芒。发现了孩子们的可爱之处，老师还能不开心吗？

第三步，自我成长。工作中的充实、自信是愉悦情绪的基础，而自信和充实从哪里来？对教师而言，这种自信与充实只能从教学工作中来。如果你某一天没有准备好就走进了教室，课堂的教学效果就不会理想，师生们一起受罪，长此以往就会打击你的自信，没有了自信，笑容就成了无源之水、无本之木。对教师而言，专业发展的途径无外乎阅读与写作。通过专业的阅读与专业的写作，在工作中反思与提升，才能在工作中胸有成竹，游刃有余，职业的自信才会让教师这份职业焕发光彩。

最后，作为一名教师，还要有一种开放的、充满好奇心的人生态度，比如在工作中发现新路径和小窍门，勇于创新，不断尝试新的教学方法，点滴的改变和进步都能让人发现工作的乐趣，避免倦怠等不良情绪的侵袭；对世间万物都保持一种好奇心，总愿意发现背后的不同之处，也会让人时时刻刻都能找到乐趣；热爱生活，不断尝试新的生活点子，积累新鲜体验，也能让人拥有积极的心态。

摘掉有色眼镜

刻板印象（stereotype）是另一种常见的社会认知模式，即我们常说的"戴着有色眼镜看人"。从理论上而言，刻板印象是一种等级分类系统中的原型（prototype），人们会对特定社会种群（例如女性）形成模式化的心理表征，进而无差别地赋予这个群体某种既定的特征和属性（例如温柔）。刻板印象在某种程度上提升了我们社会认知的效率，然而，它也是有教无类的天敌。

一、案例导入

女孩的工科梦

瑶瑶是一名高三女生，年初的高考志愿填报辅导中，她告诉辅导老师，自己希望选择的大学专业是空气动力学，因为她从小就有航天梦。老师也把这事儿反馈给了她的父母。回到家，父母煞有介事地开导起了瑶瑶，劝她不要选择"更适合男生的"工科专业……

二、原理与分析

男生更适合读工科专业吗？当我们有这个念头的时候，悄然间就成为性别刻板印象的继承者与传播者。性别刻板印象指人们对男性和女性在行为、个性特征等方面予以的归纳、概括和总结，它直接会影响到男性和女性的知觉、归因、动机、行为及职业的选择。性别刻板印象对教育公平与平等形成了重大威胁，持有性别刻板印象的人容易对社会人群进行简单化的性别分类，而这种分类往往会违背事实。例如，我们往往认为男生更擅长学习理工类的课程，事实却是，女生在理工类课程中的表现丝毫不逊于男生。

我们往往认为性别刻板印象会贬低女性的社会价值，损害女性的社会地位，殊不知，男性同样也是性别刻板印象的受害者。因为无论男女，在秉持性别刻板印象的社会环境中都会窄化关于自身性别的社会认识，在学习、生活及职业选择过程中丧失本应获得的机会。作为文化再生产活动的重要基地，学校中也广泛存在着性别刻板印象，常见的表现如下：

第一，教师群体的性别不均衡。就学段而言，低学段女教师人数更多，高学段男教师人数更多，幼托阶段，男教师凤毛麟角，到了高等教育阶段，男教师的人数明显更多。就职级职称而言，女教师更多是中低职级职称，男教师的职级职称更高。这种失衡的性别分布，会让学生潜移默化地形成男强女弱的性别刻板印象，极大地限制他们对社会性别认识的发展。

第二，教材内容的性别不公平。以语文课程教材为例，教材中常以父权文化中的性别意识来强化男女性别刻板印象。教材中出现的男性多为社会型、事业型、管理型，而女性出现的场景主要在家庭。教材内容的性别不公平，有意无意地强化了男尊女卑、男强女弱、男外女内的性别刻板印象。

第三，学生发展的性别刻板印象。基于生理性别而对学生发展持有的差别认识往往都是与事实不符的。如案例中所示，我们往往认为男女学生对文理科目具备不同偏好与优势，实则儿童与青少年的思维发展在速度与类型上并未体现出明显的差异。故而，不要秉持"男孩小时候学不过女孩，长大了成绩自然就好了"之类的固有性别偏见，教师与家长所持有的源自文化中的社会期望的性别刻板印象，会助长校园内的性别偏见。

三、对策与建议

消除校园内的性别刻板印象，教师能做什么？我们给出以下建议：

首先，从自己的成长经历，梳理自己可能秉持的性别刻板印象，以及自己作为性别刻板印象受益者或受害者的经历，将这些体会与学生分享，确保达成"正直、善良与美好的人性是无关乎性别的"这一共识。

其次，以性别平等为准绳检视自己的教学行为，在教学与管理中，增强自己的性别敏感度，杜绝一切可能带有性别偏见的言语与行为，作好性别平等的良好示范。

最后，推动学生活动的社会性别融合进程。在认可生理性别合理性的基础上，推动学生在课程学习、社群活动、文化建设与体育锻炼中的社会性别融合，例如，鼓励男生参与音乐、舞蹈类的文化活动，鼓励女生参与竞技类的体育活动。

当然，校园中的刻板印象并非只局限在性别这一个领域，要做到有教无类，需要老师们有意识地与这些刻板印象对抗，在思想上认识到，每一个孩子都是一个独特的个体，孩子的个性永远比他们身上的标签更为重要；在行动上做到无差别地去爱每一个孩子。刻板印象的形成往往具有内隐的路径，要消除它，需要通过实际行动持之以恒地作出改变。

第二节　爱上我们的世界：态度的形成与改变

教师把爱学习的孩子和厌学的孩子安排为同桌，能让厌学的孩子爱上学习吗？学校对优秀教师的表彰，能对教师群体产生促动吗？身处特定的社会环境中，我们对世界的看法固然会受他人左右。教师需要做的是，分辨出影响我们态度的社会因素，择其优者而从之。

态度的社会习得

一、案例导入

近朱者赤

X老师在浙江南部的一所县城初中J校任教，师范毕业后被分配到这里工作已有十余载。J校是一所普通中学，并非县里的重点建设学校，生源参差不齐，成绩不高不低。和学校大多数老师一样，X老师的收入也让他过上了得过且过的日子，上班教书，下班打牌，年纪轻轻就盼着早点退休。2006年，J校的副校长Z老师接受指派，赴北京参加了新教育实验年会，回校后组织了教师专业发展团队。Z老师和X老师是大学校友，就把X也拉进了团队，开始在学校里组织起了教师的专业阅读与写作。看着身边的同事们热情高涨、收获满满，X老师抱着试试看的心态，也开始看专业书，写教育随笔，牌友也就越来越少，书友却越来越多……一晃5年过去了，不知不觉X老师的作品陆续发表出来，职称问题也解决了，还成为了县城里小有名气的教学能手。（苍南教科研网，http://cnjky.jz.cnjyw.net/）

二、原理与分析

校园中最常见的社会学习形式是模仿。孩子们之所以习得某种态度和行为，常常是在简单地观察了角色榜样的言行后所形成的。童年早期，父母是儿童的原初模仿对象，随着社会化程度的提升，越来越多的担负重要社会角色的成人成为儿童模仿的原型。这其中，教师绝对是最具影响力的。

模仿学习理论中最为人熟知的研究是美国心理学家班杜拉的波波玩偶实验。实验中，班杜拉让三组学龄前儿童观看一部电影，影片中的成人走向一个塑料充气娃娃并命令它走开。当玩具不遵从命令时，影片中的成人变得具有攻击性，对娃娃拳打脚踢。但是三组儿童所观看的电影结尾不同：第一组儿童看到成人在攻击娃娃后受到奖励，得到汽水、糖果，并且受到第二个成人的表扬；第二组儿童看到成人在攻击娃娃后得到惩罚，由第二个成人发出了警告、责备并严厉斥责他；最后一组儿童看到成人在攻击娃娃后没有受到任何对待，即成人的攻击行为没有什么后果。观看完影片后三组儿童被分别送到另一个房间，其中有同样大小的充气娃娃、橡皮棒和许多其他玩具，儿童独自玩耍10分钟，研究者在隔壁房间通过单面镜记录儿童模仿攻击的行为。实验结果不出所料，第一组儿童表现出了更多的攻击行为，第二组儿童的攻击行为发生率最低。

班杜拉实验揭示了通过模仿进行的社会学习中重要的变量，即模仿对象的行为得到的社会反馈。如果这种反馈是积极的，这种间接的社会赞许会让模仿学习的效果得到加强，班杜拉将其称为替代强化；反之，模仿学习的效果将大打折扣，班杜拉将其称为替代惩罚。案例中X老师重燃对教育事业的职业热情，或许也是看到身边同事在专业读写的行动中有其所得，强化了自己对教育事业的积极态度。

三、对策与建议

校园中的社会学习需要找到光辉的榜样，我们为教师提供以下建议：

首先，以学生榜样的标准要求自己。正所谓"学高为师，身正为范""身教胜于言传"，教师自身形象对学生的影响或许比起苦口婆心的千言万语效果更好。要做好榜样不是一件简单的事，试问不读书的教师怎么能带动学生读书呢？教师的这种榜样作用，应该富有浓厚的生活气息，从校园生活的点滴做起，从平凡生活中感染学生；同时，构建平等民主的师生关系，以可信、可敬、可爱的面目面对学生，拉近与学生的心理距离，成为学生可亲可敬的榜样。

其次，尊重儿童身心发展规律，因势利导地贴近学生的生活。在移动互联网时代的当下，学生受社会文化传媒的影响，在生理和心理上趋于提前成熟，在社会模仿学习中的榜样呈现多元化的趋势，古今中外、各行各业中现实与虚幻、正义与邪恶的各色人等都可能成为学生模仿的榜样。学生模仿行为本身也带有狂热痴迷的情感体验，有时流行文化塑造的明星大受欢迎。教师不应将自己的价值标准与审美情趣强加于学生，而应理解和尊重他们的兴趣与选择，更合理的做法是试着去了解和感受学生群体中的流行文化，从中择其善者，在共同的语境中引导学生积极健康的价值与审美。

最后，及时反馈是模仿学习必不可少的环节。学生模仿的对象有好有坏，对那些正面榜样的模仿行为，教师应加以褒奖鼓励；而对那些反面榜样的模仿行为，也不要忘记劝慰、惩戒和纠正。奖惩分明的目的在于澄清价值，而非对学生进行分门别类。教师可以秉持对学生错误模仿行为的容忍，但必须指出这种错误的危险后果并给予惩罚，让学生明确地感受到错误及错误带来的消极结果，以此才能让学生"知错改错"。在仁爱宽容的师生空间中，教师需要划清价值的边界，借此发挥榜样学习的正面力量。

态度转变的社会过程

暂时的学习失败普遍的后果是导致学生惧学，甚而厌学憎学。教师必须打破这种恶性循环，帮助学生在能力上提升，在态度上转变。如何让厌学的孩子爱上学习呢？教育中的罗森塔尔效应已然告诫我们，正向期待对学生发展具有重要价值。与此同时，"善意的谎言"也是一种有效的策略。

一、案例导入

老师的违心话

7班有个学生叫刘伊伊，是班里年龄最小的，本校初中升上来的。他总坐不住，上课不是搞小动作就是跟旁边同学讲话，不让他讲话他就趴着呼呼大睡，开学几天我就注意到他了，向班主任了解了一下情况，各科任老师反应都差不多，他脑瓜子灵，但是坐不住，不爱学习，对老师的批评也是嬉皮笑脸的，这样的孩子弄不好又是个令人头疼的家伙。对于刘伊伊的表现，我先忍着，找到机会再处理。有一天上物理课，他估计是之前睡够了，破天荒地一整节课都没睡觉，还听起了物理课，在我的督促下还做了点笔记。按理说学生上课不睡觉、听课做笔记是应该的，但是对于他来说已经是很好的表现了，下课时我把他叫了过来说："刘伊伊，你这节课表现不错！""那你又不表扬我？"他盯着课堂记录本。"那肯定的，你这节课表现这么好！我不表扬谁也得表扬你啊！"说完当着他的面写上：表扬刘伊伊，上课认真听讲，认真做笔记。他看着，开心地跑了。

后面我的课上，他比以前好管多了，有时晚自修还问我问题。我抓住这一点，时不时给他一点提醒，他实在犯困要睡觉的时候就放他一下，对于他这样的学生不能操之过急。开学一个月之后年级开了家长会，到科任老师和家长单独交流的时候，刘伊伊跑过来跟我说："老师，我上您的物理课最认真了，其他课都没那么认真，您要帮我说点好话啊，以后物理课我保证不睡觉。"我说："可以，只要你能说到做到。"凭良心说，当时他的表现在班里确实算不上好，没有认真学习，时不时还会睡觉，讲小话，但是如果我实话跟他爸爸汇报了，他挨了一通批评，也许不但没有改变，而且还会让他对我有意见，以后就不那么听我的话了。

想了想，我忍了一下，再做一次"违心"的事，他爸爸问我他的情况时我肯定了他这段时间的进步，还建议他爸爸给他适当的表扬。家长会之后，刘伊伊果然在物理课上比较给我面子，物理作业也不缺了，还时不时问我些物理问题。期中考试成绩出来后，刘伊伊物理考了56分，虽然还不及格，但物理却是他考得最好的科目。（范心胜《善意的"谎言"》，《教育艺术》2019年第7期）

二、原理与分析

案例中学生的转变是认知失调的典型应用。认知失调理论最早是由费斯廷格（Leon Festinger）提出来的一种理论，用以解释人类认知与行为的矛盾与一致性的转换。所谓认知失调是指由于行为与态度不一致而引发的心理冲突，比如你本来想帮助你的朋友，实际上却帮了倒忙。人们的态度与行为通常是一致的，比如爱唱歌的学生喜欢上音乐课，爱运动的孩子喜欢上体育课。但有时候态度与行为也会冲突，比如案例中不受其他老师待见的学生，突如其来得到物理老师的褒奖。这种意料之外的优待就会引起学生内心的冲突，因为他并未在课堂上有好的表现，这种冲突导致的结果就是认知失调，之后老师在家长面前为他美言更加重了这种冲突。为了重新寻回内心的协调与平衡，这个学生就选择改变自己的行为，因为只有在物理课上好好表现，才对得起物理老师的褒奖。

彼此冲突的认知与行为因素会导致我们心理上的冲突与紧张，并产生不愉快体验，这是失调感的核心内涵。例如，惯常吸烟的人读了论证吸烟可能导致患肺癌的文章后，内心是不愉快的，这可能是他戒烟的核心动机。而在戒烟期间，由于社会交际又接过朋友递来的香烟时，内心的冲突会更为加剧，这时他就需要在吸与不吸之间作一个决断。如果拒绝吸烟，会保持与"吸烟有害健康"这一信念一致，从而重新寻回内心的平静；如果继续吸烟，唯有说服自己相信"吸烟无害健康"，这恐怕只能是自欺欺人了。在教育活动中，教师们可以洞察学生们认知失调的各种处境，进而帮助学生的态度与行为向积极的方向改变。

三、对策与建议

校园冲突是常见的班级管理难题，教师可以在认知失调理论指导下，探寻应对校园冲突的有效策略。

首先，不直接否定现有认知，而是从另一角度提出与现有认知矛盾的新认知，引发学生的认知冲突。我们习惯于直接否定学生的现有认知，如"你不要打架"，"你不能迟到"，殊不知，直接的否定极易引发学生的逆反心理，出于对自主性的捍卫，他们心里会念叨，"不让我打我偏打"。引发校园冲突的社会文化根源在于，学生们秉持"打赢的就是厉害的"这一固有信念。要改变这一信念，就需要教师寻找到用暴力解决校园冲突的消极后果，例如打赢了也要被处分或者开除，打伤同学可能还会承担法律后果，家庭也会蒙受损失，等等，将这些后果呈现给学生，加剧现实与固有错误信念的冲突，从而促使学生改变原有的错误信念。

其次，洞悉学生的情感需求，保持理智与情感的共鸣。学生成长环境与经历各异，决定了他们的情感需求也不同。对于重亲情的学生，宜从家庭关系角度对其进行劝慰开导；对于重友情的学生，则更该从同学关系的维系角度出发劝导。不同认知所具有的重要程度不同，关键性的认知协调与否，比无关紧要认知的协调与否更重要。寻找学生情感的焦点，才能找到学生的关键认知，加大学生内在认知不平衡，形成情感上的紧张感，促成态度的转变。

最后，善用弱刺激，将态度改变的决策权交还给学生，促成思想的内在转变。认知失调理论认为人们态度转变的原因在于不同观念之间的冲突，微弱的刺激更可能引发这种冲突，因为微弱的刺激会让人更容易接受，使行为的理由不够充分，更可能引发内在认知冲突。"你打伤了他，可能会怎么样……"之类的说辞，比"你要是打架，一定会怎么样……"之类的说辞效果更好。严厉的批评和过分的褒奖都可能让学生更多关注外在惩罚与奖励，很少关注自己内心的真实想法。所谓循循善诱，即教师通过正反两面的引导，抛砖引玉，让学生自己去寻找到内心中那个正确答案。

第三节　拥抱我们的世界：群体心理与行为

在集体心理中，个人的才智被削弱了，从而他们的个性也被削弱了。异质性被同质性所吞没，无意识的品质占了上风。（摘自古斯塔夫·勒庞《乌合之众——大众心理研究》，中央编译出版社 2011 年版）

我们身处人群，个体的理性置身于在群体的非理性中，是否真如沧海一粟？从众心理（conformity）是指个人受到外界人群行为的影响，而在自己的知觉、判断、认识上表现出符合于公众舆论或多数人的行为方式。已有的研究证实，在流行文化盛行的当代社会，只有极少部分的青少年能够保持思维和人格的独立性，不受从众效应的影响。对于教师而言，理解一个学生个体，势必要将其置于整个青少年群体，乃至整个具有时代特征的文化中，才能见其全貌。

一、案例导入

王者其实不荣耀

网络游戏是 21 世纪突显的信息技术产物，随着信息化的蔓延，网络游戏已经遍布全世界，特别是近几年，很多高校都成立了电竞班，而且网络游戏时刻影响着人们的生活。尤其是价值判断能力尚未完整形成的未成年人沉迷于网络游戏，逐渐形成了网络游戏成瘾行为。青少年网络游戏成瘾严重影响着他们的身心健康发展，由此出现了很多新的社会问题，引起了社会各界的普遍关注。有研究从青少年网络游戏成瘾生活出发，研究了当代青少年网络游戏成瘾问题，结果发现从众心理是青少年网络游戏成瘾的潜在原因，处于消极的班级氛围时，青少年的网络游戏成瘾倾向及行为会随着从众心理的升高而升高。(佐斌、马红宇《青少年网络游戏成瘾的现状研究——基于十省市的调查与分析》,《华中师范大学学报（人文社会科学版）》2010年第4期)

二、原理与分析

从众心理，即个体在群体的影响或压力下，放弃自己的意见或违背自己的观点使自己的言论、行为保持与群体一致的现象，即通常所说的"随大流"。广为人知的从众研究是1956年的阿希（Solomon Asch）从众实验，该研究为大众揭示了从众现象的具体表现及其机制。我们的学生时代，从幼儿园到大学校园，朋辈交往的密切程度与比重都是整个人生的峰值，因此任何一个单独的学生个体，必然会受到他们所处的学生群体最大程度的影响。学生群体中的从众行为，其根源在于，当他发现自己的行为和意见与同学中大多数人有分歧时，会感受到身份疏离的压力，由此迫使他与更多的人保持一致。当一个不爱玩网游的学生置身于热议网游的同学之中，从众的压力便产生了。

从众心理有可能如勒庞所述，会将个体的理性湮灭于群体迷失之中，正如《娇惯的心灵》一书中所述，当代美国校园中由于文化的过度保护，学生们正在丧失他们宝贵的独立理性。然而，从众心理也有其积极的一面。如果一个班级中的学生心往一处想，劲往一处使，团结一致，锐意进取，那自然会"众人拾柴火焰高"，集体共同的学习目标很快会达成。积极的从众行为能够起到意料之外的激励作用，也会起到自发的群体规范作用，例如静心学习的课堂是容不下刻意捣乱的破坏分子的，有着良好学风的班级中，破坏性的行为总会受到大多数学生的侧目。教师一旦意识到这一点，便可利用学生的从众心理构建自己有效的班级管理策略。

三、对策与建议

从众心理的积极一面在于，它可以使学生个体的认知和行为合乎群体的、社会的规范，促进学习活动效率的提高和学习目标的达成，有助于学生相互学习智慧经验、扩大视野、克服固执己见、修正自己的思维方式。从众的消极一面则在于，它可能会抑制个性发展、束缚思想，使人变得无主见、盲从。扬长避短，利用学生的从众心理为教育目标服务，基于此，我们为您提供以下建议：

其一，创设友好向上的班级氛围和积极健康的班级文化，发挥集体教育的作用。在一个有强大凝聚力、良好班风、健康舆论的班集体里，从众心理的积极因素大大增强，消极因素就难以扩散。当积极向上的主流文化形成以后，那些消极的（如厌学）、不健康的（如吸烟）甚至反社会的亚文化（如校园暴力）就没有了生存空间，这也是党和政府在新时期的教育战线反复强调校风、学风建设的关键所在。

其二，运用心理暗示，制止消极从众。教育实践证明，面对学生消极的"随大流"现象，仅仅正面批评和强制性要求，往往收效甚微。教师不妨通过"角色期待"（设置各类正面的班级角色让学生去竞逐）、"兴趣诱变"（创设符合主流文化、价值与审美的学习情境）等方法，以点带面，达到变消极从众为积极从众，改错误行为为正确行为的教育目的。

其三，提高学生的道德判断能力。儿童与青少年的心理特点是求新、求异，喜欢新鲜事物，对现实的思考具有独到的见解。同时，出于标新立异的动机，部分学生会把对现实问题的分析和见解建立在否定现实的偏激论调上，以此凸显自己的与众不同。一旦这种风气形成以后，会导致班级群体的迷失与盲动。因此，教师需要了解学生群体的思想动态，不能听之任之。对于暂时有影响力的错误舆论，也不能简单地压服，可以邀请该领域的校外专家、学者予以澄清，拨乱反正，或是透过学生干部影响感化周围同学，并将这种影响力在人际圈中逐层释放。

最后，培养学生独立思考的能力和自主性人格。现代信息社会，学生群体所能接触和了解的信息与成人别无二致。面对纷繁芜杂的社会现实和千差万别的社会现象，学生不可避免地会由于信息超载而产生思想和心理上的疑惑与冲突。倘若在此时让歪风邪气进入校园，后果不堪设想。那我们是否能关起校门，不让学生接触社会呢？恰恰相反，唯有打开校门，让学生在接触外界社会环境和适应人际关系的过程中，了解社会，增长社会经验，才能提升他们理性辨别、判断社会现象的能力。教师切莫取代学生思考的过程，我们要做的是明辨是非，让学生在思考中去寻找自己心中的真善美。

参考文献

［1］王沛，林崇德．社会认知研究的基本趋向［J］．心理科学，2003（3）．

［2］杨丽珠，胡金生．不同线索下3~9岁儿童的情绪认知、助人意向和助人行为［J］．心理科学，2003，26（6）．

［3］张学艺，陈舒．儿童情绪认知研究综述［J］．社会心理科学，2011，26（Z1）．

［4］［美］芭芭拉·弗雷德里克森．积极情绪的力量［M］．王珺，译．北京：中国人民大学出版社，2010.

［5］刘烨，付秋芳，傅小兰．认知与情绪的交互作用［J］．科学通报，2009，54（18）．

［6］许新海．共读、共写、共同生活［J］．人民教育，2017（10）．

［7］马锦华．性别刻板印象与教育［J］．教育评论，2000（6）．

［8］郑磊，张鼎权．中国教育性别差异的经济学研究评述［J］．妇女研究论丛，2013（2）．

［9］史静寰．教材与教学：影响学生性别观念及行为的重要媒介［J］．妇女研究论丛，2002（2）．

［10］Soumela Atmatzidou，Stavros Demetriadis. Advancing students' computational thinking skills through educational robotics：a study on age and gender relevant differences *Robotics and Autonomous Systems*，2016.

［11］Kosslyn, Stephen M，Robin S Rosenberg. *Psychology*：*The Brain*，*The Person*，*The World*. 2nd ed. Boston：Pearson, 2004.

［12］毛德明．学生回避学习失败的表现、原因与干预［J］．教学与管理，2019（19）．

［13］刘锐明．重视教育教学活动中对学生的期望——从罗森塔尔效应谈起［J］．基础教育研究，2000（5）．

［14］沈静，姚本先．认知失调理论及其对当代教育的启示［J］．现代教育科学，2006（10）．

［15］杨岭，毕宪顺．中小学校园欺凌的社会防治策略［J］．中国教育学刊，2016（11）．

［16］钱雅文．中学生从众心理的成因与教育疏导［J］．教学与管理，2009（12）．

［17］李颖．青少年从众心理的社会学分析［J］．教育评论，2004（1）．

［18］周晓虹．模仿与从众：时尚流行的心理机制［J］．南京社会科学，1994（8）．

第十六章
教师应知的网络心理

作者：成鹏

网络的自组织性和非线性对身处其中的我们的认知、情感、意志、行为乃至人格都产生了深刻的影响。作为一名教师，了解网络情境下学生所遇到的机遇与困惑是必要的。本章从网络交往、网络欺凌、网络教育三个方面管窥网络世界常见的心理学，促进教师更好地扬长避短，在教学中有效利用网络。

第一节　网络交往心理

一、案例导入

网络：温柔乡还是修罗场？

灵灵性格内向害羞，从小就和爷爷奶奶生活在一起。虽然爷爷奶奶对她关怀备至，但代沟让灵灵觉得和他们没什么共同语言。最近灵灵在网上认识了一个"大姐姐"。这位大姐姐对灵灵很体贴，每当灵灵生活中遇到小烦恼，大姐姐总是能恰到好处地劝说她，让灵灵的心情"多云转晴"。慢慢地，这位大姐姐成了灵灵最信任的人。一周前大姐姐听说灵灵家庭困难，就提出帮她申请助学金，灵灵非常开心。立刻把个人资料传了过去，还把自己以学校缴费为由从爷爷奶奶那里要来的一千元钱作为"手续费"汇了过去。没过几天这位大姐姐又提出可以帮灵灵治好烦人的近视问题，这样就可以摘掉厚厚的眼镜，让自己的形象更青春活泼。出于对大姐姐的信任，灵灵想都没想就答应了。她又软磨硬泡从爷爷奶奶那里以治疗近视为由要来了五千元钱。可是刚刚把钱汇过去，这位大姐姐就把灵灵拉进了黑名单，灵灵这才知道自己被骗了。虽然后来经过公安部门的努力帮助她挽回了损失，但灵灵再也不想上网聊天了，再也不相信网友了。

二、原理与分析

（一）网络交往

信息技术的飞速发展使得人类的交往形式发生了深刻的变革，以计算机、智能手机、平板电脑等为基础的网络交往突破了"车马很慢，书信很远"的人类交往的时空限制。网络交往真正实现了"地球村"，将整个世界紧密地联系在一起，极大地丰富了人们的社会关系。

网络交往，即网络人际交往，是以计算机为基础，以互联网为中介，通过网络聊天、网络寻呼、电子公告牌、电子邮件、网络游戏、网上论坛等形式实现，以语言（包括口头、行为、书面等）为主要交往介质，是传统人际交往在互联网平台中的表现，体现了人的社会性本质。现阶段，网络交往主要通过即时通讯（比如 QQ、MSN、微信、飞信、视频通话等）、论坛（BBS）、电子邮件（e-mail）、网络游戏（MUD）、社交网站、微博和博客等多种形式实现的。

在网络中，现实生活中的组织结构被弱化，人与人之间的地位差距不再明显，更利于满足人们平等交流的精神需求。同时交往主体可以隐去自己的个人信息，也减轻了现实中社会交往时存在的压力，更能释放和倾诉内心压抑的情绪情感。

网络交往的风格也更加多样和个性化。在网络上，人们可以根据自己的喜好选择扮演不同的角色，塑造自己理想的自我与人格。同时，在网络中，人的个性和才能可以尽情发挥，创造力被极大地激发，个性在网络环境中得到了更加自由的发展。

但网络交往也对人的社会交往产生了一些负面影响。随着移动互联网的普及，网络交往相比现实交往在便利性、即时性、实效性等方面具有明显优势，人们对网络交往也更加依赖。网络是个较为开放的信息环境，人们在现实生活中的被评价焦虑在网络上有所减轻，这也导致了网络交往主体鱼龙混杂，网络交往给我们带来便利的同时也在一次次冲击着我们的价值观、人生观。

（二）网络交往中的心理学

1. 网络交往与自我表现。

自我表现又称印象管理，是指人们试图管理和控制他人对自己所形成的印象的过程。施伦克（Schlenker B.R.，1985）认为影响印象管理的因素主要包括两点：收益和可信度。互联网的匿名性、缺乏视觉线索导致可信度缺乏，因此网络交往中的印象管理只剩一个决定因素——收益，而不用再担心自己虚构的"人设"被拆穿。在这样的背景下，有的青少年在网络上塑造"虚拟自我"。从某种意义上来说，他们的网络交往也是在玩一个"角色扮演"的游戏。青少年展示虚拟自我的工具包括网名、个人信息和图片等。有研究发现，如果个体在现实生活中比较害羞内向，他更有可能在网络上展示出自己认为好的一面，更加外向自信，也更容易获得正面的反馈，从而获得积极的自我认同。

2. 网络交往与现实交往。

不同的研究者对于网络交往这种新的人际交往方式对现实交往的影响持不同观点。

有研究者认为使用网络交往会导致低质量的人际关系取代高质量的人际关系。线上关系普遍比线下关系更脆弱，多属于弱关系，弱关系能够提供的社会支持要明显少于强关系。例如家庭网络的参与者报告说在线交流难以形成现实交往的强烈的亲密感。埃利舍瓦（Elisheva F.Gross，2002）研究认为，网络交往占用了现实交往的时间，网络聊天对象的关系越亲密，现实交往的焦虑越高，国内研究者（李菲菲，2010）也认为网络交往依赖可以正向预测现实中的人际交往的困扰程度。

但网络交往并不完全与现实交往矛盾，也可以成为现实交往的调剂和补充。周静（2003）将班级中的学生分为人缘型、嫌弃型和中间型三类，结果发现嫌弃型的学生在遇到负性事件时更喜欢选择向网友进行倾诉，这可能成为他们在现实人际关系状况不佳的情况下，缓解负性情绪的一种有效途径。有的研究者（陈猛，雷雳，2005）甚至认为互联网可以提高人际关系质量，推动人际关系的深入进行。

由此可见，网络交往对现实交往的影响是双重的，教师和家长应该趋利避害，充分利用网络交往的有利因素，防止其对学生人际交往和学习生活的负面影响。

三、对策与建议

当学生遇到网络交往困惑时，身为教师的你可以给予及时的干预。但这种干预不同于专业的心理治疗，要简单易操作，周期短，能够尽快恢复学生的心理平衡。在此推荐一种"四步干预法"，这种方法不仅可以用于网络交往问题，对于应对学生的一般性心理困惑（如心理压力、亲子关系等），突发事件带来的心理应激等都有较好的效果。这种方法的核心是让学生看到自己所拥有的资源，设定可行的目标，一定程度上改善问题。包括如下四个环节：

1. 分析问题。这个阶段的主要任务是呈现核心问题及其原因。你可以通过以下四个问题来帮助学生和自己澄清网络交往问题：学生在网上和谁交往？在网络交往中学生获得了什么？学生在现实生活的人际交往中遇到了什么问题？我可以做些什么引导学生建立良好的人际交往？长期的教学和学生管理经验是教师的重要财富，但在某些情况下也可能成为一种障碍。作为教师的你在这个阶段要避免先入为主，不要以自己凭借经验猜想出来的情况来代替学生的描述。不要妄下判断，静下心来，试着走进学生的世界，了解在他身上到底发生了什么。

2. 确立目标。在此阶段可以使用数量化评分来协助制定目标。学生的类似"我特别喜欢在网络上交朋友"等描述很难把握其卷入程度，你可以引导学生："如果从 1 分到 10 分给你对网络交往的依赖评个分数，1 分是毫无依赖，10 分是完全离不开，你会给自己打几分呢？"这样做的好处是帮助你和学生明确网络交往的现状，并为将来制定一个可操作可评价的目标，类似

"我要把分数降低4分"的目标比"我要摆脱对网络交往的依赖"这样的目标更明确。要强调的是，这个过程需要学生参与其中，获得学生的认可，才能使学生更主动地实施改变。

3. 制定策略。为了达成所确立的目标，师生需要共同寻找改善现状的方法和策略。教师习惯于为学生提供有价值的建议和对策，但实际操作中更强调应重视学生自身经验的总结，经常采用的方法包括分析例外和分析成功体验。例如你可以询问学生什么时候感觉能较好地控制网络交往，不会因网络交往影响学习生活。自身的成功经验对解决问题更有价值。由于学生心智发育不成熟、逻辑思维水平较低、经常受到情绪化影响而难以把这些经验分析总结并有计划地加以运用，有丰富教育经验的你在此过程中可以发挥重要作用，帮助学生理清思路，寻找对策。另一方面，你还要将可能的外部支持资源告知学生，包括学校、父母及专业的心理教师等，使学生在困境中知道应该向谁求助。

4. 付诸行动。在最后需要回顾前述的分析结果，总结所获得的收获，鼓励学生积极投入到改善网络交往的行动中去。你可以在这个阶段要求学生作出承诺，这样做的目的也是为了增强学生的行动力。

这个过程并不是一次性的，而是一个循环上升的过程。你要持续关注学生，帮助学生对行动后的网络交往的依赖状况再次进行评价，如果得分下降要及时鼓励学生看到成效树立信心。如果得分不变要重新讨论并制定新的策略。如果得分上升则要关注学生最近是否遭遇了什么生活事件，上网环境是否发生改变等，细致观察和把握学生的变化，因势利导、趋利避害。

第二节　网络欺凌心理

一、案例导入

小林的烦恼

小林和小周是同学，因为一次在班级活动中发生冲突，两人变得互不理眛。最近有同学告诉小林，小周一直在 QQ 留言和微信朋友圈里指名道姓地骂她，而且编造了很多关于她的子虚乌有的"丑闻"。小林感到非常愤怒，在班级同学群里要求小周道歉，停止这种在网上肆意攻击她的行为。谁知小周不但不道歉，反而在班级群里破口大骂，对劝阻她的同学也冷言冷语，弄得大家都不敢说话。小林每天看到群里这些攻击她的言语感到压力很大、身心俱疲，上课也经常走神。班主任老师及时发现了这个情况，了解了事情的原委后，他批评教育了小周，要求她停止对小林的网络攻击，并在班级里公开道歉。

二、原理与分析

（一）网络欺凌

校园欺凌越来越受到社会和教育主管部门的广泛关注，国务院教育督导委员会办公室于 2016 年 4 月 28 日下发《关于开展校园欺凌专项治理的通知》，同年 11 月，教育部联合中央综治办、全国妇联等九部门联合发布《关于防治中小学生欺凌和暴力的指导意见》。这充分说明校园欺凌已成为亟待解决的问题。但随着青少年网络使用的日益频繁，校园欺凌的新形式——网络欺凌需要引起我们足够关注。上述案例就是一起典型的由现实生活中的冲突发展成为网络欺凌的事件。与现实中的校园欺凌不同，网络欺凌较为隐蔽，且由于没有肢体上的暴力与冲突，网络欺凌也容易被轻描淡写地定义为"闹着玩儿"。梅森（Mason K.L., 2008）认为以电子设备进行的欺凌攻击行为，随着科技的进步会逐渐成为校园欺凌事件的重要角色。在"互联网+"的时代，教师需要对网络欺凌有足够的认识与警惕。

（二）网络欺凌现象的分析与探讨

威拉德（N.Willard, 2004）将网络欺凌分为七种类型：愤怒型（flaming）、在线骚扰型（online harassment）、网络跟踪骚扰型（cyberstalking）、诋毁型（denigration）、乔装型（masquerade）、公布隐私型（outing）、排挤型（exclusion）。

伊巴拉（Ybarra）等人（2006）在美国的调查研究发现 9% 的受访年轻人表示曾经遭受网络上的各种骚扰，其中有 38% 的人因此感到烦恼或痛苦。

诺雷特（Noret）等人（2006）通过对英国超过一万名在校少年儿童的研究发现女生比男生更容易接受到攻击性的网络信息。科瓦尔斯基（Kowalski）等人（2005）的研究也发现网络欺凌的受害者中女生是男生的两倍。而沃拉克（Wolak，2006）的研究中这一比例是58%（女性受害者）对42%（男性受害者）。从上述研究可以得出这样一个结论：女生更容易成为网络欺凌的受害者，作为教师要防范女生在网络环境中可能遭遇的欺凌。

同时需要关注网络欺凌与现实中校园欺凌的关联。朱美瑰（2008）的研究发现由于学生已经把网络视为生活的一部分，因此会将网络世界视为现实世界的延伸。如本节的案例中所体现的那样，学生有可能将在现实中对某人的不满演变为网络上的欺凌行为。李（Li D.M.，2006）根据对264个加拿大学生和197个中国（长沙）学生的研究后发现，传统的校园欺凌的受害者比一般学生遭受网络欺凌的风险高2.5倍。

网络欺凌对学生身心发展的负面影响是复杂的、显著的。沃拉克（2006）等人的研究发现，对于网络上的攻击或骚扰行为，30%的青少年感到极度难过，24%的青少年感到非常害怕，22%的人感到极度难堪。约三分之一的青少年遭遇类似情况后会出现情绪低落的现象（Finkelhor et al.，2000）。

（三）网络欺凌背后的心理动因

网络已经成为青少年生活中不可或缺的工具，而由于移动互联网的发展和普及，网络欺凌所造成的影响和破坏作用更甚于现实中的校园欺凌，需要研究者深入分析这种现象背后的心理因素。

首先，个体的人格特质会导致网络欺凌行为。有研究者认为缺乏自信以及有较强控制欲的人容易发生网络欺凌行为。研究认为使用网络这种间接方式欺凌他人往往是因为不敢面对面解决问题。同时这份研究还提出由于网络欺凌看不到受害者的表现，因此较少激发同理心，甚至易将其变成一种消遣行为。

其次，网络的匿名特点使个体的自律性大为减少。网络的匿名性使得社会道德对于社会角色难以起到规范作用，导致网络成了攻击行为的"大舞台"（Ynarra & Mitchell，2004）。特别是当青少年在网络上的虚拟身份逐步替代真实身份后，网络上的行为比真实中的行为更加肆无忌惮，更难以控制（Joinson，1998）。

最后，网络成为父母监管的"法外之地"。由于很多父母信息化素养不足，难以像监控现实行为一样监控学生的网络行为。当他们在网络上出现偏差行为时，父母难以及时发现，更不要说用现实中的社会规则来约束他们了。要教育好被称为"网络原住民"的新一代孩子，父母、教师都需要不断提高自身的信息化水平。

三、对策与建议

（一）与父母建立良好的沟通机制

一个"问题孩子"的背后往往站着一个或几个问题家长。父母经常用暴力、严厉、溺爱等方式来对待孩子，子女就容易成为网络欺凌的加害方或受害者。作为教师，始终要与家长建立紧密的合作关系，为家长提供处理亲子关系的方法及思路，纠正家长不适当的教养行为。经常和家长联系也有助于找出网络欺凌行为可能的原因并及时改善。

（二）着力构建安全和谐的班风

由于网络欺凌与现实中的校园欺凌有着密切的联系，因此构建互助互爱的班级氛围是预防网络欺凌的有效途径。作为教师首先要以身作则，尊重学生、理解学生，为学生树立积极的榜样。鼓励良性竞争、反对恶性竞争，要求学生理解他人的不同观点，尊重每个人个性上的差异，学会欣赏他人，还可以通过班级集体活动等方式融洽同学关系。

（三）重视网络欺凌，纠正不正确的认识

有些教师对于现实中的校园欺凌较为关注，但对于网络欺凌的危害性认识不足。有时候当成开玩笑、一时冲动，又没有造成身体上的伤害，因此不把网络欺凌视为危害学生身心健康的危险行为。从前人的研究不难看出网络欺凌是一种隐蔽性强，但有增长趋势的欺凌行为，同时也给受害者带来了各种负面影响，影响了学生的身心健康发展，应予以高度重视。你可以在班级上通过班会、团课等形式宣传网络欺凌的危害性，让学生重视类似问题，并为学生清晰地界定网络欺凌与游戏之间的不同。对网络欺凌采取零容忍态度的同时，也要防止以暴制暴。要去关注那些网络欺凌加害方的心理健康。因为往往是那些脆弱的、没有安全感的孩子更容易通过攻击别人来证明自己的

力量。不要采用生硬的方式来斥责他们，理解他们、解开他们的心结并教导他们正确处理冲突的方式将会让他们获益终身。

（四）及时关注网络欺凌的高危个体

前面的分析中已经提到了几种网络欺凌的高危个体：女生、在现实中遭遇校园欺凌的人，而那些缺乏自信、控制欲过强、缺乏父母监管的学生易成为网络欺凌的加害方。教师要做一个细心人，及时了解学生的状况和需求，对于在现实中遭遇欺凌的孩子一方面要关注欺凌行为是否会延伸到网络之上，另一方面要防止遭受欺凌的孩子在网络上采取报复行为，反而成为网络欺凌的施害者。引导和教授他们情绪管理与宣泄的方法，接纳自己的情绪、告别曾经的创伤。

（五）学校应制定相应的预防机制

仅依靠教师的力量来应对网络欺凌是不够的，学校层面还要建立针对网络欺凌的三级预防体系：一级预防重在防患于未然，通过校园宣传、德育教育、法治教育等形式引导学生树立正确的价值观，构建友善的校园环境。二级预防重在及时预警，避免可能的网络欺凌行为，教会学生防范及应对网络欺凌的方法，为学生建立一道网络防火墙。三级预防重在防止严重的损害后果，对于已经发生的网络欺凌，学校应加强帮助辅导，组织由学生管理者、心理健康教师、家长组成的危机应对小组，协助学生应对网络欺凌，防止学生的身心健康受到严重的损害。

第三节　网络教育心理

一、案例导入

网络教学——想说爱你不容易

2020 年的春天非同寻常，突如其来的新冠肺炎疫情使得学生返校上课的日子一拖再拖。"停课不停学"，为了不耽误学生的学业，一场如火如荼的网络教学浪潮以猝不及防的形式席卷全球。但无论是家长、教师还是学生，似乎都没有为这场不期而至的网络教学作好准备。平时课堂上一板一眼授课的教师为如何转型为主播而发愁，刚开始的网课常常是状况不断，学生的自控力和课堂投入度也难以控制和保障；家长也觉得手忙脚乱，一位以色列的妈妈在网络上吐槽："我一共有4个孩子，抢两台电脑，这个上数学那个上科学，都在不停地喊妈妈。我怎么可能懂那么多，这下好了，我的孩子们都知道他们的父母有多笨了！"网友们感慨：同一个世界、同一种父母，网络教学——想说爱你不容易。

二、原理与分析

（一）网络教育

随着云计算、大数据、人工智能等的飞速发展，互联网已经进入人们生活的方方面面，而互联网对于教育的影响也日益被教育管理者和教师们重视。但网上教学绝不只是把课堂搬到网上这种简单的授课形式的变化，而是一场协同的、全要素的教育变革。朱永新教授在他的《未来学校：重新定义教育》一书中认为，未来的学习中心，没有固定的教室，每个房间都需要预约；没有以"校长室""行政楼"为中心的领导机构，从表面上看，可能有点像今天北上广的创业孵化器；它可以在社区，也可以在大学校园，甚至在培训机构。未来的学习中心，没有统一的教材，全天候开放，没有周末、寒暑假，没有上学、放学的时间，也没有学制。未来的学习中心，教师是自主学习的指导者、陪伴者，一部分教师将变成自由职业者。由此可见，由互联网技术所引起的这场教育变革已经箭在弦上。突如其来的疫情加速了这个进程，同时也暴露了目前存在的不足。作为一名教师，如何才能作好准备，拥抱这场教育的革命呢？

（二）网络教育的优势

第一，开放共享的网络教育资源。过往的学校教育往往是封闭的、不流动的，高质量的教学资源得不到充分利用，某种程度上造成了浪费。借由发达的信息技术，网络教育打破传统校园的围墙，学生可以通过人机交互，有效获得图文声像并茂的教学资源。实现最大程度的教学资源共享，这不仅丰富了学生学习时的选择，也一定程度上弥补了教育弱势地区资源匮乏的劣势，促进了教育公平。

第二，不受时空限制提高学生的参与度。传统的教学一般是在特定时间和特定地点进行的，学生更多地处在被动接受的位置上。网络学习方式的多元化使得学生在学习中的自主化水平显著提高，慕课、翻转课堂等教学形式使学生从被动的信息接收者变为主动的信息探究者。

第三，制定个性化的学习方案。系统记录每个学生的学习进度、学习状况，可以根据不同学生的特点制定个性化的学习方案，同时通过网络可以监控学生学习的全过程，代替了原先仅以考试成绩作为课堂评价的单一方式。

（三）网络教育的不足

尽管有如此多的优点，但正如案例中所体现出来的那样，网络教育也存在着一定的不足：

首先是缺乏良好的学习氛围。传统的课堂教学中班集体良好的班风学风会对个体产生积极的促进作用，群体的压力也会促使一些自觉性不强的个体保持专注力和耐心。网络教育突破了传统的时空限制，但也使得学生的学习环境过于自由和松散。不能依靠传统的手段来约束学生的注意力，教师在网络教育过程中更要思考如何使课程更好地满足学生的需求，受到学生的欢迎和喜爱。

其次是缺乏学习的督导和监控。没有了同伴的带动、教师的监督，网络教学一定程度上依赖学习者的自律性。网络教育中不乏半途而废者，由于难以长久地保持持续、积极的学习状态，目前网络教育的实效性尚不及传统教育。

三、对策与建议

（一）精心设计、拥抱变革

朱永新教授提出："互联网改变教育，是一个正在发生的事实，随着时间的推移，它必然会像互联网改变商业和金融一样改变教育，基于互联网的混合学习必然会成为未来教育的基本模式。"作为教师，无论是主动还是被动都需要适应这场已经到来的网络教育浪潮。

1.丰富自己的网络教学技巧。

网络教学对于教师的要求与传统教学在形式上、特点上有很大区别，教师需要掌握网络教学的规律，丰富自己的网络教学技巧。

营造良好的学习环境。课前要给学生一次培训。培训的内容应该包括如何选择一个比较安静、较少受到打扰的上课环境。同时学生要和父母沟通自己的上课时间，让他们尽量不要在这段时间打扰自己。提醒学生把桌面收拾干净，因为桌面上的各种小物件经常成为上网课时分散学生注意力的源头。当然作为老师的你也需要和自己的家人沟通，你也需要一个不受打扰的环境。

利用好你的"技术支持"。如果上课时大多数学生都说信号良好，但有一两个学生总是抱怨卡顿甚至掉线，你该怎么办？暂停大家的学习而为这一两个同学解决问题？这浪费了大家的时间，而且你不在学生身边，很多问题描述不清也很难解决。不管这几个孩子？当然更不行。这时候你的"技术支持"——学生家长就该上场了。他们的职责是保持家里网络畅通、电脑运行速度正常，关闭无关程序，同时课前帮助学生调试设备，出现问题，及时解决。

多互动、多互动、多互动，重要的事情说三遍。网络教育的一大优势是突破了时间和空间的限制，但这也意味着你没法用你犀利的眼神约束那群顽皮的小猴子了。互动成为网络教学时抓住学生注意力的重要手段。要将讲授、互动、练习等穿插起来，每节课都应设计多个环节、多种形式的互动。你要知道，网络教学中的教师如果点了一个同学回答问题，不仅对这个学生，对全班同学都会起到集中注意力的作用。因为当有同学在线与教师互动时，一起上课的同学往往有强烈的围观兴趣，这无形中提升了他们对课程的注意力。

"听懂的扣1，听不懂的扣2。"网络教学中的互动形式很丰富，不一定每次都要点学生发言，可以采用扣1扣2这种方式简单地了解一下学生的掌握情况，也可以检验学生到底还在不在电脑前。这种方式还可以用在集体回答选择题时，也可以在课程一开始让听到老师声音的学生扣1（防止由于网络或设备原因让你的声音无法传出，学生看几十分钟的哑剧而你还不知道）。

让学生学会自检，真正成为学习的主人。网络教学中教师收到的反馈较少，不容易把握全班的掌握情况。这时候让学生学会自检会让你对他们的掌握情况心中有数。建议你把教学目标提供给学生，但不是类似"掌握了某某某、了解了某某某"这样形式的教学目标，而应该是操作性很强、有明确的检验标准的，例如：这节课结束的时候，你应该能够熟练使用某一公式进行某种运算。这样的目标不仅提供给学生，也可以提供给家长，帮助家长及时掌握孩子的学习动态。

2. 重新定位教师的角色。

网络教育有如此多的优势，但如果你询问一个经验丰富的教师，多数情况下他仍然更喜欢线下授课。这种轻车熟路的方式几乎不用耗费教师太多精力，他对课堂的每一个环节都了然于胸。而且对于你来说，是不是看到那几十双求知的眼睛围绕着自己会让你有一种被瞩目的喜悦，从而快速进入授课的状态？是不是看到课堂被安排得井井有条，学生完全按照你的预设前进会让你觉得很有成就感？但网络教学却让你必须放弃一部分对学生和课堂的控制权，甚至你自己也不再是传统的知识权威。这是一个很艰难的角色转换过程，但我相信这绝对值得你付出心血。

网上的段子手把网络教学中的教师形容成"十八线主播"，但我们自己必须清晰地意识到：我不是主播，网络教学不是表演。网络教学中教师的角色定位可以总结为四个字：导、教、助、督。

"导"指的是你对学生学习活动的引导与促进。在缺乏近距离组织管理的网络教学中，更多的要依靠学生自愿和自主的参与。如何提高学生的学习兴趣和动机成为你的网络教学成败的关键。提出要求、设定时限、及时鼓励等都是经常使用的策略。"教"是实际的网络教育过程。你要在授课时使软硬件保持良好的状态，设计有质量的互动环节，促进学习者的深度思维，采用视频、音频等丰富多样的形式呈现课程内容，提高学生的专注度。"助"指的是支持和指导，应贯穿于整个在线学习过程。"督"指的是你要监督学生的学习成果与学习进度，培养学生自我监控及管理的能力。网络教学中要特别注重培养学生的自我定位与行动、自我规划与实施、自我反思与总结、自我训练与巩固、自我检测与提升等能力的培养。

3. 选择高质量的教学资源。

教学资源是固化了的教学内容，网络教育的优势之一就是可以充分利用开放的教学资源。丰富生动、形式多样的教学资源不仅能提升教学效能，也有助于提高学生的学习兴趣与学习动机。在信息爆炸的今天，网络上的教学资源异常丰富但也良莠不齐，应该选择高质量的教学资源提供给学生，教师要成为学生的"领路人"和"守门人"。接下来介绍几款国内常用的教学资源平台：

（1）网易公开课（https：//open.163.com/）。

2010年11月1日，网易推出了"全球名校视频公开课项目"，次年4月复旦大学和网易公开课合作发布一些讲座视频供用户免费观看。网易公开课成为越来越多的在线学习者寻找视频教学资源的重要平台。该平台集合了哈佛、耶鲁等世界名校的内容资源，让学习者轻松便捷地了解新知识新思想。

（2）国家中小学网络云平台（http：//ykt.eduyun.cn/）。

国家中小学网络云平台是2020年防疫期间，根据教育部办公厅、工业和信息化部办公厅联合印发的《关于中小学延期开学期间"停课不停学"有关工作安排的通知》，为支持各地做好"停课不停学"工作，帮助学生居家学习，教育部整合国家、有关省市和学校优质教学资源开通的云平台。2020年2月17日，平台正式开通，免费供各地自主选择使用，可供5000万学生同时在线使用。

（3）新教育App。

新教育App是一款以介绍、传播新教育理念为目标，帮助关注新教育实验的同仁过一种幸福完整的教育生活的在线平台。新教育App首页目前有资源、书香、课程、教师、网师、公益、活动大赛、名师大讲堂、示范教学包等板块。除了有丰富的资源和活动，新教育App还可以作为日常办公的辅助工具，充分整合了新教育和超星的资源，使教师们能在上面自己进行资源的创作、线上社区的建设和多种形式的交流互动。

（4）学堂在线（https：//next.xuetangx.com/）。

学堂在线是由清华大学研发出的中文MOOC平台，是教育部在线教育研究中心的研究交流和成果应用平台，于2013年10月10日正式启动，面向全球提供在线课程。任何拥有上网条件的学生均可通过该平台，在网上学习课程视频。

（二）提前谋划，未来可期

尽管目前的在线教育仍然存在一些不足，在实际操作中遇到了一些瓶颈，但我们相信在信息传播技术飞速发展的背景下，在线教育将展现出强大的灵活性、针对性，并对教育公平起到重要的促进作用。特别是移动互联网的发展很大程度上改变了人类的学习方式和生活方式，跨时空的生活学习方式使得知识的获取前所未有的便利，这也为实现终身学习提供了强大的工具。作为学校，在在线教学的浪潮中应该如何作好谋划和设计，更好地通过在线学习促进学生的发展呢？

（1）促进先进网络技术在教学中的深度运用。

网络技术日新月异，虚拟现实、人工智能、大数据、云计算等技术为在线教学插上了翅膀。虚拟现实帮助学生更加感性地认识与把握学习对象，使学生的实验实训更加贴近实际情境，增强了实效性和交互性。人工智能带来的计算机辅助技术很大程度上将教师从繁琐的重复性工作中解脱出来，提高了工作效率。大数据的深度挖掘有助于教师及时分析、掌握和追踪学生的学习进度，以便提供更加具有针对性的学习指导。

（2）以学分银行等多种形式实现网络教育与传统教育的衔接。

学分银行的主要作用是将学生完成学业由固定的、集中的学习转变为弹性学习模式。通过学分的积累与互换突破传统的专业限制和学习时段限制，将不同形式、不同地域、不同院校的教育整合起来，成为终身学习的制度保障和技术支持。但也必须看到学分银行的施行仍存在种种阻力，例如不同教学模式之间课程教学水平存在差异、某些课程和知识具有不可替代性等。这也更需要教育学研究者和教育管理者加强顶层设计，促进类似的衔接机制构建不同教育模式的融通桥梁。

（3）在课堂上充分整合传统教学与网络教学。

网络教学的兴起并不意味着短时间内就完全否定传统教学，从新冠疫情中的网络教学现状来看，传统教学依然在某些方面具备一定的优势，例如良好学习环境和氛围的营造、学生在学习过程中的专注程度等。而既能满足学生个性化的自主学习需要，又能提高学生学习积极性、创造性的网络和传统教学的混合教学模式将成为一种有效的解决方案。在这一点上，翻转课堂可以为我们提供一些启示。

翻转课堂包括两个阶段，第一阶段是将讲授部分移出课堂，学生在家的时候就要观看和熟悉教学内容，并与教师进行互动。第二阶段则是将课堂上节省下来的时间进行更加有效的安排，例如练习答疑、指导学生进行课堂活动或引导学生更加深入地思考和讨论问题。这么做的好处显而易见：学生在完成复杂的家庭作业时可以有教师的实时指导；讲授和演示环节的移出所空出的大量课堂时间给予教师更多的自主性，可以更好地与学生互动，激发学生的学习热情；学生课前学习环节中可以任意快进、暂停、回放，照顾到了不同学习风格和掌握程度的学生，而课堂教学中，教师也可以根据课前学习的情况给予学习困难的学生更多的支持、给予学习超前的学生更多的挑战。

翻转课堂对于教师的挑战是前所未有的，需要我们彻底改造我们的课堂。首先要加强自身的信息化素养的提升，选择合适的工具，制作有互动性的视频，利用高质量的平台使教师可以方便地上传资料而学生也可以方便地获取。比起网络教学的部分，翻转课堂带来的教学变革可能更有挑战性。有部分教师对翻转课堂的理解仅限于时空上的互换，从原先课上教学课后作业变为课后教学课上作业，但这本身并不会带来教学上的显著改变。教师需要设计诸如可以让学生亲身实践的活动、激发学生深度学习的思考与讨论、教师亲自指导的实操活动等来高效利用课堂教学时间。

在职业教育中经常用项目化教学来训练学生的实际操作能力。项目化教学是师生通过共同实施一个完整的项目工作而进行的教学活动。项目化教学要构建丰富的工作情境，过程中体现做中学，考核方式灵活并体现实际工作的需求。在普通教育中也可以通过设计能够完成单元学习任务的创造性项目，通过让学生深入探究并应对随时出现的各种挑战，来巩固学生的知识技能，激发他们的学习兴趣与热情。

后 记

这本书是我的学生们集体合作的成果。

去年疫情期间，在陶新华博士的协助下，我和学生用最短的时间，为老师和孩子们写了一本小书《面对疫情，教育何为？》，由华东师范大学出版社正式出版。这本书最初通过网络免费提供给一线师生，为解决疫情下学校教育与家庭教育的问题作出了一定的贡献，受到了社会各界和老师们的广泛赞誉，《人民日报》《光明日报》等发表了书评。

这次练兵取得了很好的成绩。初战告捷，我建议学生们一鼓作气，继续撰写这本《教师要懂的心理学》。

这本书也缘起于华东师范大学出版社之约。

2018年，华东师范大学出版社《教师月刊》的主编林茶居就教师为什么要学心理学的问题向我约稿。我在文章中谈到在条件成熟的时候要写一本《教师要懂的心理学》的想法。没有想到，机会来得如此之快。

我的倡议得到了学生们的热情响应，好几位同学主动请缨，愿意担任组织工作。最后，我邀请南京医科大学的何源博士协助我共同主持这本书的编写工作。

非常感谢何源博士和各位同学的卓有成效的工作。我们通过微信群不断讨论完善提纲结构、编写体例，进行初稿的讨论交流，通过反复打磨，终于完成了这本书的写作任务。何源博士出色地完成了大量主编工作，我们再次用成绩单证明自己是一支特别能战斗的队伍。

参加本书的编写人员有：第一章于国庆（同济大学经济与管理学院），

第二章叶海玲（西交利物浦大学未来教育学院），第三章李燕（苏州大学马克思主义学院），第四章夏春（安徽师范大学历史学院），第五章王莹彤（苏州大学大学生心理健康教育研究中心），第六章陶新华、李蕊、丁畅（苏州大学大学生心理健康教育研究中心），第七章王椿阳（鲁东大学教育科学学院），第八章郭海峰（江西财经大学法学院），第九章何源（南京医科大学马克思主义学院），第十章宋春蕾（苏州科技大学教育学院），第十一章杨再勇（南方科技大学大学生心理成长中心），第十二章陈丽玫（深圳市南山实验教育集团），第十三章王莹彤（苏州大学大学生心理健康教育研究中心），第十四章李瑾（苏州大学马克思主义学院），第十五章李锐（苏州科技大学教育学院），第十六章成鹏（常州卫生高等职业技术学校心理健康中心）。

感谢华东师范大学出版社大夏书系的李永梅社长、林茶居老师和杨坤老师，没有他们的策划和催促，没有他们精心的编辑与审稿，这本书不会在这么短的时间内与大家见面。也要感谢出版社的编辑同志，他们为本书的出版付出了辛勤劳作。

最后，感谢这本书的读者——亲爱的老师们，我们期待这本书不仅仅能够帮助你们解决课堂上和校园里的问题，更能够帮助你们解决好生活上和家庭里的问题，成为你们拥有人生幸福的工具书。

朱永新

2021 年 5 月 14 日写于上海浦东干部学院

图书在版编目（CIP）数据

教师要懂的心理学 / 朱永新，何源主编 . —上海：
华东师范大学出版社，2021
ISBN 978-7-5760-2297-1

Ⅰ.①教⋯ Ⅱ.①朱⋯ ②何⋯ Ⅲ.①中小学—课堂教学—教学
心理学 Ⅳ.① G441

中国版本图书馆 CIP 数据核字（2021）第 235428 号

大夏书系·教育艺术
教师要懂的心理学

主　　编	朱永新　何　源
策划编辑	李永梅　林茶居
责任编辑	张思扬
责任校对	杨　坤
封面设计	淡晓库

出版发行 华东师范大学出版社
社　　址 上海市中山北路 3663 号　　邮编　200062
网　　址 www.ecnupress.com.cn
电　　话 021-60821666　　行政传真　021-62572105
客服电话 021-62865537
邮购电话 021-62869887　　地址　上海市中山北路 3663 号华东师范大学校内先锋路口
网　　店 http://hdsdcbs.tmall.com/

印 刷 者 北京密兴印刷有限公司
开　　本 700×1000　16 开
印　　张 19.5
字　　数 288 千字
版　　次 2022 年 11 月第一版
印　　次 2024 年 1 月第七次
印　　数 27 101-30 100
书　　号 ISBN 978-7-5760-2297-1
定　　价 62.00 元

出 版 人 王　焰

（如发现本版图书有印订质量问题，请寄回本社市场部调换或电话 021-62865537 联系）